物业客户服务管理

主　编 张　博　高世春
副主编 侯　瑞　王丹丹

上海交通大學出版社
SHANGHAI JIAO TONG UNIVERSITY PRESS

内容简介

本书以《高等职业学校物业管理专业教学标准》和《物业管理员国家职业技能标准》为基础，结合物业企业对客服人员在知识、能力、素质和技能方面的需求，对物业客户服务理念与团队建设、物业客服人员礼仪素养、物业客服应具备的沟通技巧、服务技能、管理技能、心理服务技能等内容进行了详细的阐述，并通过物业客服岗位技能实训来帮助学习者掌握物业客服岗位工作应具备的技能。

本书可作为现代物业管理专业、房地产经营与管理等相关专业的教学用书，亦可供物业企业从业人员阅读参考，同时也可以作为物业管理行业培训参考用书。

图书在版编目(CIP)数据

物业客户服务管理/张博，高世春主编. —上海：
上海交通大学出版社，2025.4(2025.7 重印). —ISBN 978-7-313-31759-9

Ⅰ. F293.347

中国国家版本馆 CIP 数据核字第 2024T4R971 号

物业客户服务管理
WUYE KEHU FUWU GUANLI

主　　编：张　博　高世春
出版发行：上海交通大学出版社
邮政编码：200030
印　　制：上海万卷印刷股份有限公司
开　　本：787mm×1092mm　1/16
字　　数：324 千字
版　　次：2025 年 4 月第 1 版
书　　号：ISBN 978-7-313-31759-9
定　　价：68.00 元
地　　址：上海市番禺路 951 号
电　　话：021-64071208
经　　销：全国新华书店
印　　张：13
印　　次：2025 年 7 月第 2 次印刷
电子书号：ISBN 978-7-89424-926-5

前 言

随着人们日益增长的对美好生活的需求，人们对物业管理服务的质量和水平也提出了更高的要求。物业行业对专业化的物业服务人才的需求迅速增加，如何快速培养出物业管理专业人才已成为职业院校人才培养的重要问题。本书正是在这样的背景下编写的，目的是让学生更好地了解行业背景，掌握物业客户服务管理专业知识和基本技能，为物业行业培育出大批应用型、技能型专业人才，为行业发展不断输送优质的人才资源。

基于上述目标，本书充分考虑职业院校学生的特点和现状，科学评估职业院校学生的接受能力和意愿，坚持“以学生为中心，以就业为导向”，以物业客服岗位工作任务为主线，理论知识与工作任务相对接，将知识习得与技能训练有机结合，力求教材内容贴合岗位工作需求。

在内容设计上，本书共有八个项目，三十三个学习任务和五个实训任务。首先，物业客户服务理念、物业客户服务团队建设、物业客服人员的礼仪素养这三个项目的内容是使学习者理解物业客户服务理念，对物业客户服务工作有一个基本认知；其次，物业客服沟通技巧、物业客服服务技能、物业客服管理技能、物业客服心理服务技能这四个项目的内容是使学习者掌握胜任物业客服岗位工作的技能，具备开展物业客户服务与管理相关工作的能力；最后，物业客服岗位技能实训这个项目的内容是通过实训演练使学习者将理论知识进一步内化为职业技能，并灵活运用。

本书充分体现理论与实践相结合的理念，校企双元开发的特点。通过校企合作产教融合进行合作开发，与沈阳致胜物业服务有限公司企业专家共同合作，结合物业行业的最新行业趋势和岗位任务进行编写。同时，开展了深入有效的校际合作，与辽宁交通高等专科学校王楠老师深入到企业和教学一线，开发出具有行业特色并结合学生实际的优质教材。本书主要特色与创新之处有：

(1) 通俗易懂，深浅有度。理论知识广而不深，基本技能贯穿教材的始终。图文并茂，以例释理的方法得到广泛的应用。

(2) 知识性与趣味性相结合。在写作方法上，遵循理论与实践密切结合的原则，力求做到理实一体化。着重选择实用性强的方式方法、经典案例、实用表格、文书范例等，案例的选择尽可能做到通俗易懂，且贴合工作实际，并努力让学生对所选案例或模板有阅读兴趣和学习兴趣。

(3) 校企合作开发，与工作岗位和工作过程相对接。对物业客服岗位的典型工作任务进行了梳理与总结，以如何去开展物业客服的具体岗位工作为视角，将物业客服从业者应该掌握的知识和技能贯穿在整个过程中，让学生在有用、有效的情境和任务中学习成长。

(4) 融入“课程思政”元素。挖掘和凝练专业知识体系中所蕴含的思想价值和精神内涵，注重培育正确的人生观、世界观、价值观、法治观、道德观和劳动观，注重培养有责任、有担当、踏实肯干的物业服务人才。

本书由辽宁生态工程学院和沈阳市多家物业服务企业经理人共同编写，由张博、高世春担任主编，侯瑞、王丹丹担任副主编，参编人员有石鹏飞（沈阳致胜物业服务有限公司）、刘欣艾（沈阳致胜物业服务有限公司）、王楠（辽宁交通高等专科学校），具体编写分工如下：项目1、项目2、项目4、项目7由辽宁生态工程职业学院张博编写；项目3、项目8由辽宁生态工程职业学院侯瑞编写；项目5由辽宁生态工程职业学院王丹丹编写；项目6由辽宁生态工程职业学院高世春编写。在编写的过程中，还参考了许多同仁的著作和大量客户服务方面的资料，在此一并表示衷心的感谢！

由于编者水平有限，书中难免存在错漏和不足之处，真诚接受有关专家和广大读者的批评指正。

编 者

2025年4月

目　　录

项目1 物业客户服务理念

项目介绍

本项目从服务与物业服务的内涵出发，介绍了物业服务的内容、特性与意义，并从为客户提供优质服务的角度，阐述了要树立起以客户的需求为导向、努力为客户创造更大价值的现代客户服务理念，明确了客户服务在物业服务企业中的作用。

1. 知识目标

(1) 了解服务的内涵与特性；掌握物业服务的内容；理解物业服务的特性与意义。

(2) 理解客户服务的含义以及其对企业的重要性。

(3) 掌握物业客户服务的含义及服务体系的构成。

2. 技能目标

(1) 能够设计物业服务企业客户服务目标。

(2) 能够树立正确的物业服务理念。

任务1.1 服务与物业服务

任务导入

自1981年我国第一家物业服务企业在深圳诞生以来，物业服务行业随着我国城市化进程的加快与房地产行业的崛起得到了迅猛的发展。物业相关的法律法规、政策制度不断完善，房屋管理水平不断提高，各类物业管理的设施设备不断推陈出新。然而，随之而来的物业企业与业主之间的矛盾也越来越多，尤其是住宅型物业。对业主来说，缴了物业费就要享受优质的服务，物业企业应该满足业主的要求；对物业企业来说，收缴的物业管理费应与服务水平相匹配。归结起来，“物业”本义是管理，实际是服务，两者密不可分。任何一个行业都不像物业服务行业一样管理和服务结合得如此紧密，不能提供好的服务的物业企业，无法在当下的物业服务行业里生存。

任务情境

万科率先把物业管理更名为“物业服务”

2007 年 3 月，全国人大审议通过的《物权法》首次从立法的角度提出“物业服务企业”的概念，为物业服务行业的发展指明了方向，也为物业公司的更名提供了法律依据。随后修订的《物业管理条例》明确将“物业服务企业”更名为“物业服务企业”。

2007 年 6 月 25 日，万科(万科企业股份有限公司)在全国 20 个城市展开统一行动，将旗下“物业管理有限公司”统一更名为“物业服务有限公司”，这是继 2005 年年底万科物业将旗下在管项目“物业管理处”全部更名为“物业服务中心”之后的又一举措，标志着万科物业率先全面迈入“物业服务”新时代。

万科认为，物业服务企业的核心价值在于为业主创造一个温馨、和谐、宜居的生活环境，物业服务应围绕着业主的需求展开。

知识内容

物业服务企业要给物业管理服务注入新的内涵，积极转变管理思路，跟上时代的变革，从自身的管理与服务两方面入手，打破“重管理，轻服务”的旧有模式，全心全意为业主提供全面、及时、周到、安全、优质的服务。只有这样，才能在激烈的竞争中求生存、图发展。

物业服务行业从业人员也应该及时认识到，物业管理服务的对象不仅是物业项目内的房屋及其配套设施，更重要的是物业的所有者和使用者。从业人员不但要学习物业房屋设施设备管理方面的知识，也要了解客户服务相关知识，培养物业客户服务意识，掌握各类物业服务技能。

1.1.1 服务的内涵与特性

在我们的住所，我们可能没有看到为我们提供服务的人员，但安静、整洁、优美、安全的居住环境离不开物业服务人员的付出。我们享受着各行业服务人员为我们提供的服务，也越来越离不开现代服务业。越来越多的国家大部分的国内生产总值由服务业创造，服务业已然成为这些国家的支柱产业，服务已成为一个社会最为重要的组成部分。

1.1.1.1 服务的内涵

有关服务概念的研究首先是从经济学领域开始的，最早可追溯到 18 世纪。随着经济的不断发展，服务业地位日益凸显，服务产业也是包罗万象，很难界定其范围大小。服务概念的内容也更为丰富。营销专家说，服务是满足客户需要的一系列特征或特性的总和；管理人员说，服务是由一些项目组成的产品；一线员工说，服务就是工作；客户说，服务是一种能够体现自我价值的享受。

1960 年，美国市场营销协会(AMA)将服务定义为：用于出售或同产品连在一起出售的活动利益或满足感。

服务实质上是一个服务主体与服务客体相互作用的过程。它是以无形的方式，在顾客与服务人员、有形资源商品或服务系统之间产生，是能够解决顾客问题的一种或一系列行为。在现实生活中，几乎所有商品的交易都是伴随着服务的进行而完成的。同样，每一项服务的提供也都离不开商品。因此，服务作为商品的附加值逐渐受到各行各业的广泛重视。

服务的两大构成要素涵盖服务产品和服务功能，服务产品满足的是消费者的主要需求，服务功能则满足的是消费者的非主要需求。例如，物业服务提供给业主的服务产品是对有关房屋及其配套的设施设备和相关场地进行维修、护养、管理，维护相关区域内的环境卫生和秩序，为业主或非业主使用人创造一个安全、舒适、优美、文明的工作和生活环境，通过对管辖区内房屋建筑、设施设备的管理与维护来延长其使用寿命，使其保值和增值；而物业服务提供给业主的服务功能则是在提供物业服务的同时，使业主享受到及时、热情、周到的服务，满足业主受尊重的需要。

1.1.1.2　服务的特性

服务不同于有形产品，服务的特性是相对于有形产品而言的。有形产品与服务的区别如表1-1所示。

表1-1　有形产品与服务的区别

有形产品	服　　务	
有形性	无形性	① 服务不可储存； ② 所有权不发生转移； ③ 服务不能申请专利保护； ④ 服务不容易进行展示或沟通，并难以定价
生产与消费相分离	生产与消费同时进行（同步性）	① 客户参与并影响交易； ② 客户之间相互影响； ③ 员工影响服务的结果； ④ 分权可能是必要的； ⑤ 难以进行大规模生产
标准化	异质性	① 服务的提供与客户的满意取决于员工的行动； ② 服务质量取决于许多不可控因素； ③ 无法确定提供的服务是否与计划或宣传的相符
可储存	易逝性	① 服务的供应和需求难以同步； ② 服务不能退货或转售

1. 无形性

服务的无形性也叫不可感知性，是服务最基本的特征，也是有形产品和服务之间最常被提到的区别。有形产品可以被制造，而服务却只能被提供，它是一种客户不能随身带回家的举动或行为，客户能带走的也仅仅是服务带来的影响。例如，客户在前往汽车维修店之前是无法预知维修效果的；在美容之前同样无法感知具体的美容效果；或者去看一场电影，恐怕每个人看完同一场电影后，所得到的感受也不尽相同……

对于大多数服务来说，购买了并不等于就拥有了其所有权，如航空公司为乘客提供服务，但这并不意味着乘客拥有了飞机上的座位。除此之外，服务的不可感知性使得它不像商品那样容易描述和定义，也无法储存，无法申请专利保护(新的服务理念很容易被竞争对手模仿)，更难以定价，客户只有在享受完服务之后才能体会到服务带给他的满足感，这就给服务提供者带来了挑战。

为了解决这一问题，一方面，应努力使无形服务有形化，增强服务商品的体验性。例如，咨询公司有着装规范，目的就是通过员工穿正装，给客户留下一个严肃、职业、技术专家的印象，这些特征都是与服务企业所提供的服务本质相联系的。另一方面，通过打造服务品牌效应，提升信誉。服务企业以塑造品牌为途径，来获取客户对服务品牌的忠诚和信任，以使自己立于不败之地，如对于一些国内知名的物业公司来说，其品牌就意味着信誉，意味着高品质的物业服务。

2. 同步性

服务的生产与消费往往是同时进行、且不可分割的。对于大多数商品而言，都是先生产，然后存储、销售和消费，但大部分的服务是先销售，然后同时进行生产和消费。也就是说，服务生产的时候，客户是在场的，而且会观察甚至参加到生产过程中来。

服务的同步性主要表现在以下几个方面。

(1) 客户参与服务的生产过程。换句话说，大多数服务都不能存储到以后消费，客户必须是当场享受服务。但在服务的过程中，客户会因实际情况的不同而有不同程度的参与。例如，教师授课必须以学生存在为前提；在看病、理发时，客户则必须在场参与……客户的这些参与，必然会影响到服务的质量。

(2) 对某些服务的共同消费。有些服务需要大量消费者同时分享，比如，一场音乐会，一部电影。观众很多，他们之间势必会互相影响，因而各自的体验也会发生变化。这种影响既有负面的，也有正面的。比如，在电影院大声喧哗会影响其他观众；而演唱会现场大家激情澎湃的情绪则会互相感染，增强现场气氛。

(3) 规模化生产变得困难。因为服务提供者是直接与所生产的服务相联系的，所以单个的服务提供者只能生产有限的服务量。对于为特定的人所提供的服务，感兴趣的客户只能到该种服务提供者所在的地方接受服务。

因此，我们必须密切关注与客户直接接触的服务人员，他们在生产服务的同时，客户在体验服务，这些与客户直接接触的服务人员不仅代表着自身的形象，更代表着公司的形象，他们的言行举止直接与公司的服务形象挂钩。因此，服务企业应该招聘合格的、具备一定素质的服务人员，并对客户服务人员进行统一培训。除此之外，由于服务的生产与消费同步进行，这就需要客户也必须出现在服务的场所。服务人员必须在一个使客户感到舒适、亲近的场所里提供服务，这是服务场所、服务环境的要求。服务的同步性还使得服务效果的好坏不仅取决于服务提供者的表现，还取决于客户本身的配合能力和他们的参与程度。如果客户不能准确说明自身所需服务，最终结果必然会令其失望。所以，寻找合适的客户群，为不同需求的客户提供不同类型和水准的服务，提高客户的参与程度和配合度，也是服务企业要考虑的问题。

3. 异质性

服务是由人表现出来的一系列行动，而且服务人员所提供的服务通常都是客户眼中的服务，由于没有两个完全一样的服务人员，也没有两个完全一样的客户，那么就没有两种完全一致的服务。服务的异质性是由服务人员和客户之间的相互作用以及伴随这一过程的所有变化因素导致的。服务的异质性主要有以下三种来源。

(1) 服务人员。多数服务都需要服务人员与客户发生相互作用，但人不可能像机器那样每天不犯错误地重复同一个动作。因此，服务人员就成了服务异质性的因素之一。服务人员也会犯错误，他们的行为无论有意识或无意识地都会发生变化，比如，当服务人员情绪低落时，很可能用不友善的方式对待客户。

(2) 客户。每个客户感受到的服务质量都是不一样的。不同客户的思想状况、个人情况等都不同，这不仅会极大地影响客户的个人行为，还会影响客户对服务质量的评价。另外，某些特定的客户还受其他客户行为和表现的影响。

(3) 环境。一些外部因素也可以影响客户对服务的评价。这些外部因素很多，比如，去同一家游乐园玩，晴天和雨天的感受不同；去超市买东西，排长队和不排队对客户的心情影响很大，进而会影响客户对服务质量的评价等。这些外部因素是服务企业对服务质量控制的一大难题。

那么，由于服务的异质性，作为服务提供者的服务企业该如何维持和提供给客户一种均衡的服务感知质量呢？一个选择就是向制造业取经，通过增强对服务质量的控制来达到目的，对服务人员进行统一培训，使其与客户接触时的行为尽量保持一致，制订相应的服务标准，启动服务质量监测体系，尽可能使服务质量保持一定水平。

4. 易逝性

易逝性是指服务产品无法保留、转售及退还的特性，服务如果不能及时消费就会造成服务的损失。有人形象地说，服务组织中未经使用的服务能力，除非消费者(或需要服务的其他人)当场接受它，否则，这种服务就像打开了水龙头却没有塞子的水槽，都被白白浪费掉了。例如，长途客车的剩余座位也不可能储存起来供以后使用。

服务的易逝性也给服务企业带来了挑战。一方面，由于服务不可储存，也无法预测客户的需求，往往就会出现供求矛盾。我们无法用预先储存起来的服务满足高峰时客户的需要。对于服务企业来说，需求分析、产能利用是其面临的一个重要问题。另一方面，智者千虑，必有一失，即使是最出色的服务组织，也无法避免偶尔的失误。与那些可能出现的负面影响相比，服务补救所需的费用简直是微不足道。因此，如何及时采取补救措施以挽回企业的声誉，尤为重要。

1.1.1.3 服务的分类

服务的内容十分复杂，通过对其进行分类，可使对服务业的研究更具有针对性，也有利于打破行业壁垒，使相关企业从其他服务行业中学习到更加先进、合理的服务管理方式。从服务管理的角度出发，对服务可以进行如下分类。

1. 基于服务活动性质及服务标的进行分类

服务活动可以从二维角度进行分类——服务的对象(人或物)和服务的有形属性(有形或无形)，依此可将服务分为四类(见表1-2)。

表 1-2 基于服务活动性质及服务标的进行分类

服务活动性质	服务标的	
	人	物
有形活动	作用于人体的服务，如理发、美容、客运、医疗、餐饮服务	作用于有形财产的服务，即作用于物品或其他实体财产的服务，如物业管理，货物运输，设备的维护、维修，环境清洁服务等
无形活动	作用于人精神的服务，如心理治疗、管理顾问服务等	作用于无形资产的服务，如保险、法律、会计服务等

(1) 作用于个体的服务。客户只有参与其中，并与服务提供者进行互动，服务才能实现有效的传递。

(2) 作用于有形财产的服务。以有形的行动来处理客户的持有物或其他实体物，客户参与程度较低，物业服务行业就属于作用于业主房产的服务。

(3) 作用于人精神的服务。这种服务，客户可能亲临服务场所，也可能通过电视、广播等远程的方式获得服务。但是，客户的意识必须在场。

(4) 作用于无形资产的服务。服务提供者将服务作用于顾客的无形资产，例如，会计、法律、保险、投资服务等。

2. 基于客户与服务企业的关系及服务是否持续传递进行分类

客户与服务企业之间的关系可能是长期关系（"会员"关系），也可能是短期关系（非正式关系）。服务的传递既可以是持续的，也可以是间断的。由此，可将服务分为四类（见表 1-3）。

表 1-3 基于客户与服务企业的关系及服务是否持续传递进行分类

服务是否持续传递	客户与服务企业之间的关系	
	"会员"关系	非正式关系
持续传递	保险服务 银行服务 通信服务 物业服务等	广播电台服务 警察保护服务 高速公路服务等
间断传递	通行证或月票服务健身房服务等	汽车租赁服务和邮政服务等

企业都希望与客户建立长期的合作关系。通过会员制，企业可以根据不同的客户资料分别对待客户，使客户在服务过程中受益，同时企业也赢得了信誉，有助于客户再次消费，保持企业的稳定发展。

就物业服务行业而言，物业服务企业与业主双方通过签订物业服务合同也会保持一种长期、稳定的关系，这种关系甚至可以持续几十年。所以，物业服务企业应该重视与业主建立良好的关系，避免物业纠纷的发生。同时，物业服务又是持续传递的，物业需要 24 小时不间断为业主提供服务。

3. 基于服务传递方式进行分类

服务的传递方式多种多样，可以在一个地点传递，也可以在多个地点传递；可以近距离传递，也可以远程服务；可以是服务组织主动接触客户，也可以是客户主动接触服务组织。依据服务传递方式，可将服务分为六类（见表 1－4）。

表 1－4 基于服务传递方式进行分类

客户与服务企业交互的性质	服务场所的数量	
	单一场所	多个场所
客户到服务场所	理发服务 音乐会服务等	公共交通服务 连锁便利店零售服务等
企业上门服务	家政服务 出租车服务等	快递配送服务 商品维修服务等
远程交易	地方电视台服务 信用卡管理企业服务等	电话公司服务广播网服务等

房屋建筑是不能移动的，业主所拥有的房产地点是固定的。所以，物业管理服务只能是企业上门服务，但同一家物业服务企业可以通过投标方式获得多个物业项目的管理服务权，下设多个物业服务项目管理处，物业服务项目管理处在物业管理区内设立物业服务中心，为业主提供物业服务。

4. 基于服务定制的程度与服务人员为满足客户需求行使判断的程度进行分类

服务组织提供服务的方式多种多样，可以是标准化服务，也可以是个性化或客户化服务。同时，在服务过程中，服务人员必须对具体的服务过程拥有一定程度的自行决策权，他们需要对具体的情形做出自主判断。基于服务定制的程度与服务人员为满足客户需求行使判断的程度，可将服务分为四类（见表 1－5）。

表 1－5 基于服务定制的程度与服务人员为满足客户需求行使判断的程度进行分类

服务人员为满足客户需求行使判断的程度	服务定制的程度	
	高	低
高	出租车服务 美容服务 专业服务 人才中心服务等	教育服务 大学餐饮服务 预防性健康计划服务等
低	电话服务 宾馆服务 零售银行业务（除大额贷款）服务等	公共交通服务 快餐店服务 电影院服务等

物业管理服务的每项业务都需要按照一定的流程运作，标准化程度较高。同时，在为业主提供服务的时候要针对业主的需要提供个性化的专业服务。以报修服务为例，报修服务流程如下：客户服务中心前台工作人员接到报修电话，填写电话接听登记表→前台将报修内容填入维修工单后交送工程部→工程部文员登记后将维修工单下发至专业组→维修人员进行维修→维修人员完成维修后将维修工单交送至工程部文员→工程部文员汇总后，每日下班前将维修工单返还客服中心→由客服助理对客户进行回访。这一流程标准化程度较高。而在维修过程中，维修的内容和需求不尽相同，需要维修人员根据自己的专业经验，同时按照业主的要求完

成维修工作，提供满足业主需求的个性化服务。

1.1.2 物业服务的内涵

1.1.2.1 物业服务的含义

2018 年修订的《物业管理条例》对物业管理做了如下定义，物业管理是指业主通过选聘物业服务企业，由业主和物业服务企业按照物业服务合同约定，对房屋及配套的设施设备和相关场地进行维修、养护、管理，维护物业管理区域内的环境卫生和相关秩序的活动。

这里的物业管理，其实质是一种服务，物业服务企业的经营活动就是为物业所有人或使用人提供高标准、高质量的服务，寓管理和经营于服务之中。那么，物业服务也就是物业服务企业根据与业主签订的物业服务合同为业主提供各项服务活动。物业管理的活动对象是各种各样的物业，其服务对象则是业主或非业主使用人。与传统的物业管理不同，现代物业服务为业主或非业主使用人提供的是全方位、多功能、综合性的经营管理服务，服务范围相当广泛，不仅包含房屋设施设备的维修与养护、环境卫生与安全等这些常规性的公共服务，还包括为业主或非业主使用人提供的非公共性的延伸服务。

1.1.2.2 物业服务的内容

1. 常规性的公共服务

常规性的公共服务，一般指物业管理中最基本的管理工作，是物业管理区域中所有业主或非业主使用人都享受的，由物业服务企业提供的最基本的服务。

常规性的公共服务主要包括以下八项内容。

(1) 房屋建筑主体的管理。这是为保持房屋完好、确保房屋使用功能正常而进行的管理与服务，包括房屋基本情况的掌握、房屋维修管理、房屋装修管理等。

(2) 房屋设施设备管理。这是为保持房屋及其配套附属的各类设施设备的完好及正常使用而进行的管理与服务，包括各类设施设备基本情况的掌握、各类设施设备的日常运营及其保养维修等。

(3) 环境卫生管理。这是为净化物业环境而进行的服务与管理，包括物业环境的日常清洁打扫、维护、垃圾的处理等服务工作。

(4) 绿化管理。这是为美化物业环境而进行的服务与管理，包括物业整体环境的美化、草地和花木的养护服务等。

(5) 治安管理。这是为维护物业管理区域中人们正常的工作与生活秩序而进行的专门的管理与服务，包括日常的安保、突发事件的预防与处理、监控系统的监控服务等。

(6) 消防管理。这也是为维护物业管理区域中人们正常的工作与生活秩序而进行的专门的管理与服务，包括火灾的预防及火灾发生时的处理与救助。

(7) 车辆道路管理。这同样是为维护物业管理区域中人们正常的工作与生活秩序而进行的专门的管理与服务，包括车辆的保管、道路的管理、交通秩序的维护等。

(8) 客户服务管理。这主要是提供给业主或非业主使用人的入住服务、客户的投诉处理服务及接待、咨询服务等。

2. 非公共性的延伸服务

非公共性的延伸服务是物业公共性服务范围的延伸，是物业服务企业为满足物业区域内业主或非业主使用人更多、更高的需求，利用物业辅助设施或物业管理服务的有利条件而提供的公共性服务以外的服务，一般包括针对性的专项服务和委托性的特约服务，其目的是尽可能地满足业主或非业主使用人的需求。

(1) 针对性的专项服务。针对性的专项服务是指物业服务企业为改善业主或非业主使用人的工作和生活条件，为满足他们的需要而提供的衣、食、住、用、教育、医疗等方面的服务。

针对性的专项服务涉及千家万户，涉及人们日常生活的各个方面，内容繁多。物业服务企业应根据所管物业的基本情况和人们的需求，开展全方位、多层次的针对性的专项服务，并不断加以完善。

针对性的专项服务的内容一般有：

① 日常生活类服务。这是指物业服务企业提供的日常生活中衣、食、住、行等方面的服务。

② 商业服务类服务。这是指物业服务企业提供的各种商业经营服务项目，如饮食店、美容美发店、家用电器维修店等商业网点的设立与管理服务。

③ 文化、教育、卫生、体育类服务。这是指物业服务企业在文化、教育、卫生、体育等方面开展的各项服务活动。

④ 经纪、代理、中介类服务。这是指物业服务企业拓展的经纪、代理与中介服务工作，主要包括物业市场营销与租赁，房产评估、公证，以及其他中介代理服务。

⑤ 社会福利类服务。这是指物业服务企业提供的带有社会福利性质的各项服务，如照顾孤寡老人、拥军优属等。这类服务一般以无偿的方式提供。

(2) 委托性特约服务。委托性特约服务是为满足物业产权人、使用人的个别需求并受其委托而提供的服务，这里的个别需求通常指物业服务合同中没有约定，针对性的专项服务中也没有设立，而物业产权人、使用人又提出的需求。此时，物业服务企业往往在条件允许的情况下尽量满足其需求，签订特约服务合同，提供特约服务。

委托性的特约服务实际上是专项服务的补充和完善。当有较多的住户有某种需求时，物业服务企业可适时地将此项服务纳入专项服务项目。委托性的特约服务具有临时性、不固定性和选择性的特点。

物业服务企业在实施物业管理服务时，常规性的公共服务是最基本、最经常、最持久的服务，是必须做好的工作，也是物业服务水平的集中体现。同时，物业服务企业要根据自身条件和住户的需求，确定针对性的专项服务和委托性的特约服务内容，采取灵活多样的服务方式，体现“以人为本”的服务核心，并不断拓展非公共性的延伸服务的深度和广度。

物业服务的特性和意义

实训任务

任务内容：调查物业服务企业所提供的非公共性的延伸服务

具体要求：

(1) 由 3～5 人组成学习小组，小组的各项工作由组长负责指挥协调，组员分工明确；

(2) 以某一物业服务企业或某一物业服务项目为调查对象，进行非公共性的延伸服务调查；

(3) 完成资料收集和实地调查工作，并形成调查报告，制作 PPT，与同学分享；

(4) 对本次任务的完成情况进行总结。

习题练习

一、判断题

1. 服务的无形性也叫不可感知性，是服务最基本的特征，也是有形产品和服务之间最常被提到的区别。 ( )

2. 服务是由人表现出来的一系列行动，而且服务人员所提供的服务通常都是客户眼中的服务，没有两个完全一样的服务人员，也没有两个完全一样的客户，但可以产生完全一致的服务。 ( )

3. 常规性的公共服务，一般指物业管理中最基本的管理工作，是物业管理区域中所有业主或非业主使用人都享受的，由物业服务企业提供的最基本的服务。 ( )

4. 物业服务是按照事先签订的物业服务合同中约定的各个事项和要求来提供的，合同中明确了双方的权、责、利，因此，物业服务行为具有特约性。 ( )

5. 物业服务品质的差异性就是物业服务企业会通过制订不同的品质标准、采取不同的执行措施来满足不同业主的服务需求。 ( )

二、多项选择题

1. 服务的两大构成要素包括( )。

A. 服务产品　B. 服务体验　C. 服务功能　D. 服务评价

2. 服务的异质性有三种来源，具体包括( )。

A. 服务人员　B. 客户　C. 环境　D. 时间

3. 物业服务的意义主要体现在( )。

A. 能创造优美、安全、舒适、和谐的环境

B. 方便居民的生活

C. 能延长物业寿命，使物业保值增值

D. 物业管理服务能克服“重建轻管”的思想

三、简答题

1. 服务的分类有哪些?

2. 物业服务的内容包括哪些?

3. 物业服务的特性包括哪些?

任务 1.2 客户服务管理

任务导入

在这个充满竞争的经济社会，每个行业都有自身对客户服务工作有着不一样的诠释和要

求。在同一行业，产品同质化程度越来越高，市场竞争已从产品竞争、价格竞争转向服务竞争、人才竞争，并且日趋激烈，在这种形势下，企业提高自身的服务质量，增强企业的竞争优势，创造企业的服务品牌已是当务之急，刻不容缓。正因为如此，客户服务工作对于从业人员的专业知识、心理素质、综合素质的要求也越来越高。

任务情境

作为全球领先的通信设备供应商，华为注重为客户提供全球化的服务支持。他们在全球范围内建立了一体化的服务网络，确保客户无论身在何处，都能够得到快速的响应和支持。华为还投资建设了一支专业的技术支持团队，为客户提供专业的培训和解决方案咨询。这种全球化的服务支持为华为赢得了国际市场的认可和信任。

问题：优质的客户服务对企业的经营管理有帮助吗？

知识内容

客户对于每一个现代企业来说都具有非常重要的意义，能否与客户建立友好的关系，关乎到企业的生死存亡。客户是企业的命脉，从一定程度上来讲，是客户成就了企业，企业员工的薪水和福利都是客户提供的。客户已经成为一种资源，即客户资源。企业之所以把客户提升为一种资源，是因为客户与那些为企业带来直接利润的资源，在企业的发展过程中都起着重要的作用。

1.2.1 客户的含义

关于客户的定义，较多谈论的是企业与客户之间的本质关系。而在营销时代，需要我们从更深的层次理解客户的含义：①客户不一定是产品或服务的最终接受者，如中介商、零售商等；②客户也不一定在公司外部（有内部客户与外部客户之分），企业内部的工作人员也应看作客户；③客户也不一定是用户，如中介商，只有当他们直接消费产品或服务时，才能算得上是用户。因此，从广义上讲，在工作领域任何依赖某一企业的人都可能是该企业的客户；从狭义上讲，客户是所有接受产品或服务的组织和个人的统称。

在现代营销管理的观念中，顾客与客户是有区别的。首先，顾客是“可以没有名字”的，而客户的资料却很详尽地保存在企业的信息库中；其次，顾客是作为某个群体的一部分获得服务的，而客户是以个人为基础的；最后，顾客可以由任何人或机构来提供服务，而客户则主要由专门的人员来提供服务。正是基于二者之间的区别，现在很多企业把对客户的营销方式引入对顾客的营销方式，为其提供个性化和人性化的服务，目的是与顾客建立良好的关系，增加顾客向客户转化的可能性，并减小顾客转向竞争对手的可能性。

1.2.2 客户的分类

下面介绍几种较为常见的客户的分类方法。

1. 按客户来源划分

按客户来源划分，客户可分为外部客户和内部客户。

(1) 外部客户。外部客户是指组织之外的组织或个人。在一般情况下，我们所说的客户满意的立足点是针对外部客户的，客户满意就是使外部客户对我们的服务满意。外部客户按产品接受环节还可以分为中间客户与最终客户：中间客户是处于产品或服务流通链中间的客户，主要包括批发商、零售商、租赁公司和代理商等；最终客户是指产品或服务的最终使用者。

(2) 内部客户。内部客户即企业的员工。在一个组织中，人与人之间、部门与部门之间、过程与过程之间往往会形成一种供方与客户的关系。只有先服务好内部客户，使员工满意，才能让员工更愉快地为外部客户服务，让外部客户更满意，最终为企业带来良好的经济效益。

2. 按客户交易的现状划分

按客户交易的现状划分，客户可分为现实客户和潜在客户。

(1) 现实客户。现实客户是指已经成为客户的组织或个人。现实客户包括两类：一类是正在成为客户的组织或个人，如正在购买某企业产品的个人，另一类是已经接受过企业提供的某种产品的人。

(2) 潜在客户。潜在客户是指尚未成为但可能成为客户的组织或个人。他们是企业积极争取的对象，是客户管理关注的重点之一。企业可以通过及时调查、分析、研究，把握潜在客户的需求，不断把潜在客户转变为现实客户，这也正是企业不断发展壮大的标志。

3. 按市场营销的角度划分

从市场营销的角度划分，客户可分为经济型客户、道德型客户、个性化客户和方便型客户。

(1) 经济型客户。这类客户总是希望投入较少的时间和金钱得到最大的价值。因此，他们往往只关心价格，而不关心商品或服务的购买地点或品牌，他们往往是“便宜”的忠诚客户。

(2) 道德型客户。这类客户觉得在道义上有义务光顾社会责任感强的企业，他们通常是那些在社区服务方面具有良好声誉的忠诚客户。

(3) 个性化客户。这类客户需要人际关系上的满足感，希望得到人们的认可和关注。

(4) 方便型客户。方便性是吸引这类客户的重要因素，他们常常愿意为具有方便性的服务额外付费。

4. 按客户价值划分

按客户价值划分，客户可分为关键客户、主要客户和普通客户。

(1) 关键客户。关键客户是在过去特定时间内消费额排前5%的客户。这类客户由于其经营稳健，做事规矩，信誉度好，对企业的贡献最大，能给企业带来长期稳定的收入，是企业的优质核心客户群，值得企业花费大量精力来提升该类客户的满意度。

(2) 主要客户。主要客户是指在特定时间内消费额排前20%的客户中，扣除关键客户后的客户。这类客户对企业经济指标完成的好坏构成直接影响，不容忽视，企业应倾注相当的精力关注这类客户的生产经营状况，并有针对性地提供服务。

(3) 普通客户。普通客户是指除了上述两种客户外，剩下的80%的客户。这类客户的消费额占企业总消费额的20%左右，对企业完成经济指标贡献很小。但由于他们数量众多，具有“点滴汇集成大海”的增长潜力，企业应控制在这方面的服务投入，按照“方便、及时”的原则为他们提供大众化的基础性服务。

1.2.3　客户的重要性

客户是企业经营活动中最重要的人，是企业利润的源泉，是企业生产和发展的基础。客户的投诉并不是干扰企业，而是提出企业存在的问题，帮助企业改进。在激烈的市场竞争中，客户对于企业的重要性被越来越多的企业所重视。客户资源已成为一种重要的市场资源，它对企业具有非常重要的价值。企业的职责就是提供最卓越的服务，尽可能大地满足甚至超越客户的需求、欲望或期望，从而增加和优化企业的客户资源。企业提供优质的、满意的客户服务是赢得客户的最佳途径，而拥有一批稳定的、高价值、高忠诚度、高回头率的客户是企业发展壮大的重要保证。

1.2.4　客户服务

1.2.4.1　客户服务的含义及类型

1. 客户服务的含义

客户服务就是在适当的时间和地点，以适当的方式和价格，为目标客户提供适当的产品或服务，以满足客户的合理需求，使企业和客户的价值都得到提升的活动过程。客户服务强调以客户为中心，由于不同客户的个性不尽相同，这就要求服务提供者必须考虑到客户的各种需求，力求为客户提供优质的、满意的服务，从而使企业和客户的价值都得到提升。

2. 客户服务的类型

客户服务的类型是由客户服务的特性所决定的。客户服务的特性是通过以下两方面体现的：①程序特性。程序特性是指企业为客户所提供的服务具有流程性。比如说，你买了一台空调，那么从购买之日起，你就进入了空调厂家所提供的服务程序。它规定了产品的保修、可退换日期，产品的维修是由经销商负责还是厂家负责，维修时间的长短，是否有补偿，等等。所有这些都是客户服务的程序特性，是企业为客户所定制的。②个人特性。个人特性是指客户服务人员在与客户沟通时，其自身的行为、态度和语言技巧，以及在客户服务岗位上是不是称职等，这是企业为客户服务人员量身定制的。

根据客户服务的程序特性和个人特性，可以将客户服务分为以下四种类型。

(1) 漠不关心型的客户服务。其表现在程序特性和个人特性两方面都很差。比如，购买的东西坏了，需要维修，客户打电话过去询问，要不是电话没人接，要不就是电话打通了却没有一个确切的答复，再问此事，却没有了下文。这些都是典型的程序特性方面的问题。个人特性方面，服务人员缺乏热情，没有服务意识和敬业精神，一问三不知。

(2) 按部就班型的客户服务。这种类型的客户服务在程序特性方面表现很强，但在个人特性方面表现很弱。有些企业，在服务程序的制订上头头是道，设定了很多服务流程，但是，服务人员却缺乏热情，态度很冷淡。在他们眼里，你只是一个客户，要遵守规矩，不能搞特殊化。即使客户很着急，也得按先后次序排队。比如说，客户的冰箱坏了，不能制冷，夏天食物很容易坏掉，客户需要马上派人来维修，然而此类客户服务会拒绝此诉求，并回复按规定得两天以后才能派人维修。

(3) 热情友好型的客户服务。在个人特性方面表现很强，但在程序特性方面表现很弱。个人特性很强是指客户服务人员态度特别好，很热情，也特别会沟通。但是，由于程序特性很弱，这就造成服务人员很同情客户，也很理解客户，但是却解决不了客户遇到的问题。

(4) 优质服务型的客户服务。这一类型的客户服务，在程序特性和个人特性两方面表现都很好。程序方面及时、有效、规范、统一。服务人员有很好的素质，服务热情、周到，关心、体贴客户，能够很好地运用客户服务技巧。这种类型的服务表明，企业很重视客户，希望用最优质的服务满足客户的需求。

毋庸置疑，物业服务企业为业主提供的服务应该尽量达到"优质服务型"，既有很强的程序特性，又有很强的个人特性。为业主提供的服务流程要及时、有效、规范、统一，而为业主提供服务的各部门服务人员也应该有很好的素质，服务热情、周到，关心、体贴业主，能够与业主进行有效、良好的沟通，熟练运用客户服务技巧，为业主提供专业化的物业服务。

1.2.4.2 客户服务对企业的意义

客户服务对于一个企业的意义远远超过了销售。那些较早重视客户服务的企业，如今大都成了成功的企业。对企业来说，谁的客户服务更好、更周到，谁就将拥有更多的客户，拥有更多的市场份额，也就拥有了更强的市场竞争力，企业就会更好、更快地发展。因此，企业要在客户服务上下功夫，勇于改革、创新，为客户提供更好、更优质的服务。

而对于物业服务企业而言，其所提供的商品就是服务，更需要重视服务的质量，为业主提供及时、满意、周到的服务，努力通过服务为业主营造优美、安全、舒适的生活、工作环境。

1. 优质的客户服务有助于塑造企业品牌

提供同一种产品的不同企业，怎样才能在激烈的市场竞争中脱颖而出呢？答案是塑造一个强势的品牌。企业树立品牌的方式很多，广告是最常用的一种，广告能够在短期内为企业带来大量的客户，产生大量的购买行为，但是，客户服务不是短期行为，而是长远的。明智的企业会通过优质的客户服务为本企业树立良好的口碑，从而为企业招徕更多的客户，而这种信息是人与人之间、客户与客户之间通过交流互相传递的，这种获利方式也是企业经营成本最低的一种方式。

2. 优质的客户服务有助于提高企业的经济效益和社会效益

客户是企业生产和发展的基础，是企业的经济来源。优质的客户服务将使企业拥有一批稳定的、高价值的、高忠诚度的、高回头率的客户，好的口碑也将为企业赢得越来越多的新客户，从而为企业带来巨大的经济效益。企业在提高产品质量、增加产品功能的同时，不断提高服务质量，丰富服务内容，以更好地满足客户的需求，这也有利于提高社会效益。

3. 优质的客户服务是企业防止客户流失的最佳屏障

客户流失是企业最不愿意看到的事情。现在的市场竞争越来越激烈，导致客户的忠诚度越来越低，客户流失也就成为一种必然。客户有权选择最合适的企业。企业只有提供更加完善的服务，才有可能防止客户流失。

4. 优质的客户服务是企业发展壮大的保障

优质的客户服务会使企业拥有一批稳定的老客户，他们会为企业带来巨大的经济效益，这是企业发展壮大的基石。企业可以将有限资金中的一部分用于为老客户服务，而将大部分的资金用于新产品研发、市场拓展等，从而使企业占据市场竞争的有利地位，不断发展壮大。

1.2.4.3 客户服务的目标

客户服务的目标:企业通过对客户的了解提供不同的服务,以满足客户的个性化需求,从而提高客户的满意度和忠诚度,最终,在与客户的双向互动中取得客户对企业的认可和信任。明确客户服务的目标需要认识以下几点。

1. 获取客户信息

对企业来说,研究客户的行为和消费习惯是非常必要的。企业可以从客户的记录、客户服务系统、客户数据库等方面了解客户,与客户建立一对一的服务关系,还可以选择并利用来自客户群、战略合作伙伴或者第三方的数据资料以获得更多的客户信息。无论采用哪种方法,都要以获得客户的真实身份信息为前提。物业服务企业更需要与业主保持一个长期稳定的关系,及时、准确地收集业主信息,这不仅是企业自身发展的需要,更是为业主提供优质服务的需要。

2. 客户关怀

客户关怀贯穿于业主购买与接受物业服务的全过程。物业服务企业要掌握和预见业主的实际需求,为业主提供专业化的物业服务,将各项服务和收费信息与业主进行有效的沟通;热情礼貌地接待业主的来电和来访,当业主需要解决物业问题时,要站在业主的立场为他们着想,当好参谋,设身处地地解决业主的实际问题,并且做好及时、高效的客户回访工作。

3. 客户满意

客户满意是人的一种感受,其产生源于业主对物业服务的实际价值与其期望所进行的比较。如果服务的实际价值与业主的期望相符,那么业主就会认为该服务可以接受;如果服务的实际价值超出客户的期望,那么客户就会感到满意;如果服务的实际价值达不到客户的期望,那么客户就会产生不满或失望。如果想让业主成为忠诚客户,就要让业主满意,把握好业主对服务的期望与物业服务企业实际能做到的尺度。总之,客户满意是客户信任的基础。

4. 客户信任

客户信任的程度决定企业盈利的程度,决定企业发展的速度。客户信任是指客户对某一企业、某一品牌的产品或服务的认同和信赖。它不等于客户满意,而是客户满意不断强化的结果,与客户满意倾向于感性感觉不同,客户信任是客户在理性分析基础上的肯定、认同和信赖。有了客户信任,即使某一次企业提供的产品或服务不能令客户满意,但是客户依然会选择该企业的服务,甚至会主动为企业提出改进意见。

1.2.4.4 客户服务理念

服务是服务企业带给客户的一种体验或过程,与其他有形产品一样,服务也要能满足不同的客户需求。客户需求在有形产品中可以转变成具体的(技术性)产品特征和规格,同时这些产品特征和规格也是产品生产、产品完善和产品营销的基础。但是,这些具体的规格对于服务来说是很难实现的。因此,服务企业也需要明确“服务产品”的本质,即“服务理念”。服务理念属于思想领域的范畴,它是企业开展客户服务工作的指导思想,是企业开展客户服务的行动指南。

在工业制造业中,产品的制造者、生产者、分销商很少有机会直接接触客户,他们只能通过最终(有形)产品间接地影响客户需求。而服务行业却不然,服务传递系统与员工都属于服务产品中不可分割的一部分。服务传递系统包括员工能力、员工表现、员工态度等因素。它与员工一样，能直接影响客户需求的实现。

因此，服务理念对服务管理具有极其重要的意义。所有的服务传递系统都与客户或客户的需求直接挂钩，直接影响着客户的满意度，企业要想不断赢得客户的满意，获得企业的长足发展，就要把优质、真诚的服务展现给客户，树立正确的服务理念，向社会广泛宣传，并将服务理念作为企业各部门人员的行动指南。

在以"客户满意中心论"为企业经营管理中心理论的今天，企业必须牢固树立"企业所做的一切都是为客户提供最优质的服务"这种理念。企业和企业的每一位员工只有树立起正确的客户服务理念，企业的客户服务工作才能最大限度地发挥作用；而错误的客户服务理念只能使企业的经营状况越来越糟糕，最终被市场所淘汰。

那么，如何为客户提供最优质的服务呢？服务不能是盲目的，而应该建立在满足客户需求的基础上，因此，必须树立起以客户的需求为导向、努力为客户创造更大价值的现代客户服务理念，构建以客户价值为核心的服务系统，服务人员需要围绕这一核心来为客户提供服务。

1. 树立以客户需求为导向开展客户服务活动的服务理念

企业所做的一切服务工作都应该紧紧围绕着客户需求而展开，只有满足了客户需求，才能为客户创造价值。所以，满足客户需求既是企业开展客户服务工作的出发点，也是企业开展客户服务工作的最终目的。因此，研究、掌握和预见客户的需求是企业开展客户服务工作的前提，也是企业和客户服务人员必须坚持的基本服务理念。

1）客户需求的分类

从客户需求的形式来看，它表现为潜在需求和明确需求。潜在需求通常与产品和服务的特色有关，明确需求同利益关系更为密切。

从客户需求的内容来看，包括客户对购买产品或服务便利性的需求、客户对产品或服务价格确定过程的了解需求、客户对产品制造和物流过程透明度的了解需求、客户对与企业平等接触的需求、客户对及时获得专业信息的需求、客户对选择分销渠道的需求、客户对企业提供的服务内容和标准的了解需求等。对于物业服务企业而言，应该满足业主对物业服务便利性的需求、知晓服务标准和服务内容的需求，以及公开物业服务费项目价格的需求等。

2）了解客户需求的方法

了解客户需求的方法有很多，如问卷调查、通过设立意见箱等形式收集反馈信息、面谈、客户数据库分析、模拟购买、会见重要客户、消费者组织、考察竞争者、第三方调查等。

2. 树立努力为客户创造更大价值的客户服务理念

服务管理的全部内容都集中在定义和推行服务理念这个问题上。服务管理所涉及的全部内容的基础是：我们为谁提供什么价值？创造客户价值是现代客户服务理念的核心，现代客户服务理念的中心就是客户价值。

1）客户价值

客户价值是指客户总价值与客户总成本之间的差额部分，而客户总价值是指客户从既定产品和服务中所期望得到的所有利益，由产品价值、服务价值、人员价值和形象价值组成；客户总成本由货币成本、时间成本、精力成本组成。

也就是说，客户价值就是客户在获得、拥有、使用的总成本最低的情况下，客户需求的满意与满足。

客户价值是一种相对价值。不仅不同客户对某一产品的期望价值会不同，同一客户在不同时间期望价值也不同。第一，客户价值的大小是客户购买产品和服务时付出的成本与得到的价值之间的比较，付出的成本越小，得到的价值就越大，客户就会越满意；第二，客户在得到这种产品和服务时，他们会将这种产品和服务与其他企业提供的产品和服务进行比较，如果他们认为自己得到的产品和服务比别人的产品和服务好，那么，他们就会感到满意。否则，他们就会认为不值得；第三，在产品品质相同的情况下，客户更关注获得的附加值和服务质量，甚至在更多的情况下，客户更愿意获得附加值高和服务质量好的产品；第四，从企业的角度来看，企业也会根据其收益指标和成本指标来衡量客户价值。一般来说，客户价值就是企业的成本构成因素，客户成本就是企业的价值构成因素。因此，企业在评估客户价值时，既会考量产品和服务本身的成本和价值因素，也会斟酌企业与客户之间的平衡因素。总而言之，企业为客户创造的实物价值和服务效用价值一定要超过客户付出的成本。

2）客户价值的构成因素

如前所述，客户价值是客户购买产品和服务的成本与价值的比较，因此，客户价值的大小由客户总价值与客户总成本两个因素决定。

客户总价值构成要素：

（1）产品价值。产品价值由产品的功能、特性、技术含量、品质、品牌与样式等组成。产品价值是客户价值的首要构成要素。

（2）服务价值。服务价值是指企业伴随实体产品的出售或单独地向客户提供的各种服务所彰显的价值。

（3）人员价值。对客户而言，人员价值主要体现在服务人员的语言、行为、服饰、服务态度、专业知识、服务技能等方面。

（4）形象价值。以品牌为基础的形象价值是客户价值的重要组成部分。

客户总成本构成要素：

（1）货币成本。客户购买企业产品和服务时首先考虑的就是货币的成本大小。

（2）时间成本。随着人们生活节奏的加快、生活水平的提高及对生活质量要求的提升，时间成本越发受到人们的重视。

（3）精力成本。精力成本是指客户在购买产品和服务时在精神、体力方面的耗费与支出。

3）增加客户价值的办法

在构成客户总价值的因素中，产品的有形价值同质化使得客户价值的差别集中到无形的服务上来，因此，增加客户价值的核心方法就是改善企业的服务，通过客户服务提高客户价值。

（1）强化客户感知。强化客户感知的关键是要强化有形因素在客户服务中的作用，其中，标准的一致性、适宜性，价格的合理性，品牌的优异性，服务的完美性以及与客户关系的密切性，是影响客户感知强弱的主要因素。

（2）为客户提供个性化服务。能够根据客户的实际情况，提供让客户满意的服务，这才是最好的客户服务。

（3）协助客户成功。企业为客户提供产品或服务的同时，为客户提供额外的辅助服务，如帮助客户解决生产、经营过程中的问题，使客户获得成功。

（4）让客户快乐。为客户提供良好的产品或服务，使客户认为自己得到了大实惠，从而对企业感激不尽；在产品或服务出现问题时，采取积极、有效的补救措施，使客户能够尽快重新使用和享受产品或服务给客户带来的快乐。

实训任务

任务内容：物业服务企业客户服务理念的调查

具体要求：

(1) 由3～5人组成学习小组，小组的各项工作由组长负责指挥协调，组员分工明确；

(2) 以某一物业服务企业或某企业的物业服务项目为调查对象，完成资料收集和实地调查工作；

(3) 小组成员结合调查资料进行讨论和总结，并形成调查报告，制作PPT，与同学分享；

(4) 各学习小组互相交流、讨论，教师点评。

习题练习

一、判断题

1. 方便型客户总是希望投入较少的时间和金钱得到最大的价值。（　）

2. 客户是企业经营活动中最重要的人，是企业利润的源泉，是企业生产和发展的基础。客户的投诉并不是干扰企业，而是提出企业存在的问题，帮助企业改进。（　）

3. 客户服务就是在适当的时间和地点，以适当的方式和价格，为目标客户提供适当的产品或服务，以满足客户的合理需求，使企业和客户的价值都得到提升的活动过程。（　）

4. 从客户需求的形式来看，它表现为潜在需求和明确需求。（　）

5. 客户价值的大小是客户购买产品和服务时付出的成本与得到的价值之间的比较，付出的成本越小，得到的价值就越大，客户就会越不满意。（　）

二、多项选择题

1. 按客户价值划分，客户可分为（　）。

A. 关键客户　B. 主要客户　C. 普通客户　D. 潜在客户

2. 根据客户服务的程序特性和个人特性，可以将客户服务分为（　）。

A. 漠不关心型的客户服务　B. 按部就班型的客户服务

C. 热情友好型的客户服务　D. 优质服务型的客户服务

3. 明确客户服务的目标需要认识到（　）。

A. 获取客户信息　B. 客户关怀　C. 客户满意　D. 客户信任

4. 客户总价值构成要素（　）。

A. 产品价值　B. 服务价值　C. 人员价值　D. 形象价值

三、简答题

1. 客户的分类有哪些？

2. 客户服务对企业的意义是什么？

3. 如何为客户提供最优质的服务呢？

4. 如何增加客户价值？

任务 1.3 物业客户服务

任务导入

随着社会的发展和进步,业主对物业服务企业的服务水平愈发重视,要求也日益提高,客户服务作为物业管理中的核心环节,更是不容忽视。它不但承担着接受业主投诉、报修工作,还肩负着随时向业主传递服务中心各项信息、向业主展示物业管理人良好形象的责任。因此,客户服务在物业管理中占据重要地位。

任务情境

幸福苑小区某栋直达地下停车场的消防电梯坏了,电梯公司由于一时没有配件,向厂商邮购也还没到货,好几天了仍不能使用。一天,一位女业主开车回来,询问当值的保安员小郑电梯有没有修好,保安员照实给予了回答。业主一听就发火了:"怎么搞的,都坏了五六天了还修不好,楼梯间那么黑,我又要抱孩子,还要拿东西,你让我怎么走?你马上在地面找个停车位给我,要不然,今天我就停在这儿不走。"

问题:如果你是当值的保安员,你会怎么做?

知识内容

随着城市化进程的加快,大量的住宅小区、商业办公楼和工业园区纷纷建成。在这些建筑物产生的过程中,物业管理与服务成为一个不可或缺的环节。而在物业管理与服务中,物业客户服务是一个极为重要的部分,因为它是物业企业与业主之间的桥梁。

1.3.1 物业客户服务的含义

物业客户服务是指物业服务企业为提高其服务的质量,与业主进行的相互活动。物业服务企业是营利性企业,与其他服务性企业一样,也需要凭借着对业主的服务获取其满意度和忠诚度,以此来获得报酬,实现自身的营利目的。因此,物业服务企业必须做好自身的服务工作,树立以业主需求为导向、努力实现业主客户价值的服务理念,努力为业主提供优质、满意的服务,实现满足业主的需求、提高业主的满意度和忠诚度、在与业主的双向互动中取得业主对物业服务企业的认可和信任的最终目标。

物业客户服务体系由物业客户服务主体、客体和服务环境三个要素构成。

(1) 主体。物业客户服务的主体,是指直接参与或直接影响服务交换的各类行为主体,包括供给主体、需求主体、协调主体三类。其中,具有国家规定的物业服务资质的物业服务企业和专业的服务企业(如绿化公司、保安公司和清洁公司等)是供给主体;业主或非业主使用人或房地产开发企业是需求主体;政府行政主管部门和物业管理协会等是协调主体。

（2）客体。客体是指用于交换或出售的对象。物业服务交换的对象就是各项物业服务。

（3）服务环境。服务环境是指服务交换赖以进行的各类法律法规和社会制度，如与物业服务相关的各类法律法规，包括宪法、合同法、公司法、物权法等，有关物业服务的具体的法规、政策，包括物业管理条例、物业服务收费办法、业主大会议事规则等。上述各种法律、法规共同制约着物业服务的具体交换行为。

1.3.2 物业客户服务管理

物业服务不同于其他类型服务，客户对其的切身感受和满意程度直接决定了物业服务企业的生存与发展，由此决定了物业服务企业必须用心研究客户对物业客户服务的感受和意见，洞悉客户的需求，并有针对性地提升和改善自身的管理与服务水平。

首先，在物业项目规划设计之初就应本着建筑文化与人文精神内涵和谐与统一的宗旨，不但要为客户提供一个设计合理、质量优良的室内空间，而且应为客户提供一个环境优美、自然、亲和的外部空间。这恰恰也是物业服务"以人为本"宗旨的硬件基础。

其次，在日常管理上，秉承"以人为本"的物业服务理念，这取决于物业服务提供者对物业服务的定位及对"以人为本"内涵深度与广度的挖掘。为此，物业服务企业应努力研究不同客户的服务需求和心理诉求，不断更新与深化服务内容，提高服务水平与服务质量。只有这样，才能使物业管理服务内容更加贴近客户。

最后，努力实现物业服务与管理的高度统一。没有任何一个行业像物业管理服务行业这样把管理和服务结合得如此紧密，没有优质服务的管理不能称作物业管理。对于客户来说，交纳了物业服务费就要享受到满意的服务，物业服务企业应该100%地满足客户的要求；对于物业服务企业来说，收取了物业服务费就必须提供相匹配的服务水平及服务质量。客户对服务的需求千差万别，归结起来"物业"看似是管理，实质是服务，两者高度统一。

1.3.3 客户服务在物业服务企业中的作用

客户服务贯穿于物业管理服务全部的工作，是物业服务企业的"生命线"。客户服务在物业管理服务中的作用主要体现在以下几个方面：

1. 客户服务的好坏影响客户对物业管理的满意程度

客户服务的好坏不仅是物业服务企业自我考核的一项重要指标，也是客户是否满意的关键。服务水平高，物业服务企业在其他工作的开展上就会得到广大客户强有力的支持；相反，就无法得到客户的认可，轻则客户拒缴物业管理费，重则可能会更换物业服务企业。

2. 客户服务的好坏影响物业服务企业的经济效益

物业管理服务是市场经济的产物，物业服务企业实行的是"自主经营、自负盈亏、独立核算、自我发展"的运行机制，其收入主要来源于向广大客户收取的物业管理费用。物业服务企业在保质保量完成客户服务工作的同时，还要积极贯彻"想客户之所想、急客户之所急"的服务精神，全方位、多层次地开展各类满足客户日常所需的服务。只有这样，物业服务企业才能实现经济效益最大化。

物业服务中的客户关系管理

3. 客户服务的好坏影响物业服务企业的形象

目前，客户服务的内容和方式呈现出多元化的趋势，满足客户高标准、多变化、快速扩展的服务需求，已经成为国内外评定高品质物业管理服务的一个重要标准。各个物业服务企业只有建立“以客户服务为中心”的管理模式与服务理念，才能最大限度地提升服务水平，树立自身良好的企业形象，在竞争激烈的物业服务行业中立于不败之地。

实训任务

任务内容：物业服务企业客户服务现状的调查

具体要求：

(1) 由 3～5 人组成学习小组，小组的各项工作由组长负责指挥协调，组员分工明确；

(2) 以某一物业服务企业的物业服务项目为调查对象，对业主开展访谈调查，了解物业客户服务现状；

(3) 小组成员结合调查资料进行讨论和总结，重点分析物业客户服务中的问题与不足，并制订出改进措施；

(4) 撰写调查报告，制作 PPT，与同学分享；

(5) 各学习小组互相交流、讨论，教师点评。

习题练习

一、判断题

1. 物业客户服务是指物业服务企业为提高其服务的质量，与业主之间的相互活动。物业服务企业是营利性企业，与其他服务性企业一样，也需要凭借着对业主的服务获取其满意度和忠诚度，以此来获得报酬，实现自己的营利目的。 (　　)

2. 物业客户服务体系由物业客户服务主体、客体和服务环境三个要素构成。 (　　)

3. 物业客户服务的客体是指服务交换赖以进行的各类法律法规和社会制度。 (　　)

4. 客户服务贯穿于物业管理服务全部的工作，是物业服务企业的“生命线”。 (　　)

5. 物业服务企业实行的是“自主经营、自负盈亏、独立核算、自我发展”的运行机制，其收入主要来源于向广大客户收取的物业管理费用。 (　　)

二、简答题

1. 什么是物业客户服务管理？

2. 客户服务在物业服务企业中的作用是什么？

项目2 物业客户服务团队建设

项目介绍

本项目介绍了物业客户服务中心的重要性及其在组织结构架构中的地位，详细阐述了物业客户服务中心的工作职能和各岗位职责，并指出了物业客户人员应具备良好的职业道德、职业技能和心理素质，使学习者对物业客户服务中心有一个全面的了解，并清楚从事物业客服工作所应该具备的职业素质。

1. 知识目标

(1) 了解客户服务中心的重要性。

(2) 了解物业客户服务中心岗位设置的原则；掌握物业客户服务中心的工作职能。

(3) 掌握物业客户服务的含义及服务体系的构成。

2. 技能目标

(1) 能够制订物业客户服务中心岗位设置方案。

(2) 能够编写物业客户服务中心各岗位职责和要求。

任务 2.1 物业客户服务中心的设置

任务导入

随着经济的发展和社会信息化程度的提高，人们的生活质量和工作效率也越来越高，业主或非业主使用人对物业服务企业的服务质量提出了越来越高的要求，促使物业服务内容和服务方式向多样化、个性化发展。为了优化自身，满足客户高标准、多样化、快速发展的服务需求，各物业服务企业面临着从“以产品为中心”向“以客户为中心”管理模式的转变。客户服务中心正逐渐被越来越多的物业服务企业接受并使用，在企业内部也越来越受到重视。

任务情境

万科物业已发展为国内极负盛誉的物业服务企业之一，专业提供全方位的物业管理服务、工程完善配套服务、房屋租售及绿化工程服务。通过多年来的实践，该企业在市场上取得了骄人的业绩，在物业管理行业奠定了坚实的地位，创立了具有万科特色的物业管理模式。

万科物业现在的客户服务中心是对原来万科地产公司业主服务中心和物业公司品质管理部分职能的整合，在职责范围上有所扩展。原来的业主服务中心只负责处理地产工程方面的投诉，而品质管理部负责处理物业管理方面的投诉，兼顾与业主之间的沟通、组织社区文化生活等，如今把客户服务功能和客户关系的处理整合、归口到同一个部门——客户服务中心，能更有效地协调地产公司、物业管理公司及相关部门的关系，更好地服务于客户。

问题：物业服务企业设立客户服务中心的目的是什么？

知识内容

物业客户服务中心在一个物业管理公司中扮演着重要角色。它是连接业主和租户的桥梁，负责解答他们的问题，处理投诉和报修，并提供一系列的服务。

2.1.1 物业客户服务中心的重要性

客户服务中心简称客服中心，它是源自星级酒店客户服务的一种管理模式。物业客户服务中心是物业服务企业以物业客户服务中心前台为辐射中心，由它负责收集、接待、汇总客户(业主或非业主使用人)的咨询、建议、投诉和服务需求，并协调和指挥物业服务企业内各职能部门和相关部门来处理和完成客户服务需求的运作模式。

物业客户服务中心运作模式的主要特征是一站式服务、全程式管理、信息流畅、集中处理、快速应答、及时反馈。

物业客户服务中心的设置对物业服务企业自身的运作和发展起到越来越重要的作用。物业客户服务中心是物业服务企业直接向客户提供服务的重要部门，它的功能集合与资源配置决定了物业服务企业提供客户服务的水平，以及组建什么样的客户服务中心。首先，物业客户服务中心反映了物业服务企业的企业宗旨，只有将客户的满意作为企业存在的唯一理由，才可能建立高水平的客户服务部门；其次，反映了物业服务企业的经营核心，以客户资源为自己经营的核心，才可能建立功能齐全的客户服务部门；最后，反映了物业服务企业的管理水平，以现代企业制度和规范化管理为基础，才可能为客户服务部门提供强大的系统支持。

2.1.2 物业客户服务中心在组织架构中的地位

1. 物业服务企业机构设置的功能

物业服务企业的机构设置要结合物业项目的规模、性质等实际情况，以实现项目管理与运营目标为目的，它的设置应具备以下三大功能。

（1）服务性功能。作为服务性企业，物业服务企业的机构设置必须具备服务性功能，应以方便客户、服务客户为设置原则，以达成物业服务企业的服务目标。

（2）合作性功能。物业服务企业的机构是一个有机整体，是由人、财、技术、信息等部门组成的运营系统，这个运营系统的整体功能，有赖于系统内各部门之间的协调配合。因此，其服务机构的设置必须有利于物业服务企业内部各部门、各班组、各岗位之间的相互合作。

（3）效益与效率功能。物业服务企业的机构设置需从实际出发，以提升项目运营的效率和效益为目标，减少层级，降低管理成本，实现有效监控，提高管理效率。

2. 物业服务企业组织架构

物业服务企业组织架构是表现企业各业务部门的排列顺序、空间位置、聚散状态、信息传递以及管理经营要素运作之间相互关系的一种模式，是实现物业服务经营与管理的一种形态。组织架构在整个管理服务活动中居主导支撑地位，以保证人流、物流、信息流的正常流通，使物业服务企业的经营目标得以顺利实现。物业服务企业组织架构如图 2-1 所示。其中，客户服务中心、工程技术部、安全管理部及保洁绿化部这四个部门作为直接提供客户服务的一线部门，应当具有执行功能，同时应为物业服务企业的管理层做决策提供重要的参考信息；人力资源部、品质管理部和财务部作为二线部门，则起到了支持一线部门服务、提供企业后勤保障的作用。

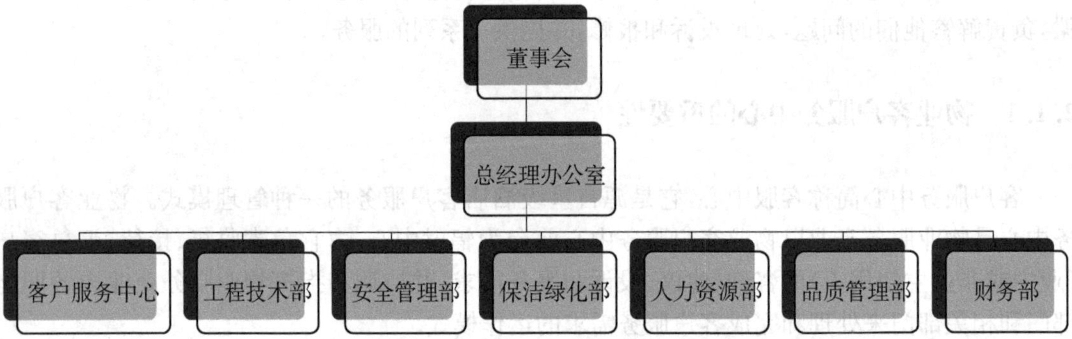

图 2-1 物业服务企业组织架构

图 2-1 所示的物业服务企业组织架构是常见的一种组织架构，随着越来越多的物业服务企业逐渐认识到客户服务中心的重要作用，为了保障以客户服务中心为辐射核心的运营模式能够顺利运行，将客户服务中心摆在组织架构的中心位置，客户服务中心的地位得以不断提高，如图 2-2 所示。

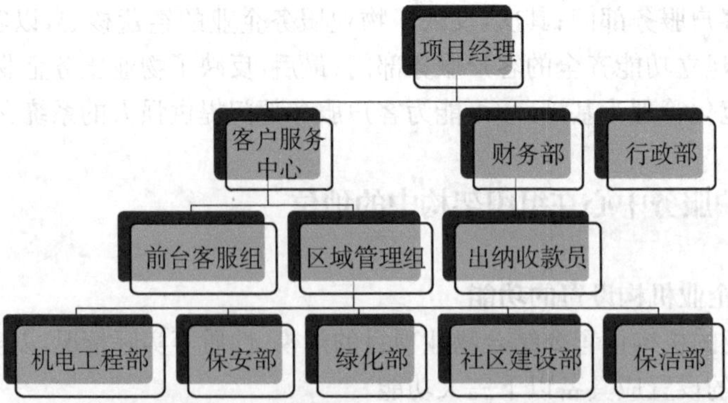

图 2-2 以客户服务中心为辐射核心的组织架构

图2-2所示的客户服务中心在物业项目的组织架构中处于核心领导地位。物业服务企业的管理目标是规范公司的内部管理，不断提高服务质量(任何组织机构的设置都是为实现企业的管理目标服务的)。为了确保客户服务中心正常运转，顺利实现企业管理目标，必须确保客户服务中心拥有充足的资源调配权和业务监督管理权。因此，客户服务中心在组织架构中应处于核心领导地位。它对下属的保安部、机电工程部等职能部门直接实施业务指导与监督管理，各职能部门的日常工作也应围绕客户服务中心的管理目标来展开。

2.1.3 物业客户服务中心岗位设置

物业服务企业要想高效率运转，就必须有良好的制度设计作为基础，通过有效的制度约束，减少物业服务企业运行内耗，节约监督管理成本。

2.1.3.1 岗位责任制的内涵

岗位责任制是指企业在定编、定员的前提下，根据精简、高效、统一的原则，对企业内每个部门和岗位在管理过程中所应承担的工作内容、数量和质量以及完成工作的程序、标准和时限，应有的权力和应负的责任等进行明确规定的一种工作制度，是确保企业良好运转的一项基础制度设计，是按照现代化大生产分工协作原则，以提高企业经济效益为目的，把企业的各项工作内容、性质和特点层层细分到各岗位上，确定各个岗位的职责、权限、利益，形成的权责利对等、岗位利益与员工利益紧密相关的一种管理体制。

1. 企业岗位责任制的制订

完善的企业岗位责任制应包括下列七项内容。

(1) 职位名称。对岗位在企业中的名称加以确定，以区别其他岗位。该名称应具有唯一性。

(2) 职位内容。职位内容主要对该职位的工作性质、工作数量和工作质量等内容加以界定，应尽可能采用数量的标准，以便进行考核。

(3) 技术复杂、难易程度。对该岗位的技术、劳动的难易程度加以界定，并将之作为制订劳动定额的依据。

(4) 工作权限。界定该岗位的工作职权，明确权力的大小。

(5) 工作责任。界定该岗位的责任范围和重要程度。

(6) 任职资格。界定该岗位人员应具备的素质和能力，并将之作为对人员选聘和工作考核的依据。

(7) 服务报酬。明确该岗位经济利益的大小。

以上七项内容中，职位内容、工作权限和工作责任三部分是必须具备的内容，其他内容可根据情况取舍。

2. 企业岗位责任制制订的程序

企业岗位责任制的制订，应按照先自下而上、再由上而下的程序进行。

(1) 明确制订岗位责任制的目的、原则和意义，组织全体员工广泛学习，领会精神。

(2) 各基层单位讨论、草拟本部门和相关岗位的岗位责任制基本内容，上报上级部门。

(3) 上级主管领导根据该岗位的实际情况，对上报的基层意见进行审核、修改、完善。

（4）上级部门将修订后的岗位责任制文件下发，正式实施。

2.1.3.2 物业客户服务中心工作职能

物业客服中心是物业服务企业对外联系、沟通的唯一窗口，所有事情都通过客服中心内部程序处理，不仅能够提高工作效率，也可避免对外工作的多头管理。理想的客户服务中心应该具有 4 个主要职能。

1. 客户关系管理

专门负责开拓与管理客户资源，包括组织已购房客户和潜在客户的各种联谊性活动，以及举办各种旨在加强物业服务企业与客户信任关系的活动。客服关系管理的主要功能是对物业客户资源的管理，同时为客户资源的经营提供依据。

2. 客户投诉处理

专门处理针对物业服务企业的客户投诉，其中也包括与客户的正常信息沟通以及满足客户的正常服务需求。

3. 客户日常服务

（1）办理客户迁入迁出手续；

（2）办理客户室内装修申请及装修验收的相关手续并实施监管；

（3）办理客户大件物品放行手续；

（4）办理出入证并控制货物出入；

（5）办理车辆的停放手续；

（6）办理统一收购废品手续；

（7）检查物业项目公用设施的运行状况；

（8）负责同客户的沟通工作，受理客户的服务要求等日常服务项目；

（9）进行绿化养护、美化保养服务，确保物业项目的绿化布置合理、整洁美观；

（10）对物业项目公共区域、走廊通道、公共洗手间、楼层及垃圾房、电梯前室及轿厢实行标准化清扫保洁服务；

（11）为客户提供物业增值服务。

4. 客户档案管理

建立客户数据库，储存有关客户本身以及可能与物业服务企业有关的个人信息，为客户服务工作提供方向，也对物业服务企业的内部运作建立预警机制。

物业客户服务中心岗位职责

实训任务

任务内容：调查某物业服务企业客户服务中心的职能

具体要求：

（1）由 3～5 人组成学习小组，小组的各项工作由组长负责指挥协调，组员分工明确；

（2）以某一物业服务企业为调查对象，开展实地调查；

（3）小组成员进行讨论和总结；

（4）撰写调查报告，制作 PPT，与同学分享；

（5）各学习小组互相交流、讨论，教师点评。

习题练习

一、多项选择题

1. 物业服务企业的机构设置要结合物业项目的规模、性质等实际情况，以实现项目管理与运营目标为目的，它的设置应具备(　　)的功能。

A. 服务性功能　　B. 作性功能　　C. 效益与效率功能　D. 协同性功能

2. 理想的客户服务中心应该具有(　　)职能。

A. 客户关系管理　B. 客户投诉处理　C. 客户日常服务　D. 客户档案管理

3. 客户服务中心前台服务员的主要职责有(　　)。

A. 以端正的仪态、饱满的工作热情和充分的耐心接待每一位来访、来电客户，树立物业服务企业服务窗口的良好形象

B. 负责为业主办理入住、装修手续

C. 负责辖区内有偿服务的推广工作和客户意见的反馈

D. 负责接待及处理业主咨询、投诉工作，并定期进行回访

二、简答题

1. 物业客户服务中心的重要性主要体现在哪里?

2. 物业客户服务在组织架构中的地位主要体现在哪里?

任务 2.2　物业客户服务人员的职业素质

任务导入

物业客户服务人员的职业素质高低对物业管理与服务工作有着重大影响。良好的职业素质能够促进业务流程的高效运转，维护和建立良好的客户关系，提升解决问题的能力，塑造物业公司的良好形象和品牌价值。

随着物业管理行业的快速发展，未来物业管理服务将由低端劳动密集型服务向高端智力服务型转型，只有高素质的人员，才会适应行业的快速发展，才能为客户提供高质量的管理和服务。

任务情境

某小区业主吴先生出门取快递时，经过小区垃圾站，发现几个垃圾桶里的生活垃圾已经堆满了，还有很多垃圾散落在垃圾桶周围，没有及时清理。

吴先生觉得这样不仅影响了小区的环境卫生和美观，也对居民的健康和生活质量造成了威胁。于是，他拍了几张照片发到了业主群里，提醒物业尽快处理这个问题。

本来这是一件很正常的事情，但是没想到却惹恼了小区物业工作人员。物业人员在群里

回复吴先生没事找事，说这是一件小事，没必要大惊小怪的。朱先生看到这样的回复，非常生气，于是和物业人员在群里展开了激烈的争吵。

问题：你觉得物业工作人员在业主群中对吴先生的回复妥当吗？

知识内容

职业素质是指劳动者在一定的生理和心理条件基础上，通过教育、劳动实践和自我修养等途径形成和发展，并在职业活动中发挥重要作用的内在基本品质。职业素质由思想政治素质、职业道德素质、科学文化素质、专业知识和技能素质、身心素质等构成。

思想政治素质是指人们在政治上的信念或信仰，包括世界观、价值观。思想政治素质是职业素质的灵魂，对其他素质起着统率作用，决定着其他素质的性质和方向。

职业道德素质是指劳动者在职业活动中通过教育和修养而形成的职业道德方面的状况和水平。良好的职业道德素质能够促使劳动者忠实地履行自己的职责。

科学文化素质是指人们对自然、社会、思维、科学知识等人类文化成果的认识和掌握程度，它不仅影响着人的生活质量，也改变着人的思想观念，是职业素质的基础。

专业知识和技能素质是职业素质中最具特色的内容，它最能体现人们在从事某种职业时专业知识和技能方面的水平高低。

身心素质包括身体素质和心理素质，身心素质是劳动者从事职业活动的重要条件，也是事业成功的基础。只有身体健康、精力充沛，才能以积极的态度面对生活和工作中的困难和挫折。

2.2.1 物业客服人员的职业道德

职业道德是指人们在职业活动中所遵循的行为规范的总和。它既是一般社会道德在特定的职业活动中的体现，又突出了在特定职业领域内特殊的道德要求。它不但是对本行业人员在职业活动中行为准则的要求，而且是本行业对社会所负的道德责任和义务。每个从业人员，无论从事哪种职业，在职业活动中都要遵守职业道德。教师要为人师表，医生要救死扶伤，国家干部要廉洁奉公，物业服务人员也应当遵循服务至上的职业道德，用优质的服务追求最高的业主满意度。

1. 职业道德的特点

（1）职业道德具有适用范围的有限性。职业道德与人们的职业活动紧密相连，一定的职业道德规则只适用于特定的职业活动领域，带有各自不同的个性特征，鲜明地体现着社会对某种具体职业活动的特殊要求，它往往只约束从事该行业和职业的人员以及他们在职业活动中的行为。

（2）职业道德具有发展的历史继承性。由于职业具有不断发展和世代延续的特征，不仅技术世代延续，其管理方法也有一定的历史继承性。如“客户至上”，从古至今一直都是服务行业的职业道德规范。

（3）职业道德表达形式的多样性。社会分工越来越细，职业也就越来越多。为了保证职业活动的正常进行，各行各业都有对自身较为具体、细致的规定，通过条例、章程、守则、制度、公约等形式作出规定，具有更强的约束力。

（4）职业道德兼有强烈的纪律性。纪律也是一种行为规范，它既要求人们自觉遵守，又带有一定的强制性。职业道德以制度、章程、条例的形式表达时，职业道德就具备了纪律的规范性，带有纪律性。

（5）职业道德具有鲜明的时代性。虽然职业活动代代相传，不同时代的职业道德有诸多相同之处，但是事物都是随着时代的发展而发展的，职业道德也随着时代的变化而不断发展，因而每一时期的职业道德又不一样，一方面，始终从一个侧面反映当时整个社会道德的现状，具有时代特征；另一方面，随着经济的发展和科技的进步，一些新的行业诞生，新的行业的职业道德也将随之产生。

2. 职业道德的社会作用

职业道德是社会道德体系的重要组成部分，它一方面具有社会道德的一般作用，另一方面具有自身的特殊作用。

（1）调节职业交往中从业人员内部以及从业人员与服务对象间的关系。职业道德的基本职能是调节职能。一方面，它可以调节从业人员内部的关系，即运用职业道德规范约束从业人员内部行为，促进从业人员内部团结与合作。例如，职业道德规范要求各行各业的从业人员都要团结、互助、爱岗、敬业、齐心协力地为本行业、本职业发展服务。另一方面，职业道德又可以调节从业人员和服务对象之间的关系。例如，职业道德规定了制造产品的工人要怎样对用户负责，医生怎样对病人负责，教师怎样对学生负责等。

（2）有助于维护和提高本行业的信誉。一个行业、一个企业的信誉，也就是它们的形象、信用和声誉，反映了社会公众对该行业或企业及其产品与服务的信任程度。提高企业的信誉主要靠提高产品的质量和服务品质，而从业人员职业道德水平高是产品质量和服务品质的关键。若从业人员职业道德水平不高，是很难生产出优质的产品和提供优质的服务的。

（3）促进本行业的发展。行业、企业的发展有赖于高的经济效益，而高的经济效益依靠高的员工素质。员工素质主要包含知识、能力、责任心三个方面，其中，责任心是最重要的。职业道德水平高的从业人员，其责任心是极强的，因此，良好的职业道德能促进本行业的发展。

（4）有助于提高全社会的道德水平。职业道德是整个社会道德的主要内容。职业道德一方面涉及每个从业者如何对待职业，如何对待工作，是一个从业人员生活态度、价值观念的表现，是一个人的道德意识、道德行为发展的成熟阶段，具有较强的稳定性和连续性；另一方面，职业道德也是一个职业集体甚至一个行业全体人员的行为表现。如果每个行业、每个职业集体都具备优良的职业道德，就会对整个社会道德水平的提高发挥重要作用。

物业服务人员应具备良好的职业道德

2.2.2 物业客服人员的职业技能

职业技能是劳动者职业素质在能力层面的集中体现，它是在职业实践的基础上，通过劳动者个人全面素质尤其是多种技能组合而形成的。职业技能是现代社会发展和科技进步对劳动者提出的必然要求。

职业技能是一个人胜任职业活动的主观条件，是指个体执行或完成职业活动或成功地应对职业活动中发生的特殊情况的表现，是可以由个体自由控制并受动机影响的体现，是人具有的职业素质的外化。职业技能可分解为从事职业活动所需要的专业技能、方法技能、社会技能和实践技能。

1. 专业技能

专业技能是指从事某一特定职业所必须具备的特殊的或较强的能力，强调对职业活动技术领域的应用性和针对性。

各种职业的工作性质、社会责任、工作内容、工作方法、服务对象和服务手段不同，对从业者的专业技能要求也有所不同。物业服务行业需要多方面的专业人才，没有一定的专业知识和专业技能是无法从事物业服务工作的。

(1) 现代服务管理知识。物业客服人员必须具备一定的现代服务管理知识。随着物业行业的发展，物业企业的管理更加规范，物业企业实行现代化、科学化的管理以降低成本、提高效益。因此，物业服务人员只有具有科学头脑、科学思想，运用科学的管理手段来武装自身，才能更好地从事服务管理工作。

(2) 物业管理服务的专业技巧。熟练的专业技巧是客户服务人员的必备技能。每个企业的客服部门和客户服务人员都需要学习多方面的专业技能，如良好的倾听能力、良好的语言表达能力、专业的客户服务电话接听技巧、优雅的形体语言表达技巧、敏锐的洞察力、丰富的行业知识及经验。客户服务人员除了要掌握一定的客户服务技巧外，还要懂得一定的房屋建筑、机电设备、上下水、保洁绿化、治安消防等物业专业知识。不管做哪个行业，都需要具备专业知识和经验。客户服务人员不但要能跟客户沟通，而且要能够解答客户提出的问题。

(3) 物业服务人员必须掌握现代化办公手段。信息时代，计算机和网络已经成为现代人生活、工作中不可或缺的技术手段。越来越多的物业服务企业运用信息化管理系统，借助计算机和网络构建信息化物业管理服务平台，以实现物业科学化、信息化管理。作为物业服务人员，也应该掌握物业信息化管理系统的使用技能，以使物业客户服务工作更加高效。

2. 方法技能

方法技能是指从事职业活动所需要的工作方法、学习方法等相关技能，着重强调在职业活动中运用这些方法的合理性、逻辑性与创造性。物业服务人员面对的主要服务对象是形形色色的人，要学会对不同的业主灵活地采取不同的服务方式，尽量满足业主的合理要求，减少因服务不善带来的纠纷。

3. 社会技能

社会技能是指从事职业活动所需要的适应社会、融入社会的技能，强调从业者在职业活动中对社会的适应性，重视从业者应具有的积极的人生态度。社会技能包括交往与合作能力、塑造自我形象的能力、自我控制能力、反省能力、抗挫折能力、适应变化的能力、组织和执行任务的能力、推销自我的能力、判断能力、竞争能力等。物业客服人员应具备的社会技能如下。

(1) 良好的人际关系沟通能力。客户服务人员具备良好的人际关系沟通能力，跟客户之间的交往就会变得更顺畅。对于客服人员而言，良好的组织、沟通、协调能力是不可或缺的重要素质，具备这些素质，物业客服工作中的各项矛盾往往可以大事化小、小事化无，反之，则误会重重、隔阂加深。

① 应注重与客户的沟通。在日常的生活和工作中，应与客户保持及时、真诚、有效的沟通，而非局限于一年几次的客户意见征询活动。

② 应注重与员工的沟通。团队的力量是伟大的，客户服务人员应致力于为员工营造一个

团结协作、和谐创新、快速执行、积极进取的工作氛围,这不仅需要规范化的管理和企业文化的"滋润",更需要员工之间真诚、有效地沟通,以充分调动他们的积极性。

③ 应注重与其他部门沟通。客户服务中心虽然重要,但也离不开其他部门的协同配合,只有与其他部门及时、有效地沟通及协调配合,才能为业主提供优质、快捷的服务。

(2) 独立处理工作的能力。优秀的客户服务人员必须能独当一面,具备独立处理工作的能力。一般来说,企业都要求客户服务人员能够独当一面,也就是说,要能自己去处理客户服务中的很多棘手问题。

(3) 分析、解决问题的能力。优秀的客户服务人员不仅需要做好客户服务工作,还要善于思考,提出合理的工作建议,有分析、解决问题的能力,要能够帮助客户分析、解决一些实际问题。

(4) 人际关系的协调能力。优秀的客户服务人员不仅要能做好客户服务工作,还要善于协调同事之间的关系,以达到提高工作效率的目的。人际关系的协调能力是指在客户服务部门中,和自己的员工、自己的同事协调好关系的能力。有的时候,同事之间关系紧张、不愉快,会直接影响到客户服务的工作效果。

4. 实践技能

实践技能是人们在改造自然和改造社会的有意识的活动中体现出来的技能,强调在改造自然、改造社会的过程中表现出来的能动性和实际操作能力。

案例赏析(一)

2.2.3　物业客服人员的心理素质

心理素质是指个体在心理过程(感知、情感、意志)、个性心理(气质、性格、能力)等方面所具有的基本特征和品质。它是一个人在思想和行为上表现出来的稳定的心理倾向和特征。不同行业对其从业人员的心理素质要求是不同的,物业客服人员应具备的心理素质包括:

1. 适度的感受性和灵敏性

感受性是客服人员对来自客户的信息的反应强烈程度。过强的感受性会造成客服人员精力分散、精神紧张,从而影响服务质量;而过弱的感受性则会使客服人员对周围发生的事情反应迟钝,对客户漠不关心,怠慢客户,长此以往,会降低客户服务满意度。

灵敏性是客服人员对来自客户的信息的反应敏捷度。过高的灵敏性(反应速度过快)会让客户对客服人员产生不稳重甚至敷衍了事的感觉;而过低的灵敏性(反应速度太慢)则会延误服务时机,使客户感到受冷落。

因此,物业客服人员在为客户提供服务时,要做到适度的感受性和灵敏性,热情周到,但不能急躁敷衍,要按照工作流程有条理地为客户提供服务。

2. 良好的情感倾向

情感是人心理活动过程的一个重要方面,它与人的需要紧密相连。在日常生活中,当需要被满足时,人们会产生喜欢、愉快、满意等积极情感;反之,当需要没有被满足或被否定时,人们就会产生憎恨、痛苦、耻辱等消极情感。任何一种情感都会影响人的思想和行为。客户服务应该为客户提供积极的情感体验,因此,客服人员在情感上也应该是积极向上的。

(1) 以积极情感为主导,一方面保持良好心态,培养积极情感,另一方面要对客户宽容,凡事从积极方面思考解决,维系一个和谐的氛围,创造与客户共同的积极情感环境。这就需要客服人员在自己的工作岗位上不断地调整自己的心态，无论遇到什么困难和挫折，都不能轻言放弃，要保持一个积极进取、永不言败的良好心态。

（2）对本职工作怀有深厚的情感。客服人员应该对客户和服务工作有着浓厚的情感，在工作中要充满热情，不能凭一时冲动而鲁莽行事，而应该在服务工作的方方面面体现出对客户的关怀、对服务工作的热爱。这种深厚的情感，可以帮助客服人员提高对挫折的承受能力。很多客户服务人员每天都要面对各种各样的误解甚至辱骂，更有甚者，有些投诉可能夸大其词，这时更是考验一个客服人员的心理承受能力。如果客服人员对本职工作怀有深厚的感情，那么这份情感就会帮助客服人员克服挫折。

（3）要有稳定而持久的情感。稳定而持久的情感是指在相当长一段时间内不变化的情感，具备稳定而持久的情感的客服人员往往会把积极的情感稳定而持久地倾注在对服务工作的热情上，倾注在为客户服务上，其积极的工作态度始终如一。

3. 良好的意志品质

意志品质是人们为了实现预定目标而自觉努力的一种心理过程。客服工作是极其复杂的工作，需要客服人员不断地克服由各种主观原因造成的心理障碍。只有不断增强意志力，才能做好物业服务工作。

（1）自觉性。自觉性强的客服人员，在服务工作中会自觉支配自己的行动，不断提高自己的专业服务水平，虚心请教，克服种种不足及各种困难，不断进取；而自觉性差的人，对任何工作都不能坚持，他们仅凭兴趣做事，怨天尤人，抗挫折能力差，最终导致工作质量低下，甚至给整个服务工作带来无法挽回的负面影响。

（2）果断性。果断性强的人善于迅速根据情况的变化采取相应措施。在客服工作中，面对的人形形色色，面对的情况千变万化，各种矛盾复杂多变，客服人员应具有驾驭整个事态的能力，在变化的事态中，能全面考虑，权衡利弊，恰到好处地利用一切可以利用的条件，不失时机地正确处理问题，使事态能沿着预定目标发展，达到预期效果。

（3）自制力。自制力是一种对个人情感、行为的自我约束力。自制力强的人能够控制自己的情绪，无论在什么情况下都能镇定自若，善于把握自己的行为尺度，不失礼于人。

（4）应变力。客户服务人员每天都面对着不同的客户，很多时候会有一些突发事件，这就需要具备一定的应变力，特别是在处理一些恶性事件的时候，要处变不惊。

4. 良好的心理调控能力

（1）情绪的自我掌控及调节能力。客服人员每天要接待很多客户，其间可能会遭受误解，甚至辱骂，这就需要客服人员适当调整自己的情绪，不要将消极情绪转移到后续的工作中。

（2）满负荷情感付出的支持能力。客服人员要以饱满的热情对待每一个客户，从而体现公司对每一个客户的重视和良好的客户服务水平。

优质物业客户服务从重新认识自我开始

实训任务

任务内容：编写某物业服务企业客户服务中心各岗位的素质要求

具体要求：

（1）由 3～5 人组成学习小组，小组的各项工作由组长负责指挥协调，组员分工明确；

(2) 以某一物业服务企业为调查对象，开展实地调查；
(3) 小组成员进行讨论和总结；
(4) 撰写调查报告，制作 PPT，与同学分享；
(5) 各学习小组互相交流、讨论，教师点评。

习题练习

一、多项选择题

1. 员工履行职业道德规范，需要加强(　　)方面的修养。
A. 职业观念　　B. 职业情感　　C. 职业理想　　D 职业良心
2. 职业责任的特点是(　　)。
A. 许多职业责任没有明文规定，因此，职业责任缺乏明确的规定
B. 员工物质利益的取得与其职业责任直接挂钩
C. 以何种态度对待职业，反映着员工职业责任状况
D. 职业责任属于道德范畴，与法律、纪律没有任何关联
3. 关于从业人员的做法，以下违背办事公道要求的是(　　)。
A. 某公园告示：军人免费。但某军人未带证件，公园管理人员拒绝其免费进入
B. 某公交车的一名乘务员要求一名年轻人为一位老年人让座，但年轻人未予理睬
C. 某列车乘警发现一名乘客行为异常，为了安全拒绝他乘坐该列火车
D. 某酒店来了一位穿着简朴的客人，服务员以影响企业形象为由将其拒之门外
4. 以下服务人员对顾客的回复属于“忌语”的是(　　)。
A. 快点，别磨蹭了
B. 对不起，零钱不够用了，你自己出去换吧
C. 您已经看了半天了，到底买不买，也该决定了吧
D. 这里是你说了算还是我说了算
5. 关于诚实守信，正确的说法是(　　)。
A. 诚实守信就是精诚所至，金石为开
B. 诚实守信不反对人们在日常生活中撒一点儿小谎
C. 诚实守信不符合人们的利益
D. 诚实守信符合做人的要求，但不符合做事的要求

二、简答题

1. 物业服务人员应具备哪些良好的职业道德？
2. 物业服务人员应具备哪些道德品质？
3. 物业服务人员要具备哪些综合职业能力？

项目3 物业客服人员的礼仪素养

项目介绍

物业服务礼仪要求从业者对自己的工作负责，对业主的需求负责。通过学习，学生能够深刻领会自己的责任，培养出强烈的责任感和使命感，为提供优质的物业服务筑牢坚实基础。

通过学习和实践物业服务礼仪，学生能够全方位提升自己的职业素养、沟通能力、服务意识、仪表仪态、职业道德、团队协作能力、应变能力和责任感，为未来的职业发展奠定坚实的基础。

1. 知识目标

(1) 掌握物业客服人员的礼仪规范。

(2) 了解提升物业客服人员礼仪素养的方法与途径。

(3) 掌握物业客服人员的仪容仪表礼仪。

(4) 掌握物业客服人员的行为举止礼仪。

(5) 掌握物业客服人员的社交礼仪。

(6) 掌握物业客服人员的对客礼仪。

(7) 掌握物业客服人员的各岗位礼仪。

2. 技能目标

(1) 能够应用所学帮助提升自身以及物业企业的礼仪素养。

(2) 能够在物业工作中打扮得体大方，行为举止规范有礼。

(3) 能够在接待业主时合理应用所学，有礼待人接物。

(4) 能够在所在物业岗位上遵循礼仪规范服务业主。

任务3.1　物业客服人员的礼仪规范

任务导入

物业管理行业的不断发展，对物业服务的品质提出了更高要求。物业服务企业要想引领行业，就得苦练内功，不断提升员工的整体形象和综合素质。

物业客服人员涵盖客服前台、楼栋管家、客户经理等，虽然不同公司给予他们不同的称谓和岗位职责，但是他们都是直接面向业主或客户端提供服务的团队，他们必须具备良好的礼仪素养，做到“优雅于型，优秀于心”。

拿破仑说：“世界上最廉价的、而且能够得到最大收益的一项品质就是礼节”。物业客服人员一句热情的问候，一个亲切的微笑，一回真诚的接待，一次亲切的拜访都可能会使服务变得温馨和谐，使业主更加满意。

任务情境

某物业公司认识到礼仪在服务行业中的重要性，决定采取一系列措施提高员工礼仪水平，以提升业主满意度。公司领导层组织了一次内部会议，讨论如何提高员工的礼仪水平，并将制订一份详细的行动计划。

会议中，小杨建议公司开展一系列礼仪培训课程，涵盖接待礼仪、沟通技巧、仪表着装等方面。培训采用理论讲解、案例分析和实战演练相结合的方式，使员工全面掌握礼仪知识。同时，还可以邀请业内专家进行授课，为员工提供更深入的学习机会。

客服部门负责人提出，可以制订更为详细的客户服务标准，要求员工在服务过程中保持微笑、语气亲切、耐心倾听业主诉求。同时，还加强对客服部门的监管力度，定期对客服人员进行评估和考核，确保服务质量的持续提升。

如果你也是参加本次会议的一员，你认为还可以提出哪些可行性建议？

知识内容

3.1.1　物业客服人员应熟知的礼仪规范

从古至今，礼仪规范宽泛庞杂，因不同时代、不同行业而各不相同，目前通常分为公务礼仪、商务礼仪、服务礼仪等。物业客服人员礼仪属于服务礼仪的范畴，针对物业服务的专业性，结合客服岗位的特点，物业客服人员的礼仪规范应包括以下三部分。

1. 个人礼仪——塑造职业形象

“印象管理”学认为：个人形象就是公司形象，客户交往成功与否形象占55%、可能前30秒、10秒、5秒都能决定成败。作为直接面对客户的物业客服人员，必须注重自己的仪容、仪表、仪态，特别是职业场合中的站、坐、走、蹲、手势、表情、着装等，做到简单、大方、整洁、精神饱满。训练有素的物业客服还必须具备真诚的微笑，增加个人的亲和力和亲切感，化解尴尬的气氛、给人温暖。

2. 社交礼仪——优化人际交往

客服人员常常会运用称呼、问候、鞠躬、握手、名片、介绍、奉茶、引领、行进、电梯、乘车、餐饮、馈赠等礼仪，这些礼仪细节将会折射出自身的修养。例如：一些客服人员会忽视双手递接物品表示尊重这样的小细节，也会见到物业从业者交换名片时将文字朝向自己的现象。关注上述礼仪细节更能体现对他人的尊重，确保客服工作的顺利开展。

3. 岗位礼仪——提升职业素养

业主电话来了怎么接？上门回访应注意哪些礼仪？面谈过程中如何交流？要想成为一名优秀的物业金牌客服，电话礼仪、交谈礼仪、接待礼仪、拜访礼仪等必须要了如指掌，每一条温馨短信、一个细致的电话回访、一次真诚的登门拜访都体现了精致服务。不同的服务品质给予业主不同的心理感受，也直接影响着物业服务的满意度。俗话说"良言一句三冬暖，恶语一声六月寒"，学会用客户喜欢的方式去说话，学会换位思考和婉言拒绝，这些交谈礼仪至关重要。

3.1.2 提升物业客服人员礼仪素养的方法与途径

1. 编制企业礼仪手册

随着物业服务的逐步规范，企业应该以文本的形式建立健全的礼仪手册，员工们统一参照执行，形成本企业识别系统的一部分，渗透于企业的文化中。

2. 重视客服员工的礼仪培训

礼仪培训应该作为客服员工的入职培训的重点内容，培训的讲师可以来自企业内部或外部聘请。礼仪培训不是为了背诵或考试，所以培训方式不可以单一地讲投法，应灵活采用角色扮演法、示范教学法、案例分析法、团队训练法、人体雕塑法、现场暗访法等多元化的培训方法，使员工们在知礼、懂礼、习礼、用礼中潜移默化。

客服的礼仪培训可以由公司组织，也可以以项目为单位来进行，培训的礼仪模块应有针对性地突出重点。

例如：新接管了涉外高端项目，则必须增加涉外礼仪的知识培训；如果承接的是售楼中心案场的物业服务，那么迎送和前台接待礼仪的操练必不可少；再如，有的公司主要服务的是政府办公楼，则需要对会务礼仪的知识模块加以强调。

3. 监控客户服务的品质

业主是物业服务的最终体验者，物业服务的优劣来自业主的感受，所以不能忽略日常客服工作的动态监控，可借助服务品质巡检与暗访、满意度调查、金牌客服比赛等多种形式，推动客服工作和礼仪素养的不断提升。

4. 给予客服员工人文关怀

礼仪不是一种形式，而是人心底产生的对他人的尊敬。物业客服人员与业主朝夕相处，难免会有误会和隔阂，也难免有委屈、职业倦怠的时候。要想物业服务持续追求卓越，需要社会和物业公司给予他们更多的理解与关怀，才能使其持续拥有饱满的工作热情和业主至上的服务理念。

物业管理行业属于服务业，为人服务是其活动的主要形式。因此，在与人打交道、为客户搞好服务中，讲究礼貌、礼节，对于搞好物业服务工作具有重大意义。

实训任务

通过对以上课程的学习，相信大家已经对物业客服人员应熟知的礼仪规范有了一个初步的认识，也掌握了相关的基本知识和礼仪素养提升的方法和途径，那么请同学在课程结束后完成本次实训任务：作为物业客户服务中心工作人员的你，现接到物业公司的任务，需要你制订新一年的提升物业客服人员礼仪素养工作计划。在完成这项任务之前，你都需要了解和掌握哪些相关内容呢？现在请你完成一个提升本公司物业客服人员礼仪素养的年度计划表吧！

习题练习

简答题

1. 针对物业服务的专业性，结合客服岗位的特点，物业客服人员的礼仪规范应包括哪些部分？

2. 通常来说，提升物业客服人员礼仪素养有哪些途径？

任务3.2 物业客服的个人礼仪

任务导入

物业客服礼仪形象是物业本身形象、风度及修养的反映，物业客服是否懂得和运用现代物业客服中的基本礼仪，不仅反映出该客服自身的素质，而且也反映了物业公司本身的企业文化水平。

物业客服的个人礼仪包含仪容仪表和行为举止两个方面。仪容仪表展现了物业客服要求的静态美，而行为举止表现工作要求的动态美。二者相互促进，缺一不可。

任务情境

过年前，物业服务企业为按时缴费的业主准备了年货礼品，同时承诺如果业主不方便领取，可以帮忙送上门，但是年终岁尾，物业各部门都很繁忙，因此前台接待人员就将对亲自来领取礼品的业主问话顺序进行了调整，将“是您自己拿回去呢，还是给您送回去”改为“是给您送回去呢，还是您自己带回去”，结果大奏奇效，业主听到后一种问法，大都说：“我自己拿回去吧。”良好有效的沟通不仅没有降低业主的满意程度，也为物业服务企业节省了人力和时间。

知识内容

3.2.1 物业客服人员的仪容仪表

所有员工的职业形象要求简单、大方、整洁、明快；符合工作需要及场合要求。精神饱满，面带微笑，充满干劲和活力。头发洁净、整齐、无头屑、色泽自然。不染特殊色调。对于发型，要求男职员为短发，不烫发。清洁、庄重，梳理齐整。女职员的发型，要求大方、文雅、庄重、梳理齐整。在一线岗位上以统一发式为最佳。脸、颈及五官干净清爽。男职员要求每日剃刮胡须。女职员要求化职业淡妆，不得浓妆艳抹。手随时保持清洁，指甲整齐，不留长指甲及涂有色指甲油。注意个人卫生，勤洗澡，无异味；上班前不吃有异味食物，保持口腔清洁；在工作场所内不吸烟、不饮酒和吃零食。

着装要求

3.2.2 物业客服人员的行为举止

在办公场所需保持正确的坐姿、站姿或走姿，身体不懒散，双手不叉腰。体态保持端正、自然，工作中做到走路轻、动作稳，会话使用礼貌用语。

男职员站立时，抬头，目视前方，挺胸直腰，双肩摆平，双臂自然下垂，双脚并拢直立，也可以双脚打开与肩同宽。女职员站立时，抬头，目视前方，收腹挺胸，双腿并拢直立，脚尖分开呈“V”字形或丁字形。

从椅子的左侧入座，入座时要轻，两膝自然并拢，身体稍向前倾，表示尊重和谦虚。男职员两腿略微分开，但不要超过肩宽。女职员入座后将裙角收拢，两腿并拢，双脚同时向左或向右放，或一前一后；双手叠放于腿上。如长时间端坐，可将双腿交叉重叠，但要注意上面的腿向回收，脚尖向下。

走路时，收腹挺胸，目光平视，步伐坚定，手臂前后摆动适中均匀，精神抖擞，忌低头。二人成排，三人成列。

下蹲时，一脚在前，一脚在后，两腿向下蹲，前脚全着地，小腿基本垂直于地面，后脚脚跟提起，脚尖着地，臀部向下。

手势属肢体语言，是谈话的必要辅助手段，手势的幅度和频率不要过大过多，要特别注意手势的规范和含义。在示意方向或人物时，应用手掌，掌心斜向上，四指并拢，切不可用手指；在示意他人过来时，应用手掌，掌心向下，切不可掌心向上。

微笑时，笑肌打开，牙齿微露，眼睛有笑意，保持一段时间。与客户见面时，眼睛要正视对方，并保持自然的微笑；同时也要接受对方的目光；微笑应贯穿礼仪行为的整个过程。真诚亲切、自然大方。要求“三米之内见微笑，一米之内听问候。”注意微笑的尺度。还要注意掌握交流沟通时的距离和位置。尽量选择侧面位置，避开完全正面的位置，不能在后面微笑和说话。

目光要柔和亲切。与客户交流时，保持适当的眼神接触；不能左顾右盼，也不能紧盯着对方；道别或握手时，应该注视着对方的眼睛。

语言交流时，提倡普通话，声音清晰、悦耳、自然、友善。善用礼貌用语，例如您好、请、对不起、谢谢、再见等。语言文明，讲究礼貌；语速适中，表达清晰；语调平和，不过激伤人。当接受别人的帮助或称赞时，应及时致谢，因自身原因给对方造成不便，应及时道歉。禁止用“喂”招呼客人，应使用“您好！”。

按职务称呼，或通称男性为“先生”、女性视年龄称呼“小姐”或“女士”。老年人称呼视地区习惯（尊重和礼貌的方言）。对儿童可称呼“小朋友”。

实训任务

通过对以上课程的学习，相信大家已经对物业客服人员的仪容仪表及行为举止等礼仪规范有了一个初步的认识，也掌握了相关的基本知识和礼仪规范。那么，请同学在课程结束后完成本次实训任务：作为物业客户服务中心工作人员的你，请为你的物业服务人员写一个员工着装规范，并为大家设计一个符合规范的开场白。

习题练习

一、多项选择题

1. 职业着装的基本原则中，除了 TPOR 原则，还有（　　）。

A. 干净整洁原则　　B. “讲究”原则

C. 协调原则　　D. 时尚美观原则

2. 符合女士西装套裙着装规范的有（　　）。

A. 大小适度，穿着到位　　B. 搭配适当，装饰协调

C. 颜色鲜艳，款式时髦　　D. 内衣忌露，鞋袜得体

3. 男子着西装的“三个三”是指（　　）。

A. 三大统一　　B. 三一定律

C. 三大禁忌　　D. 三色原则

二、单项选择题

1. 正式交往场合我们的仪容仪表要给人（　　）的感觉。

A. 随意、整齐、干净　　B. 漂亮、美观、时髦

C. 端庄、大方、美观　　D. 都可以

2. 正式场合着装，服饰整体不应超过（　　）颜色。

A. 2 种　　B. 3～4 种

C. 4 种以上　　D. 都可以

3. 在正式的商务场合，女性不能留披肩发，其头发最长不应长于（　　）。

A. 耳部　　B. 颈部

C. 腰部　　D. 肩部

任务3.3 社交礼仪

任务导入

在物业服务中,工作人员的言行举止直接影响着物业公司的形象。物业社交礼仪通过规范工作人员的言谈举止,展现出专业、亲切、有礼的印象,从而提升业主对物业公司的认同感和信任感。良好的形象也有助于物业公司在激烈的市场竞争中脱颖而出,赢得更多的业务机会。

物业社交礼仪不单单是表面的礼节,更是一种尊重和关心。通过运用礼仪,与业主建立真诚、友好的关系,加强与业主之间的互动与沟通。这种良好关系的建立,有助于赢得业主的信任和支持,推动物业服务工作的顺利开展。

在物业服务中,尊重和友善是建立和谐社区的基础。物业社交礼仪通过礼貌待人、热情服务等方式,传递出对业主的尊重与友善。这种尊重与友善有助于消除隔阂、化解矛盾,增强社区的凝聚力和向心力,共同营造一个温馨、和谐的居住环境。

物业社交礼仪是一种优质服务的体现。通过运用礼仪,提高服务水平,满足业主的需求和期望。同时,良好的礼仪也有助于发现和解决服务中的不足之处,不断完善服务质量,提升业主的满意度。

优秀的物业社交礼仪是物业公司软实力的重要构成部分。通过展现专业、优质的服务形象,提升企业在市场中的知名度和美誉度。良好的品牌形象有助于吸引更多潜在客户,增大企业的市场份额,增强企业竞争力。

任务情境

物业服务企业前台实习生小张(男)与业主王小姐在物业园区内相遇,由于之前在物业办公室办理业务时两人见过面,因此小张大方、热情地向王小姐伸出手去,想与王小姐握手,谁知王小姐却不将手伸出来与之同握,甚至将手放进裤袋里。小张只好尴尬地摸着自己的手。如果你是小张或者王小姐,你会怎么做呢?

知识内容

3.3.1 社交礼仪

1. 介绍

介绍别人:受尊敬的一方有优先了解权,首先把年轻者、男性、资历较浅者、未婚女子和儿童、介绍给年长者的、女性、资历较深者、已婚女子和成人;把主方介绍给客方,之后,再向另一方介绍。

自我介绍:面带微笑问好,得到回应后再向对方介绍自己的姓名、身份和单位。当他人为您介绍时，要面带微笑、点头致意，介绍完毕后，握手并问候，可重复一下对方的姓名，称呼“您好，××先生/小姐！”。

2. 握手

握手时强调“五到”即：身到、笑到、手到、眼到、问候到。

握手时双方的上身应微微向前倾斜，面带微笑，同时伸出右手和对方的右手握手，可上下抖动几下，眼睛平视对方的眼睛，同时寒暄问候。握手时，伸手的先后顺序为尊者先伸手，例如贵宾先，长者先，主人先，女士先等。握手时间一般 3～5 秒为宜；握手力度必须适中。握手时注意：不要交叉握手，不要在握手时与其他人交谈，不要摆动幅度过大，不要戴手套，不要用不清洁的手与人握手。

3. 名片礼仪

(1) 递送名片时：用拇指压住名片边缘，正面朝上，文字正对着对方，双手递上，高度以自己胸部为宜，并做自我介绍，同时可讲“请多关照”。

(2) 接受名片时：须起身双手接受，认真阅看，并称呼对方的职务，以示对赠送者的尊重，并将客人的名片暂放在桌前，切忌马虎地瞟一眼，或随意放进衣袋里，也不可来回摆弄和遗忘在桌上。

(3) 互换名片时：右手拿自己的名片在下，左手接对方的名片在上，互换后用双手托住对方名片。

4. 鞠躬礼仪

(1) 欠身礼：头颈背成一条直线，目视对方，身体稍向前倾。

(2) 15 度鞠躬礼：头颈背成一条直线，双手自然放在裤缝两边(女职员双手交叉放在体前)，前倾 15 度，目光约落在体前一米处，再慢慢抬起，注视对方。

(3) 鞠躬礼行礼的距离：行鞠躬礼一般在距对方 2～3 米的地方，在与对方目光交流的时候行礼，面带微笑。没有微笑的鞠躬礼是失礼的。

在物业服务企业内遇见贵宾，行 15 度鞠躬礼。当客人和领导经过你的工作岗位时，问候“您好！”、行欠身礼。在电梯门口和电梯内遇见客人，问候“您好！”、行欠身礼。

3.3.2 对客礼仪

1. 遇见客人

遇见客人或领导时，应停下手中工作，站立，面带微笑。交谈时，应态度诚恳，耐心倾听，不轻易打断别人的谈话。如与领导或客户在较窄过道中相遇：应侧身向对方通行方向做出“请”的手势，并说“您先请！”

如遇急事需超越前方领导或客户时：需放慢速度，在接近对方时，轻声示意：“对不起！”“劳驾！”等，然后从对方身旁侧身通过。

2. 投诉接待

面对客人投诉时，冷静、积极倾听。态度要亲善，语调要温和，用词要恰当，要在和谐的气氛下将事情圆满解决。

执行“首问责任制”。当客人咨询和遇到困难时，要积极帮助客人解决问题，永远不要说“不知道”或“不归我们管”“这是领导的事”之类的言语。

面对客人发脾气时，应耐心忍让，友善劝解和说明，注意语气语调。与客人意见发生分歧时，不予当面争论，更不应说客人错、自己正确之类的言语。

当客人有过激行为时，应巧妙地化解，不得与客人发生正面冲突，尤其要避免发生过激行为。

3. 迎送客人

(1) 迎宾：对重要客人应提前做好接待准备，根据来宾身份，指派合适身份的人提前五分钟在约定地点等候。客人到来时应主动迎上，初次见面时应主动做自我介绍，并引领客人至接待处或参观地点。

(2) 引路：在为客人引导时，应走在客人左前方一、二步处，让客人走在路中央，并适当地做些介绍。

(3) 乘电梯：应请客人先上梯，靠右站立，以便行人在左侧行走，避免并排站立。等候电梯时，应替客人按下"▲"或"▼"键：进电梯时，在电梯外按住"▲"或"▼"键，并以手势请客人先进；进入电梯后，按下相应楼层号；出电梯人多时，在电梯内按住"〈‖〉"(开门)键，以手势请客人先出。电梯内不可大声喧哗。电梯内人多时，后进的人应面向电梯门站立。严禁用钥匙、雨伞等物件按电梯按钮。

(4) 走楼梯：引导客人上楼梯时，让客人走在前，下楼梯，让客人走在后面，多人同行时，应让客人走在中间，以便随时提供服务；上下楼梯时，应端正头部，挺胸，弯膝，伸直脊背，轻移脚步；经过拐弯或有楼梯台阶的地方应使用手势，提醒客人"这边请"或"注意楼梯"等。

(5) 开门：先敲门，开门后把住门把手，站在门旁，对客人说："请进"，并施礼。进入房间后，轻轻把门关上，请客人入座。

(6) 送客：送客时级别低者应主动为客人开门，待客人和领导走出后，再紧随其后。可在适当的地点与客人握别，级别低的代级别高的送客到合适的地点。

(7) 奉茶：客人就座后应快速上茶。上茶时应注意不用使用有缺口或裂痕的茶杯；打开茶杯盖时，应用右手将茶杯盖内面向上放在台面上，不可直接将茶杯盖扣在台面上；有茶杯把的应手持茶杯把手，不可大把抓住杯体；没有茶杯把的拿杯子下段(玻璃杯、纸杯)；沏入水以七分满为宜。来客较多时，应从身份高的客人开始上茶；如不明身份的，则应从上席者开始，陪同者最后。

4. 电话礼仪

电话铃响在3声之内接起。必须使用规范应答语："您好，××物业""您好，××部门"。电话铃响3声以上时，回答："对不起，让您久等了，我是××"。接电话时，不使用"喂—"回答。在电话结束时应简明重复一下要点以核实自己的理解是否正确，确认后再挂电话。在通话完毕后要礼貌地道别，确认对方挂机后，才能挂机，以示礼貌。使用普通话。语音清晰，电话中的语速应稍慢，音调要亲切柔和。接转电话时，应轻拿轻放。

接听电话时，应让对方感受到精神状态良好而非懒散。电话机旁备纸、笔，随时准备记录客人提出的要求和帮助解决的事项。尤其对时间、地点、事由等重要事项认真记录并及时转达有关部门和责任人。

在接听投诉电话时，更要注意使用礼貌用语，积极帮助客户解决遇到的困难和问题，态度友善。代转电话时，如果对方打错了电话，或不清楚应该找谁时，应礼貌地解释，并热情地为对方转接给相关人员。邻座无人时，主动在铃响3声内接听邻座的电话。通话过程中若需对方等候时，等候时间不能超过30秒。

当正在听电话，而又有客人来到面前时，应做到：要点头示意，以示与客人打招呼，让客人稍等之意；同时要尽快结束通话，以免让客人久等；放下话筒后，首先要向客人道歉“对不起，让您久等了”；不能因为自己正在听电话，而客人来到面前也视而不见，毫无表示，冷落客人。

通话时应注意控制环境的背景声音，不要大声喧哗，吵闹；转接来电时，确认对方接听后，方可挂机，如无人接听，应切换回来向来电者说明。如拨错号码要道歉。

习题练习

一、单项选择题

1. 在行使商务鞠躬礼时，以腰部为轴，上身向前倾斜，背部挺直，弯腰的幅度可根据施礼对象和场合决定度数，在见到上司或迎送客人时，可以使用(　　)鞠躬礼。

A. 15°　　B. 30°　　C. 45°　　D. 90°

2. 行拥抱礼时，两人相对而立，各自上身稍稍前倾，________脚在前，________脚在后，重心放在________脚；________手在下，________手在上。(　　)

A. 右，左，右；右，左　　B. 右，左，左；左，右

C. 左，右，左；左，右　　D. 左，右，右；右，左

3. 在男女之间的握手中，伸手的先后顺序也十分重要，在一般情况下应该是(　　)。

A. 女方应先伸手去握，这样显得自己的落落大方，也不会让男方觉得难堪

B. 男方应先伸手去握，这样会显得自己更有绅士风度，也避免女方不好意思去握

C. 男女双方谁先伸手都可以

D. 一般要求大家同时伸手

4. 在国内正式的商务场合中，递送名片的方式是使用(　　)。

A. 双手　　B. 左手　　C. 右手　　D. 都可以

5. 关于问候的说法，错误的是(　　)。

A. 当对方只有一个人时，通常是位低者先问候

B. 当对方超过一个人时，我们一般要一一问候

C. 问候时可以采用语言问候和动作问候

D. 点头、微笑、招手都是很好的问候方式

6. 电话应在(　　)接起。

A. 响铃后马上　　B. 手头工作做完后

C. 3 声之内　　D. 10 秒之内

7. 以下时间适合拨打工作电话的是(　　)。

A. 早上 9:00 以前　　B. 中午 12:00～13:00

C. 下午 14:00～16:00　　D. 晚上 10:00 以前

8. 假如你正在吃东西，这时电话铃响起，你应该(　　)。

A. 直接拿起电话接听

B. 先吃完东西，暂不接听电话

C. 让别人代接你的电话

D. 立即处理掉口中的食物，并接听电话

9. 下列做法符合礼仪规范的是（　　）。
A. 在办公室里打私人电话
B. 在公共空间打电话
C. 不为别人代接手机电话
D. 打电话的同时和别人也在对话

二、多项选择题

1. 以下名片使用中，描述错误的是（　　）。
A. 与多人交换名片时，由远而近，或由尊而卑进行
B. 向他人索取名片宜直截了当
C. 递名片时应起身站立，走上前去，使用双手，将名片正面对着对方后递给对方
D. 若对方是外宾，最好将名片上印有英文的那一面对着对方

2. 正确对待邮件中的称呼、问候及签名栏的是（　　）。
A. 商务邮件沟通联络中，可以使用对方的昵称
B. 邮件正文内容更重要，签名栏并不是很重要
C. 如果对方有职务，那么你最好是称呼其职务
D. 可以在签名栏里填上你的全名、职位、公司和联系方式

任务 3.4 岗位礼仪

任务导入

物业岗位礼仪是物业服务的重要组成部分，它能显著提升物业服务质量。物业岗位礼仪是一种专业素养的体现。通过规范的岗位礼仪，物业公司能够彰显出其专业性，树立起良好的企业形象。这种专业形象不仅能够赢得业主的认可，还能够增强公司的市场竞争力，有利于公司业务的拓展。得体的举止、礼貌的语言能够消除业主的疑虑和不满，使沟通更加顺畅、高效。在物业服务过程中，有效的沟通是解决问题、化解矛盾的关键，而良好的礼仪则是实现有效沟通的基础。

物业岗位礼仪不单是对个人的要求，更是对整个团队的要求。通过共同遵守礼仪规范，物业公司的员工之间将形成更为紧密、有序的工作关系。团队凝聚力的提升将增强公司的执行力和战斗力，推动公司不断向前发展。

物业岗位礼仪的核心目的是为业主提供优质服务，保障业主的合法权益。通过规范的操作和专业的服务，物业公司能够确保业主的居住环境安全、舒适，并充分尊重业主的意见和建议。只有这样，才能真正赢得业主的信任，实现持续的发展和进步。

任务情境

某小区一户业主不顾物业管理分公司的劝阻，硬把空调的室外机装在了主面外墙上。督

促其整改的责任，就落在了负责监管装修的物业管理人员崔为民身上。

第一次，物业崔主管到业主家交涉，给业主讲述了小区安装空调的有关规定，并指出空调应当安装在指定的位置，否则会破坏小区的整体外观，向他提出必须拆下来重新安装。可业主一点儿说话的余地都不给，就硬把崔师傅推出了门（搞物业管理的既要吃得起辛苦，又要受得了委屈。能够受得了委屈而又不打退堂鼓，是一个成熟的物业管理者的重要标志）。

第二次，崔主管又上门做业主的工作，这一次他不单是给业主讲述小区对空调安装的管理办法，还和业主天南海北地聊起了家常，力求缩短双方感情上的距离。业主显然没有像上次那样生硬，但只是答应再考虑考虑（物业管理的工作经验往往就是这样从一次又一次地碰钉子中积累起来的）。

第三次，崔主管在一天后敲开了业主家门，和业主坐下来谈了很久。不仅给业主讲述了该物业管理服务的理念和特色，还诚恳地征求了业主对物业公司的意见和建议，并对业主提出的从入伙、装修到入住所遇到的种种问题，给予了有理有据的说明和解释。许久，业主笑着说："老兄，你这股认真劲儿让我服了！我原来觉得你们这也管那也管，不舒服，总想跟物业较劲。听你这么一讲，明白了你们还是为业主好、为小区好。你放心，我一会儿就叫人把空调改过来。"

至此，崔主管长出了一口气，问题总算是圆满解决了。

知识内容

3.4.1 前台接待人员

1. 形象要求

前台接待人员是企业的"形象代言人"或称企业的"门面"。因此要求前台接待员坐、立、行、走，端正自然，保持良好的精神风貌。

2. 接待来客

当有客人来访时，应起身站立、行欠身礼。面带微笑，热情、主动问候，使用礼貌用语："您好，请问有什么可以帮您吗?"，耐心倾听客人的来意，并根据客人的需求积极予以帮助。

对客人的咨询，应细心倾听后再做解答。解答问题要耐心，不能准确解答的应表示歉意"对不起，请稍等，我帮您问一下"，问完要向客人反馈。对来访者经核实后引导其进入相关区域。做好来访者的登记工作。谢绝外来推销员、衣着不整的闲杂人员进入办公区。

3. 电话接听

电话在三声内接听，必须使用规范应答语："您好，××物业前台"。待来电者报上转接号码后礼貌说："请稍候"，并立即转接。转接电话占线或无人接听时，说："您好，先生/小姐，您要打的电话占线或无人接听，请稍后再打"。如转接电话不顺畅，请回答："对不起，让您久等了，我再帮您转接"；

电话机旁备纸、笔，主动提供留言服务，随时准备记录客人提出的要求和需要帮助解决的事项。尤其对客人的姓名、电话、时间、地点、事由等重要事项认真记录并及时转达有关部门和责任人。

在接听投诉电话时，更要注意使用礼貌用语，积极帮助客户解决遇到的困难和问题，态度要积极、和蔼。及时将客户的意见转接给相关部门和责任人或主动留下客户的电话，帮助联系和积极寻找解决问题的途径。如果对方打错了电话，或不清楚应该找谁时，应礼貌解释，并热情地为对方转接相关人员。

3.4.2 物业客户服务人员

1. 接待来访客人

客户来访时，应面带微笑地起身，热情、主动问候："您好，我是××部门×××，我可以帮助您吗？"与客户交谈时，站立、身体略微前倾、眼望对方，面带微笑，耐心地倾听，客户遇到困难需要帮忙时，需热情帮助。

2. 接待客人投诉

微笑服务，执行首问/首接负责制，并尽快进入投诉处理工作流程。客户来访投诉时，首先请客人入座、奉茶。认真听取客户投诉内容，以诚恳的目光与投诉者接触，适当地做出简单的复述，以示了解和记录客人反映的问题。对客人提出的问题，积极帮助联系，但不轻易对客人许诺，一旦许诺就必须守信；约定好的服务事项，应按时执行，言行一致。

不能解决时，应直接向上级报告或尽快转交相关部门，积极跟进投诉后整改的情况。对客户的重大投诉，在处理问题的过程中，应注意口径一致，避免工作人员之间对同一客户的问题给出不同的处理意见。

3. 送别客人

当访客离去时，应主动起立并微笑示意，并礼貌送客。与客户道别时主动讲："先生/小姐，再见！""欢迎您再来"等。

4. 办理收费业务礼仪要求

在接待业主办理业务服务中，应做到彬彬有礼，礼貌对客。请业主出示所需的证件时，注意使用"请您×××""谢谢您的配合"等礼貌用语。

熟悉业务操作规程，办事迅速，工作认真细致，不忽视任何影响服务质量的细微环节。为业主准备好笔和表格，耐心细致地引导客户填写表格。主动向业主解释清楚相关的收费标准。请业主交费时，将开具的发票收据和零钱以双手奉上，并说："这是您的发票和零钱，请收好"，同时微笑注视业主，等业主确认无误后，向业主表示感谢。

5. 上门收费业务礼仪要求

首先电话预约客户，约定来缴费的时间或上门服务时间，并在电话中清楚地告知其应交费用的款项和数目。业主交费时，要及时出具相关费用明细表和发票，如客户有疑问，要及时做好相关的解释工作。上门时尊重业主的生活习惯和个人喜好，如进门后主动换鞋（换上自带的鞋套）等，对因工作造成的打扰应诚恳道歉，同时不能对业主家里有任何评价。

上门维修人员

如收费中碰到投诉，对态度不好的投诉业主应理智冷静处理，自己不能处理时，予以记录，并及时转告相关部门或报告上一级领导。

3.4.3　安全管理岗位礼仪规范

1. 整体工作要求

工作时间内一律按照公司规定着装及佩带相关安管器材。停车场岗位遇雾及夜间要着反光衣。上岗时不依靠在其他东西上，呈立正姿势或双脚分开与肩同宽，双手不拿不相关的物品，自然下垂或交叉于腹前或背后。

工作期间精神饱满，接听电话时面带微笑，声音热情、亲切。对讲机统一佩戴在身体右后侧腰带上，使用对讲机时统一用左手持对讲机。工作时间外，不得着工装及配件外出。

2. 行礼

着保安制服值班的员工行举手礼，着西服和门童服值班的员工行欠身礼或点头致意，说“您好！”欢迎前来参观的人员，如有公司领导陪同，须行举手礼，并等待客人通过完毕后方可礼毕，遇有客人人数较多或车队参观时，行礼后继续行注目礼直至客人安全通过。在对方行至距自己 3～5 米时开始敬礼；对行驶的车辆，对方可以关注到岗位时开始敬礼。

每天第一次见到公司领导或尊贵客户时要立正站好行举手礼，礼毕后微笑点头“您好！”。对其他客户应微笑点头“您好！”。遇到客户询问或客户交涉时，须先行举手礼，礼毕后微笑点头“您好！请问有什么需要帮忙的?”。当值换岗或交班时，须互相行举手礼，双方相距 1.5 米，立正行礼后，再进行交接。车辆进出停车场，立正向驾驶人员行举手礼。

3. 对讲机使用

根据急事先用的原则使用对讲机。语言简练，清晰，易懂。呼叫对方时应呼出对方代号，再报自己的代号。如“×号收到请回答，××呼叫”。应答语言要明朗，“×号收到请讲”，回答完毕时应以“好的，明白”作为结束语。在对讲机里与客户沟通时，应主动询问：“您好！请问有什么可以帮您吗?”严禁用对讲机聊天、说笑、讲粗话或唱歌以及谈与工作无关的话题。进入夜间(22:00—07:00)，不能在楼层的窗户边讲话，以免打扰住户休息。

4. 来访人员接待

主动向来访人员点头致意，并问好。与客户沟通时，保持 1 米以外适当的距离。物业服务人员不直接拒绝客户，不说“不知道”等模糊的话。陌生客人来访时，有礼貌地询问客人来意后进行登记，登记时态度诚恳，使用礼貌语言，并用正确手势向客户指引方向。客户有不礼貌的言行时，不与之正面理论，婉转解释。

5. 物资放行接待

主动请携带大宗物品出行的客户出示“物品放行单”。认真核对“物品放行单”与物品无误后，放行并对客户说“谢谢您的合作”。

6. 特殊情况下的接待

以下为特殊情况下的接待：业主没有预约且非常不理性的投诉到访；被辞退或被批评的员工没有预约且非常不理性的投诉到访；未经预约的媒体采访；公检法、工商、税务等政府部门人员的突然到访检查等。

其他服务岗位礼仪规范

立即向上级领导和客户服务人员报告情况，并积极维持现场秩序。现场应做到礼貌、得体，不得表现出反感和敌对情绪，不对顾客的言行进行评论和指点，避免引起顾客的误会，使矛盾激化。在接待客户的过程中，对外围的情况应保持警惕，特别关注是否存在媒体现场采访、摄影摄像等活动，一经发现，及时通知上级领导或授权人员，由其负责处理。

实训任务

通过对以上课程的学习，相信大家已经对物业岗位礼仪有了一个初步的认识，也掌握了相关的基本知识和基本流程。那么，请同学在课程结束后完成本次实训任务：临近年末，物业客户服务人员小宋，全权负责业主的物业费用催缴以及新年礼品发放事宜。如果你是小宋，需要了解和掌握物业客户服务的哪些相关内容呢？现在请你扮演客服人员小宋，为业主提供相应的物业服务吧。

习题练习

单项选择题

1. 前台接待人员在为业主办理业务时，应该（　　）。
A. 督促业主尽快完成手续
B. 与业主聊天，拖延时间
C. 保持专业，快速准确地完成手续
D. 推卸责任给其他部门
2. 关于物业前台接待人员的仪容仪表，以下错误的是（　　）。
A. 着装整洁得体
B. 化淡妆以示尊重
C. 佩戴过多饰品，显得华丽
D. 注意个人卫生，保持口气清新
3. 物业客户服务人员在接听业主电话时，应首先（　　）。
A. 询问业主有什么事情
B. 告知业主现在很忙
C. 迅速应答，并提供帮助
D. 不耐烦地打断业主
4. 当业主来访时，物业客户服务人员应该（　　）。
A. 立即让业主进入办公室
B. 要求业主等待，直到预约时间
C. 礼貌询问业主的需求，并为其提供帮助
D. 不理会业主，继续自己的工作
5. 关于物业客户服务岗位礼仪的重要性，以下描述错误的是（　　）。
A. 提高服务质量，满足业主需求
B. 塑造专业形象，增强企业竞争力
C. 优化沟通效果，促进有效互动

D. 不需要重视礼仪，只需提供基本服务

6. 当维修人员到达业主家时，以下行为不恰当的是（　　）。

A. 主动向业主问好，并出示工作证

B. 不顾业主的意见，随意摆弄物品

C. 保持专业态度，尽快解决问题

D. 在离开时清理工作现场，保持整洁

7. 物业维修岗位礼仪的核心是（　　）。

A. 以业主为中心，提供优质服务

B. 注重自身利益，不关心业主需求

C. 追求快速完成工作，不考虑质量

D. 只关注工作进度，不关注与业主的沟通

8. 关于物业维修岗位礼仪的重要性，以下描述错误的是（　　）。

A. 提高维修效率，减少工作失误

B. 增强业主对物业公司的信任感

C. 塑造专业形象，提升企业品牌形象

D. 不需要重视礼仪，只需提供基本维修服务

项目4　物业客服沟通技巧

项目介绍

在物业服务中，客服是起到承上启下作用的重要环节。物业客服人员要面对各种类型的业主，解决他们的问题，同时协调物业管理工作。良好的沟通技巧是物业客服人员必备的技能。本项目着重介绍了倾听、微笑、说话和肢体语言的运用技巧，使学习者能够很好地掌握基本的沟通技巧，为日后从事物业客服工作奠定良好的基础。

1. 知识目标

(1) 了解倾听和微笑在客户服务中的作用，并熟练掌握倾听、微笑的服务技巧。

(2) 熟练掌握语言表达和肢体语言运用的服务技巧。

(3) 熟练掌握接打电话的服务技巧。

2. 技能目标

(1) 能够熟练运用各种客户服务基本技巧，为业主提供接待服务。

(2) 能够为业主提供电话咨询服务。

任务 4.1　倾听的技巧

任务导入

从心理学的角度来看，每个人的内心深处都渴望得到他人的尊重。倾听是一项重要的沟通技巧，也是一种个人修养，学会倾听应该成为物业客户服务人员必不可少的素质之一。

倾听对于物业客户服务人员至关重要，当客户清楚自己谈话的对象是一个倾听者，而不是一个指挥人员时，往往会毫不隐瞒地提出想法、分享情感。只有这样，才能使物业客户服务人员与客户建立良好的关系，从而帮助客户及时解决问题，而不是相互指责、推卸责任，导致客户的投诉。

任务情境

一天下午，某公寓 A 座 14 层刚刚入住的业主找到物业客户服务中心。该业主是一个 60 多岁的朝鲜族老太太，普通话说得不太好。她的儿女都在国外工作，她想咨询电话过户的事情。由于她的普通话不太好，表述的过程中，前台客服人员并没有完全理解她要咨询的问题。正当她决定放弃咨询，转身要走的时候，前台客服人员请老人先坐下，倒了一杯水，请她不要着急慢慢讲（问好、请坐、再敬茶，标准的接待程序）。老人说了好一阵儿，才把事情说清楚：她家的电话是入户时从开发商那儿买来的，所以牵扯到过户问题，但不知道过户手续怎样办，还有到哪儿去办。前台客服明白了老人的意思后，耐心地做出解答，并告诉她："过户需要户主的身份证原件和 105 元钱的过户手续费，在北辰购物中心斜对面的电信局办理。"为了防止老人忘记，前台客服人员还将具体内容记录在纸上，嘱咐老人按照上面的内容办理就可以。

问题：请你评述一下前台客服的做法是否得当？

知识内容

4.1.1　倾听的基本概念与倾听障碍

4.1.1.1　倾听的基本概念

倾听是接收口头及非语言信息、确定其含义和对此做出反应的过程。由此可见，倾听不仅仅是拿耳朵去听，还包含理解和在理解的基础上作出反应的过程。此外，真正的倾听者还能敏锐地察觉言语背后的真正含义，能从客户的肢体语言中看出客户的真实心理。

倾听过程包括四个阶段：接收信息、予以注意、赋予含义、记住它们。因此，倾听不但是耳朵听到相应声音的过程，而且是一种情感活动，需要通过面部表情、肢体语言和话语的回应向对方传递一种信息：我很想听你说话，我尊重和关心你。

1. 第一层次：忽视地听

这是最低层次的听，即听而不闻，心不在焉。在这种情况下，客服人员把客户的话当成耳边风，根本没有往心里去，也即平常所说的"充耳不闻"。

2. 第二层次：假装地听

这是听的第二层次，属于敷衍了事，也就是我们常说的"左耳进，右耳出"。在这个层次上，客服人员完全没有注意客户所说的话，而是考虑其他无关的事情，或正想着如何辩驳。他们更感兴趣的不是听，而是说。这种听，会导致客服人员和客户关系的破裂，乃至冲突的出现。

3. 第三层次：选择性地听

只听自己感兴趣的话题并把它们记在心上，而对自己不认可或不感兴趣的部分不予理会。在这个层次上，客服人员有选择地听取他们想要听取的信息，把注意力都放在了他们的策略上。所以，他们总是会错过客户通过语调、身体姿势、面部表情表达出来的意思，最终导致误解、错误的举动、时间的浪费和对情感的忽略。另外，客服人员通过点头来表示正在倾听，而不反馈、印证问题，会使客户误以为自己所说的话完全被听懂了。

4. 第四层次：全神贯注地听

客服人员能够集中精神、主动地听客户讲话，并复述对方的话表示确实听到，但是即使每句话都听进去了，对于客户的本意却不一定能够很好地把握。另外，客服人员以语言或非语言的方法向客户确认已听到了其所说的内容，用表情或声音对客户的话做出积极的回应，以鼓励客户继续发表意见。

5. 第五层次：有同理心地听

这是听的最高层次，即真正用心倾听。不仅听客户所说的话，还能设身处地地理解客户的感受，听取客户的想法和意见，协助客户分析和解决问题。处于这一倾听层次的客服人员能够更好地避免对客户做出武断的评价，避免受到过激言语的影响，其总体宗旨是带着理解和尊重去倾听。从客户的角度出发，了解对方的需求，只有这样才会赢得客户的信任。

良好的倾听技巧可以帮助客服人员解决与客户沟通过程中的许多实际问题。可以说，在一场成功的客户沟通过程当中，有效倾听所发挥的作用绝不亚于陈述和提问。

4.1.1.2 倾听的障碍

倾听有以下六种障碍。

(1) 心理防御。一般来说，人们不愿得到坏信息，更有些人经常以自我为中心，本能地排斥坏消息。或许我们认为听不到相对于听得到是一种更好的方式，因为听到后你不得不去面对它，其实不然，只有当你听到或能确切地预见危险时，你才会想去避免和处理它。实际上，只要你怀疑有坏信息，你都应该更深入地探查。

(2) 缺乏自信(忐忑不安)。许多人由于紧张、惶恐，在本应细细倾听之时而过度地说教。另外，在交谈中，如果你的心不能静下来，谈话者会认为你没有全神贯注地听他讲话，进而对你的能力产生怀疑。

(3) 焦虑。

(4) 习惯。

(5) 被动倾听。被动倾听者认为听是毫不费力的事，他们认为“我不需要做任何事，只需坐着听”，或者“如果不是重要的内容，我就不需要听”。

(6) 不承认别人的价值。还有一些人不会倾听，这是因为他们不认为别人能说出有价值的信息。

4.1.2 有效倾听的技巧

最好的倾听方式就是站在对方的立场去听、去反应、去认识、去理解、去记忆，这样既能使听者集中注意力全神贯注地听，又能较好地理解说话者的原意，使对方受到尊敬和鼓舞，愿意讲真话、说实话，并发展彼此间友好的关系。那么，作为物业客服人员，也应站在业主的立场上去倾听，并尽可能地多听，努力发现业主的认识和看法、意见；利用各种语言和非语言的方式表示你在认真听；不急于表达自己的观点，更不能轻易对业主的话做出评论。力求做到有效倾听，在倾听的过程中，表现出对业主的尊重，准确理解业主的看法和意见，以便做出正确的反应，提升物业客户服

学会倾听

务水平。有效倾听的技巧有：

1. 永远不要有意打断客户

在与客户交谈时，要学会克制自己，抛开自己的兴趣和偏见，以客户为中心，协助客户把话讲完。有的客户说话很慢，也许你能把他的话表达得更明白——但你千万别这么做，因为没有什么比感到别人没有在认真听自己说话更让人恼火的事情了。

客服人员还经常会遇到不得不打断客户谈话的情况。比如，客服人员在听客户说话的过程中办公室的电话突然响了，如果不接电话，电话铃会响很长时间，安静的谈话环境也会被破坏，但如果去接电话，就不得不打断客户的讲话。有时候，我们能够接受无意的打断，就像上面讲过的，你可以先去接电话，但如果不是紧急的事情，一定要在短时间内挂断电话，并向对面讲话的客户道歉。但是，电话铃最好不要一而再再而三地响起。

随意打断客户讲话会打击客户说话的热情和积极性，如果客户当时情绪不佳，而你又打断了他们的谈话，那无疑是火上浇油。所以，当客户的谈话热情高涨时，客服人员可以给予必要的、简单的回应，如"噢""对""是吗""好的"等。除此之外，客服人员最好不要随意插话或接话，更不能不顾客户喜好另起话题。

例如，"等一下，我们的维修人员绝对不会犯这种错误……""您说的这个问题我以前也遇到过，只不过我当时……"，不要轻易用这些话来打断客户。

提升倾听能力的技巧中，最主要的一个技巧就是要学会什么时候应该说话，什么时候应该保持沉默。真正优秀的客服人员都是倾听的高手，他们沉默寡言，只在关键的时刻发表自己的意见。

2. 既要听事实，又要听情感

站在客户的立场去倾听，不仅要倾听客户所表达的事实，还要努力听出话语背后的情感，这是倾听要求两个不同的层面。

听事实：对方说了哪些话？他讲这些话的意思是什么？

听情感：这是更重要的层面——你要能听清楚别人在说这些事实的时候他的感受是什么，话语背后的含义是什么，需不需要给予回应。

例如，业主打电话给物业客服人员说："你看，我们家的水管刚修没两天又坏了！"——这是一个事实。物业客服人员回答："哦，是吗？哪天修的？我们再派人去修吧。"——这就是对这个事实的关注。但如果这样回答："是吗？又坏了？您别着急，我马上再派一个老维修工过去修！"——这就是对情感的关注了。因为业主在打电话时流露出了着急与不满，而客服在回复时也应该在言语中体现出关切与安慰，并答应派一个更有经验的维修人员立刻去修理，让业主放心。

客服人员在与客户沟通的时候，运用倾听的技巧，通过面部表情、肢体语言给予回应，这些都是对客户的一种情感关注。而在表示这种关注之前，先要在听客户说话的时候分辨出对方所说的哪些是情感的内容哪些是事实的部分，并作出适合的反应与回复。

3. 抓住客户谈话的重点

倾听的目的在于鉴别客户表达的需求中哪些是重要的哪些不太重要，从客户的说话重点中掌握客户的真实需求。

除此之外，能清楚地听出对方的谈话重点，也是一种能力。因为并不是所有人都能清楚地表达自己的想法，特别是在不满时，因为受情绪的影响，人们经常会语无伦次。而且，除了排除外界的干扰，专心倾听以外，还要排除对方的说话方式给你造成的干扰，不要把注意力放在说话人的咬舌、口吃、地方口音、语法错误和“嗯”“啊”等习惯语上面。

如果你清楚地听出了客户的谈话重点，就要让他明白这一点，可以使用“让我们来看一看我是否理解了……”或者“我觉得我理解了……”作为开头，还可以用自己的话重复一遍你所听到的内容，表明你已经理解了说话人的信息，而不要说“你要说的东西是……”“我听到你说的是……”这类话。

4. 适时地表达自己的意见

谈话必须有来有往，如果客户长时间讲话而得不到回应，势必会给他造成心理压力，使他不愿意再继续下面的话题。所以要在不打断对方谈话的原则下，适时地表达自己的意见，及时反馈，这才是正确的谈话方式。

通过及时地反馈信息，你也可以更好地理解对方的意思，同时让对方感受到你在注意听，而且听明白了，这样还可以帮助你避免走神。

倾听反馈包括两方面的内容，即事实复述和情感复述。

(1) 事实复述。倾听事实意味着需要听清楚对方说什么，而复述事实就是对你所听到的内容进行重复描述。比如，代接电话时，最好把对方电话里所说的事项简要地复述一遍，这就是对事实的复述。事实复述的好处有三点：①分清责任；②提醒客户是否有遗漏的内容；③体现客服人员的职业素质。

(2) 情感复述。与听事实相比，更重要的是听情感。客服人员在听清客户所说的事实时，还应该考虑客户的真实感受。情感复述就是对客户的观点和感受不断地给予认同。比如，在客户说完后，客服人员会说“您说得有道理”“我理解您的心情”“我知道您很着急”“您说得很对”等，这些都是对情感的复述。在复述的过程中，情感复述的技巧最为关键，也相对更为复杂。这就要求客服人员在倾听的过程中学会肯定客户的谈话价值，这会让客户发自内心地感到很高兴，觉得自己的情感得到了认同，同时会对肯定他的人产生好感。因此，在谈话中，一定要用心去找对方谈话的价值，并给予积极的评价和赞美，这是获取对方好感的有效途径。

除此之外，对于客户在谈话过程中表达的某些可能有失偏颇的观点，不要直接批评或反驳。如果你实在难以对客户的观点做出积极响应，那可以采取提问等方式改变客户谈话的重点，引导客户谈话，而不是随意打断客户谈话。

5. 配合表情和恰当的肢体语言

当你与客户交谈时，对客户所说的内容关心与否，往往能够直接反映在你的脸上，所以在与客户交流时，必须配合恰当的表情，用嘴、手、眼、心去说话：始终与客户保持目光交流；身体稍向前倾，以示对客户的尊重和对谈话的重视；保持微笑；当客户表达的观点与自己一致时，适当地点头表示赞许，以鼓励对方继续讲下去；当客户表达的观点与自己不符时，不要表现出厌烦的情绪，要耐心地听对方讲完；当客户讲到关键处时，可以抬一抬眉毛，对方往往会着重阐述关键的部分，有助于加深自己对重点的理解。

实训任务

任务内容：倾听技巧的运用

具体要求：

(1) 由 3～5 人组成学习小组，小组的各项工作由组长负责指挥协调，组员分工明确；

(2) 小组成员进行讨论，结合物业客户服务工作设计出一个工作场景，并运用倾听的技巧去解决工作中的问题；

(3) 小组成员进行角色扮演，来展示倾听技巧的运用；

(4) 各学习小组互相交流和点评。

习题练习

一、判断题

1. 倾听过程包括四个阶段：接收信息、予以注意、赋予含义、记住它们。（　）

2. 客服人员在与客户沟通时，应用心地听，学会用三种“耳朵”来听客户说话：听他们说出来的，听他们不想说出来的，听他们想说又表达不出来的。（　）

3. 物业客服人员是为了解决业主问题而倾听，而不是为了倾听而倾听。（　）

4. 当客户说话速度太快，或所讲内容与事实不符时，客服人员绝不能心不在焉，更不能露出不耐烦的表情。（　）

5. 最好的倾听方式就是站在自己的立场去听、去反应、去认识、去理解、去记忆。（　）

二、多项选择题

1. 倾听的目的包括（　）。

A. 获得事实、数据或了解别人的想法　B. 理解他人的思想、情感和信仰

C. 对听到的内容进行选择　D. 肯定说话人的价值

2. 对于物业客服人员来说，有效倾听在实际沟通过程中的具体作用有（　）。

A. 体现对业主的尊重和关心　B. 获得相关信息

C. 解决业主的问题，提高业主满意度　D. 使物业客服人员的情绪得以释放

三、简答题

1. 倾听的障碍有哪些？

2. 有效倾听的技巧是什么？

任务 4.2　微笑的技巧

任务导入

微笑是一种无声却有力的语言，它能彰显出魅力和涵养。但凡经常面带微笑的人，往往能将别人吸引住，使人感到愉快。物业服务人员要做好服务工作，应该从学好微笑开始。

任务情境

为不断提升客户幸福感和满意度，新力物业开展以“幸福守护，从微笑开始”为主题的微笑服务行动，用微笑服务传递美好，用贴心行动传递温暖。

在科创科技园，前台客服一直以来都热情待客，坚持微笑服务，想客户所想，急客户所急。

当客户前来咨询水电费、停车费，当客户前来上交资料，当客户前来借物品……上新力物业人无不在微笑中了解客户需求、认真倾听，温暖客户不一定要惊天动地，有时候微笑的力量也能让人感动。

“您好，您这边有物品袋可以借用一下吗?”，行色匆匆的租户神色匆忙地前来物业中心求助，“买的还没有送到，但是现在急需。”

“您好，我们马上帮您询问。”听到此事的物业客服面带微笑地回复道，并立即拿起管家手机，第一时间帮客户进行咨询。

看到客户如此着急，物业客服进行了关切询问。经了解，原来客户是一家来自土耳其公司的员工，因为地震影响急需一批袋子装衣服寄往土耳其。

第一时间帮客户筹集到收纳袋后，客服立即将袋子交给客户，并微笑着安慰道，“一切一定会好起来的。”看似一句简单的话语，客户说，那一刻却倍感温暖。

中国有句老话“朱唇未启笑先闻”，微笑是一种力量，能促进人与人之间的沟通，是前台客服与客户有效交流事半功倍的好方法。新力物业的前台客服会扬起嘴角，真心诚意，热情待客，微笑服务，让新希望服务成为值得托付幸福的贴心团队!

问题：微笑会给客户带来什么样的服务体验呢?

知识内容

微笑的时候，首先要放松面部肌肉，其次使嘴角微微向上翘起，让嘴唇略呈弧形，最后在不牵动鼻子、不发出笑声、不露出牙龈的前提下轻轻一笑。微笑的训练方法有如下几种。

微笑的方法

1）引导练习法

闭上眼睛，调动感情，发挥想象力，或回忆美好的过去，或展望美好的未来，使微笑源自内心，有感而发。

2）镜子练习法

可以在桌面摆一面小镜子，以便随时练习。利用镜子练习，力求使眉、眼、面部肌肉、口型在笑时和谐统一。

3）当众练习法

按照要求，当众练习，使微笑规范、自然、大方，克服羞涩和胆怯的心理，也可以请观众评议后再对不足的地方进行改正。

4）情绪记忆法

可以借助“情绪记忆法”辅助训练微笑，即将生活中最令人高兴、最有趣的事情记录下来，需要微笑时，想一想这些快乐的事情，脸上就会自然地流露出笑容。

5）理智训练法

微笑服务是服务人员职业道德的内容和要求，服务人员必须按要求去做，坚信“客户是上帝”“客户至上”的理念，即使有不愉快的事也不能将情绪带到工作中去，要学会过滤烦恼。

6）高级微笑法

口眼结合，训练笑意。这种微笑应该是发自内心的，不仅要求嘴唇动，还要求眼神含笑。训练时，可以用一张厚纸挡住鼻子以下的部位，对着镜子练习，直到可以看到眼神中含着笑意。

实训任务

任务内容：微笑技巧的运用

具体要求：

(1) 由 3～5 人组成学习小组，小组的各项工作由组长负责指挥协调，组员分工明确；

(2) 小组成员进行微笑训练，结合物业客户服务工作设计出一个工作情景，并运用微笑的技巧去服务场景；

(3) 小组成员进行角色扮演，来展示微笑技巧的运用；

(4) 各学习小组互相交流和点评。

习题练习

一、判断题

1. 当你在微笑的时候，你的眼睛也要“微笑”，否则，给人的感觉是“皮笑肉不笑”。（ ）

2. 很多时候，一个亲切的微笑还不够，需要把微笑和语言相结合。（ ）

3. 肢体语言也是一种有效的无声语言，如果把微笑与恰当的肢体语言相结合，让微笑融入你的肢体动作，会显得更相得益彰，发挥出更好的作用。（ ）

4. 微笑不能过度表达，同时要注意场合。（ ）

5. 按照要求，当众练习，使微笑规范、自然、大方，克服羞涩和胆怯的心理，也可以请观众评议后再对不足的地方进行改正，这就是引导练习法。（ ）

二、简答题

1. 微笑的方法有哪些？

2. 微笑的训练方法有哪些？

任务 4.3 说话的技巧

任务导入

说话是一门艺术，人们常说：一样话多样说，会说的能让人捧腹大笑，不会说的能使人暴跳如雷。这就说明说话是很讲究艺术的。

在物业管理与服务工作中，语言作为情感交流、信息传递的主要工具，比起其他的方式更为直接、广泛、更具有实用价值。因此，物业客服人员一定要掌握说话的技巧。

任务情境

6 月中旬，物业服务中心针对园区绿化树木的虫害情况进行了一次喷洒农药的作业。喷洒农药作业前 5 天，物业客服人员就将相关通知粘贴在公告栏和各单元一楼的信息栏，同时也通过业主群发布了此通知。

喷洒农药之后的第二次，前台客服接到业主赵女士的电话，询问所打农药的名称，因为其家中小孩曾趴在草地上玩耍，之后引起了皮肤过敏，得知喷洒的农药为氧化乐果和甲胺磷后，业主立即将孩子送往医院。

得知此事以后，物业经理安排前台客服电话回访一下，关心一下孩子的身体健康状况。

问题：如果你是前台客服，在电话回访中你该怎样说呢？

知识内容

4.3.1 说话的技巧

运用语言的基本原则

沟通效果大多取决于说话的方式，而非说话的内容。梅拉宾的研究结果表明在两个人的交流中，55%的信息来源于肢体语言，38%来自辅助表达，只有 7%才来自谈话内容。

因此，在进行语言沟通时，不仅要注意选择适当的词语，还要留意选择合适的语速、适宜的语调和声调，适时幽默，保证语言的清晰和简洁，要注意时间的选择和话题的相关性等，所有这些因素都会影响到沟通的效果。客服人员在与客户说话的过程中，应注意这些影响语言沟通的因素，掌握以下“说”的技巧。

4.3.1.1 说话时要热情、真诚、耐心

我们都有这样的体验，如果和你说话的人对你的谈话缺乏热情、缺少耐心，一直板着脸，心不在焉，你的心里会很不舒服，因为对方在与你的谈话中缺少对你应有的尊重，合适的“微笑”，拿出笔后，要依然能够保持这种面部表情。

你会很想尽快结束这样的谈话。这种缺乏热情、真诚与耐心的谈话，必然达不到期待的沟通效果，反而会让双方的关系变得更糟。所以，客服人员在说话的过程中，要发自内心地给予对方尊重，而体现尊重最有效的方法，就是表现出你的热情、真诚与耐心。

4.3.1.2 把握好声音暗示

客服人员的声音暗示在沟通过程中起着不可忽视的作用。声音可以说是客服人员表现自

我的工具，客服人员应尽量利用自己温暖的声音给客户留下好感。同时，声音与情绪也有很大的关系，高兴时，声音自然较为轻快；而不高兴时，声音就会变得沉重。可以说，声音是交谈过程中传递信息最重要的载体。客服人员要想自信地表达自己的观点和信息，就必须努力尝试改善声音。在与客户沟通时，要学会控制自己的声音，做到吐字清晰、音量适中、语调抑扬顿挫、语速合适。

声音暗示

4.3.1.3　措辞要简洁、专业、文雅

在信息传递过程中 7% 的信息来源于谈话内容。它是影响信息传递和信息解释的重要因素，在很大程度上决定着交流能否融洽地进行。客服人员的语言表达应礼貌、简洁，突出重点和要点，用尽可能少的文字传递大量的信息。当然，简洁并不意味着只能使用短句子或省略重要的信息，而是指字字有力量、句句有内容。专业词语应选用适当，条理清晰，用词准确。在与客户沟通时，应当避免夸大其词，不做虚假的宣传，不做不可能兑现的承诺。

1. 适宜使用的语言和应该回避的语言

不要使用含混不清的词语或者不常用的专业术语。尽量避免使用诸如“我不确定”或者“我尽力而为”这样的回答，你应该自信地告诉客户“我会给您一个满意的答案”或“我可以做到……”。

另外，你还应该警惕“全局性词语”的使用（如“总是”“从不”“每个人”和“全部之类”的表达）。如果你对业主说“我们总是在 3 小时之内派人赶到报修地点”，但是业主并没有见到这样的事实，他就会认为你在说谎。如果你换一种说法，向业主说明“我们会尽力在 3 小时内赶到报修地点”，或者“我们的目标是在 3 小时之内赶到报修地点”，虽然前后所表达的意思大体相同，但暗含的意义却大不相同。

客服人员适宜的语言及技巧

2. 使用文明用语

在客户服务工作中，不要侮辱、挖苦、讽刺客户，不要使用粗俗的语言，不要与客户发生争论，应牢记“客户永远是对的”这句话。

客服人员“七不问”

4.3.2　接打电话的技巧

面对面沟通和电话沟通都是语言沟通，利用声音来传递信息。但是在面对面沟通的过程中，沟通的双方能通过面部表情、眼神的交流、姿势动作的变换等这些肢体语言来传递更多的信息，而电话沟通，由于双方只能通过电话沟通而不能见面，所以这些肢体语言是看不到的。但是在电话中沟通的双方，也能够通过语速、语气、语调等声音的变化来判断对方的态度和想法（见表 4-1）。

话语因人而异

表 4-1 电话沟通与面对面沟通传递信息的区别

	面对面沟通	电话沟通
言语性	声音	声音
非言语性	面部表情 姿势 眼神接触 声调 速度 语气等	速度 语气 声调等

接打电话可以参考以下几个技巧。

1. 坐直，深呼吸，面带微笑

如果你打电话时状态懒散或面无表情，对方听到的声音就是无精打采、死气沉沉的；若你坐姿端正、面带笑容，所发出的声音也会亲切悦耳、充满活力。

2. 控制情绪，保持良好的心情

情绪不佳，语调往往会生硬、呆板，容易引起对方误会。要保持良好的心情，让对方即使看不见你但从轻快的语调中也会被你所感染，进而对你留下极佳的印象。

3. 清晰明朗的声音

电话沟通由于需要介质传递声音信息，客服人员的说话更要吐字清晰、语调平稳。打电话时，口要对着话筒，不使用免提键，说话音量不宜太大、太小，咬字要清楚，吐字要比平时略慢一点，语气要自然，用词适当，语调要抑扬顿挫，必要时要把重要的内容复述一遍，当对方听不清发出询问时，要耐心回答，切忌不耐烦，始终要给人以和蔼、亲切的感觉。

4. 迅速准确地接听

听到电话铃声，应迅速准确地拿起听筒，最好在电话铃响 3 声之内接听；听到电话铃声后，如果附近没有其他人，我们应该用最快的速度拿起听筒，这样的态度是每个客服都应该拥有的；如果电话铃响了 5 声才拿起话筒，应该先向对方道歉。

5. 准确记录

认真、清楚地记录，准确运用 5W1H 技巧，即 When（何时）、Who（何人）、Where（何地）、What（何事）、Why（为什么）、How（如何）。

6. 了解来电的目的

每通电话都十分重要，不可敷衍。即使对方要找的人不在，也切忌只说“不在”就把电话挂了。接电话时也要尽可能问清事由，避免误事。即使自己无法处理，也应认真记录，汇报给相关部门进行解决。

接打电话示例

7. 挂电话前的礼貌

一般应当由打电话的一方提出结束电话交谈，然后彼此客气地道别，说一声“再见”再挂电话，不可自己讲完就挂断电话。

实训任务

任务内容：说话技巧的运用

具体要求：

(1) 由 3～5 人组成学习小组，小组的各项工作由组长负责指挥协调，组员分工明确；

(2) 小组成员结合物业客户服务工作设计出一个工作情景，并进行服务话术设计；

(3) 小组成员进行角色扮演，来展示服务语言的运用；

(4) 各学习小组互相交流和点评。

习题练习

一、判断题

1. 得体性是指言语表达必须符合语言规则或规范，也就是要符合语法。 ( )

2. 在进行语言沟通的时候，不仅要注意选择适当的词语，还要注意选择适当的语速、适当的语调和声调，适时幽默，保证语言的清晰和简洁，要注意时间的选择和话题的相关性等，所有这些因素都会影响到沟通的效果。 ( )

3. 在与客户沟通时，要学会控制自己的声音，做到吐字清晰、音量适中、语调抑扬顿挫、语速合适。 ( )

4. 说话要因时间、地点、人物的不同而有所不同，由于每个人都有自己与众不同的听说习惯、性格特征，即使是同一需要、同一动机，在不同的客户那里，表现方式也会有所不同。 ( )

5. 听觉型客户喜欢用耳朵来听，说话时音调平和、呼吸匀称，通常说话时胃部起伏较大，交谈时喜欢把耳朵侧过来仔细听。 ( )

二、多项选择题

1. 运用语言的基本原则包括( )。

A. 目的性原则

B. 情境性原则

C. 正确性原则

D. 得体性原则

2. 根据客户听别人说话时注意力的集中与分散来分类，可将客户分为( )。

A. 漫听型客户

B. 浅听型客户

C. 技术型客户

D. 积极型客户

三、简答题

1. 说话的技巧有哪些？

2. 接打电话的技巧有哪些？

任务 4.4 肢体语言运用技巧

任务导入

肢体语言的使用简便快捷、灵活自由。只要人们开口说话，都会有意或无意地运用肢体语言来传情达意，交流信息。有时肢体语言甚至先于自然有声语言在口才表达接受者的心目中形成第一视觉形象，直接影响自然有声语言的表达效果；有时说话人在不开口的情况下，单纯运用肢体语言，也能传达一定的信息。在人类的交谈活动中，没有只运用自然有声语言而不运用肢体语言的。它总是与自然有声语言配合默契，协调一致，相辅相成，相得益彰。

任务情境

为提升服务品质，让业主家人能够感受到物业的热情服务与亲切关怀，东方国际花园项目开展了“早送晚迎”暖心服务。

送业主高高兴兴上班去，迎业主平平安安回家来，东方国际花园项目创新服务，对进出小区的每一位业主，都会热心地给予引导、有声问好和挥手致意，充分体现了物业服务的贴心与关怀。

为了让辛苦一天的业主更加温暖，项目每日早送晚迎前都会熬制一桶温暖的茶水，如大枣茶、菊花茶、绿豆汤，不断地推陈出新。

面对面的贴近服务，可以让业主零距离报修、建议、问询，可以第一时间将业主关心的问题给予业主回复，一个真诚的微笑、一句简单的问候拉近了物业和业主之间心与心的距离。对于物业服务而言，既要为业主提供宾至如归的尊贵体验，也要让业主们感受到家人般的舒适温馨。

问题：你觉得在“早迎晚送”中的保安员的一个敬礼，客服人员的一次挥手致意，会给业主带来什么样的服务体验？

知识内容

4.4.1 肢体语言沟通的内涵与作用

肢体语言是口头交流之外的另一种沟通方式，这种沟通方式需要借助表情、动作或体态等来实现，例如眼神的交流和手势传递的信息。有了肢体语言的配合，整个沟通过程才会显得更为充实。

肢体语言的具体表现

4.4.2 肢体语言沟通的形式及其表达的含义

按照不同的身体部位划分，肢体语言可以分为表情语、手势语和肢体动作语三大类。下面就主要的肢体语言进行介绍。

1. **表情语**

表情语是指人们表现在面部的思想感情。它是凭借眼、眉、嘴以及面部肌肉的变化等体现出丰富内容的。人们对现实环境和事物所产生的内心体验及所采取的态度，就是通常所说的感情，它经常有意无意地通过面部表情显示出来，形成表情语。

表情语的识别

客服人员，可以通过识别客户的面部表情来揣测客户的内心，同时应该通过控制自己的面部表情，向客户传递友好与真诚，以获取客户的信任与好感。

2. **手势语**

手势语的识别

手势语主要是指通过手指、手掌、手臂所发出的各种动作向对方传达信息。很多时候，人们还可以通过自己手部的特定动作向交流的另一方表达特定的信息。

打手势的关键是要轻松自然，忌不自信、不明确，不宜单调重复或手舞足蹈，要注意动作的协调。另外，手势语言不可滥用，不同国家、不同民族会有不同的手势语义，有时同一种手势却有不同含义，甚至意思正好相反，因而在与不同国家或民族的人交往时一定要了解对方的手势语言，以免犯忌。

3. **肢体动作语**

客服人员应注意自己的一言一行，避免不良的举止行为。客服人员在运用肢体动作语时，要注意以下“三忌”。

(1) 忌杂乱。凡是没用的、不能表情达意的动作，如用手摸鼻子、随便搓手、摸桌边等都是多余而杂乱的肢体动作。

(2) 忌泛滥。空泛的、重复的、缺少信息价值的肢体动作，像两手在空中不停地比画、双腿机械地抖动等。

(3) 忌卑俗。卑俗的肢体动作视觉效果欠佳，会极大地损害自我形象。

物业客户服务30个情景问答

实训任务

任务内容：物业客服沟通技巧情景模拟练习

具体要求：

(1) 由 3～5 人组成学习小组，小组的各项工作由组长负责指挥协调，组员分工明确；

(2) 小组成员结合物业客户服务工作设计出一个工作情景；

(3) 小组成员进行角色扮演，来展示物业客服沟通技巧的运用；

(4) 各学习小组互相交流和点评。

习题练习

一、判断题

1. 肢体语言是口头交流之外的另一种沟通方式，这种沟通需要借助表情、动作或体态等来实现，例如眼神的交流和手势传递的信息。 (　　)

2. 肢体语言沟通的主要目的是使互动中的双方有效地分享信息。 (　　)

3. 表情语是指人们表现在面部的思想感情。它是凭借眼、眉、嘴以及面部肌肉的变化等体现出丰富内容的。 （ ）

4. 让人感到比较舒服的眼神交流持续时间是50～100秒，然后时不时地转移视线。 （ ）

5. 客服人员要努力提升自己的文化修养和内在气质，学会控制自己的面部表情，时常保持微笑，使自己成为一个笑容可掬、面容和善、具有亲和力的人。 （ ）

二、多项选择题

1. 肢体语言在客户沟通中的作用具体表现为（ ）。

A. 体现客户服务人员的服务态度

B. 通过肢体语言的调节互动作用来传递信息

C. 在与客户沟通中发挥着辅助、替代语言表达的作用

D. 显示客服人员形象，进而彰显企业形象

2. 沟通中的目光运用技巧包括（ ）。

A. 稳定的目光接触

B. 看正确的地方

C. 目光要敏锐

D. 感情要投入

3. 手势语的作用是（ ）。

A. 表示形象

B. 表示投诉

C. 表达感情

D. 表达满意

三、简答题

1. 如何进行面部表情的控制与识别？

2. 手势语的内涵和作用是什么？

项目5 物业客服服务技能

项目介绍

本项目重点介绍了物业日常客户服务的各项任务，具体包括：接待来访、处理报修、提供入住服务、二次装修服务管理、策划社区文化活动、建设社区宣传栏、催缴服务费用及巡查物业服务现场等。每个任务里不仅详细地讲解了任务流程、内容及注意事项，而且针对具体问题提供了服务技巧的参考，使学生能够系统、全面地掌握任务技能，并且可以增强对客户服务理论知识和工作方法的领悟和理解。

1. 知识目标

(1) 掌握业主来访接待的流程、方式和要求；熟悉来访咨询信息的内容和类型。

(2) 掌握报修接待的流程；熟悉报修方式、收费标准及紧急程度分类。

(3) 掌握入住服务流程和入住服务前期准备工作内容；熟悉迁入迁出工作内容。

(4) 掌握二次装修服务流程及三个服务管理阶段的重点内容。

(5) 熟悉社区文化活动的主题类型和方案设计；掌握社区文化活动的组织和开展步骤。

(6) 熟悉社区宣传栏内容的主题类型、设计及安装要求；了解宣传栏更新维护的操作。

(7) 了解物业服务费用催缴的法律依据、业主欠费的原因；熟悉费用催缴前的准备工作；掌握费用催缴的流程及技巧。

(8)熟悉物业现场巡查的内容、范围、频次和方式。

2. 技能目标

(1) 能够礼貌得体地进行业主上门来访接待、电话来访接待、邮件、信函、微信群和其他网络方式来访接待。

(2) 能够有效、正确地处理业主的报修。

(3) 在实际工作中能够提供入住服务及二次装修服务管理。

(4) 能够根据实际情况设计、组织和开展社区文化活动。

(5) 能够根据要求设计社区宣传栏的内容并做好更新维护工作。

(6) 能够有效地进行物业服务费用催缴。

(7) 能够进行物业现场巡查。

任务 5.1 接待业主来访

任务导入

接待业主来访是物业客户服务工作中最基础的日常服务项目之一，也是最为关键的服务项目。因为在这项服务工作中，物业客服中心负责接待业主、传达信息、协调、调度各责任部门以及接收反馈、进行回访等诸多服务环节。同时，物业客服中心也成为向外界展示物业服务企业整体精神风貌和服务质量的前沿阵地。因此，一定要高度重视并做好业主或物业使用人的来访、咨询工作，确保接待流程的有效顺利开展。

任务情境

一大早，新入职的客服人员小王就看见一位穿戴时髦的、年纪约 50 岁的妇女走进客服中心的大门，小王赶紧起身打招呼："大姨，您早，您有什么事么？"谁知，这位女士听到这句话，脸色一变，冲着小王喊道："说谁大姨呢？你们工作人员就是这样接待业主的！"小王一脸尴尬，愣在原地。这时，正巧客服主管张某进来，看见这一幕，满面微笑地上前来说："女士，您好，我是客服主管张××，您是哪栋楼业主，过来有什么事么？咱们不着急坐下好好聊聊，小王，倒杯热茶给女士。"听见这些话后，女士脸色才有所缓和，和张某在待客区的沙发上落座，和张某攀谈起来。小王的客套语哪里出了问题？要是你，你怎么接待这位业主呢？

知识内容

接待业主来访主要涵盖接待咨询、报修和投诉等服务，下面我们就以接待咨询服务为例，了解一下客服中心接待来访业主的流程和环节。

5.1.1 业主来访接待的流程

客服中心接待业主来访的流程如图 5－1 所示。

5.1.2 业主来访接待的方式和要求

目前，随着通信方式的飞速发展，业主及物业使用人的来访方式呈多样化：上门来访、电话、信函、传真、电子邮件、微信(群)及其他网络聊天工具等多种途径，但是从日常接待数据上来看，上门来访和电话来访仍旧是最主要的两种来访方式。

1. 上门来访接待

上门来访接待环节如下：寒暄问候→接待受理→礼貌送客。

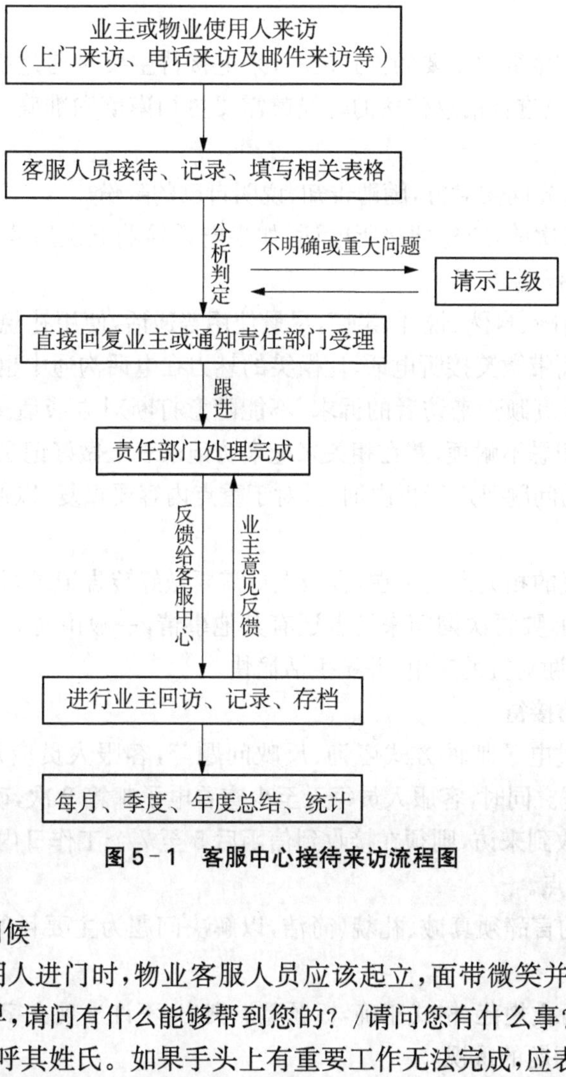

图5-1　客服中心接待来访流程图

1）环节一：寒暄问候

业主或者物业使用人进门时，物业客服人员应该起立，面带微笑并主动热情地与其打招呼，可以说："您好/您早，请问有什么能够帮到您的？/请问您有什么事？"招呼、引领来访者坐下，对熟悉的业主要称呼其姓氏。如果手头上有重要工作无法完成，应表示歉意，说明情况，请来访者稍等，然后迅速处理完事务后再接待。总之，客服人员应该让业主或物业使用人体会到亲切、尊重、自然、友好的感觉，拉近与业主之间的距离。

2）环节二：接待受理

客服人员要按图5-1的工作流程图接待上门的来访者。注意仪容、仪表、仪态专业得体、举止、言谈、表情等落落大方，做到专心、耐心、细心。眼睛要平视来访者的面部，要等来访者把话说完，不要打断来访者的谈话，关注对方，面带微笑。对没听清楚的地方，要礼貌地请来访者重复一遍或者提问，让其感觉到你在认真地和他沟通。尽量使用普通话，使用礼貌用语，音量适中。认真倾听来访者的诉求并做好记录。对受理事务过程中不明确、不清楚的问题或者重要的关键点要再次核对，澄清细节，如有需要，请业主或物业使用人在相关单据上签字。

3）环节三：礼貌送客

业主告辞时，应主动起身送至门口，为其开门，并说："您慢走/再见。"然后，面带微笑，目送业主离开。

业主来访接待注意事项

2. 电话来访接待

来电接待也是来访接待中重要的方式之一，来电接待主要是通过语言和声音与来访者进行交流和沟通，客服人员进行信息传达的时候就需要更加谨慎和准确。所以客服人员应该注意以下几点。

(1) 接电话时应首先问候对方，随即告知、说明自己的身份。

(2) 在电话铃响 3 次前，应立即接听电话，如果电话铃响五次后才拿起话筒，应该先向对方道歉，保证电话热线畅通。

(3) 讲话声音要清晰、自然、悦耳、亲切，尽量使用普通话，使用礼貌用语，注意音量、音速、音调适中，身体坐直、面带微笑接听电话，让微笑的魅力在电话沟通中也能发挥它的作用。

(4) 交流过程中认真倾听来访者的诉求，不能随意打断对方谈话。对方若听不清发出询问时，要耐心地回答，切忌不耐烦，并在相关来电来访记录表上做好记录。

(5) 对于不明确的问题要进行再次询问，对于重点内容要重复，以便来访者核对内容的准确性。

(6) 如来访者所找的相关人员不在，客服人员需要做好转告记录，并及时转告该人员。

(7) 在电话结束前，要再次询问来访者还有其他事情，一般由对方提出结束谈话，然后彼此客气地道别，表示感谢对方的来电，并祝生活愉快。

3. 邮件、信函来访接待

如果来访者是通过电子邮件方式咨询、反映问题等，客服人员应及时回复，一般在 2 至 3 个工作日内给予答复。同时，客服人员每天至少查看电子邮箱 2 次，确保及时收到邮件并回复。若是以信函方式收到来访，则须在接收到信函后 5 至 7 个工作日内给予答复，并及时寄出回信，同时注意以下几点。

(1) 邮件或信函的言辞须真诚、礼貌、简洁，以解决问题为主要目的，急客户之所急，想客户之所想。

(2) 邮件或信函行文规范，格式正确，标题重点突出，不许出现文字或标点错误，体现对来访者的尊重和对所提问题的重视。

(3) 对于重大事件和问题，需要请示上级领导，等待领导批复后再作回复。

(4) 在回信末尾，应表示感谢对方的来函，祝生活愉快，并附上己方物业中心的邮寄地址及联系方式。

(5) 如信内附有其他联系方式，如电话号，可以在发出信件后短信或电话告知来访者。

4. 微信(群)及其他网络方式来访接待

随着通信手段的不断更新和进步，业主及物业使用人已经不满足上门或电话等来访方式的应用，微信或微信群这种来访方式更加便捷、有效、省时省力，逐渐被广泛使用，并将与上门来访和电话来访并列为物业客服中心接待的主要来访方式。与此同时，物业中心 APP 系统及其他网络方式的来访渠道也走进人们日常生活中，发挥自己独特的作用。

客服人员在进行此类来访接待时，要注意查看软件的频率，保证获得来访信息的及时性，并在收到来访信息时及时回复收到并立即处理。熟练使用相关软件，同时注意使用书面语言的礼貌性和准确性，尽量不要引起歧义的词语和语句。可提醒来访者在相关软件上查看事项的进度，遇到突发或紧急事件问题时，可征得来访者同意后直接电话沟通。

5.1.3　来访咨询信息的分类

客服人员接待来访服务时，信息咨询是来访者主要的来访目的之一，而咨询的信息涉及生活的方方面面，因此，客服人员需要对己方物业的基本情况、设施设备及配套情况、物业服务企业管理活动、物业管理相关法律法规、小区周边情况包括吃、住、行、游、娱等信息尽可能地有所了解、掌握、搜集，并在客服中心准备相关资料。这些信息汇总如下。

1. 物业的基本情况、设施设备及配套情况

(1) 小区总平面布置图、建筑面积、各楼栋、楼层、户型、绿化面积及绿化率、容积率、车位情况等。

(2) 小区总户数、人口数、常住户、非常住户等情况。

(3) 小区内宽带、有线电视、通信、水、电、煤气、供热接入情况及管线布置情况。

(4) 小区内道路、绿化、停车设施、娱乐设施、公共健身设施等配套设施的基本情况和位置分布。

(5) 小区内教育、商业、饮食、超市等配套基本情况及建筑分布。

2. 物业中心管理制度及活动情况

(1) 物业服务企业名称、地址、房间号码、内部各职能部门办公室位置及电话。

(2) 物业服务企业一般服务项目、特约服务项目、服务标准及工作时间。

(3) 物业管理费及维修基金收费标准、水、电、气、空调、有线电视、电话、宽带网、供热的收费标准、有偿维修收费标准、特约服务收费标准。

(4) 入住服务、二次装修、车位办理、开放行条等办理流程和手续。

(5) 火警、急救、水、电、气抢修、有线电视、电话、宽带网维修、派出所等便民电话。

(6) 物业服务企业近期开展社区文化活动项目及便民服务活动等。

3. 物业管理相关法律法规

物业管理涉及法律法规有：《物业管理条例》《物业服务企业资质管理办法》《住宅专项维修资金管理办法》《前期物业管理招标投标管理暂行办法》《物业服务收费明码标价规定》《物业服务收费管理办法》《中华人民共和国民法典》《注册物业管理师》《中华人民共和国房地产管理法》《中华人民共和国价格法》《中华人民共和国公司法》《业主大会规程》《住宅室内装饰装修管理办法》《物业管理财务管理规定》《城市市容和环境卫生管理条例》。

4. 周边情况

(1) 周边主要公共场所如政府行政部门、医院、银行、学校、派出所、消防局等和便民机构的服务内容、电话号码、工作时间等。

(2) 周边主要大型生活配套设施如酒店、餐馆、商场、展览馆、电影院、音乐厅等的服务内容、电话号码、营业时间等。

(3) 国内、国际航班、火车、汽车、轮船等时刻表、价格表，当地著名景点营业时间及价格表。

(4) 本省、本市的地图、邮政编码簿、当日天气预报及天气质量、交通运输部门关于出行管制、购票和退票的临时信息等。

物业服务企业来访接待表

实训任务

任务一：今天是物业客户服务中心工作人员小王在前台值班，一大早看见业主张大爷进来了，原来他要找中心经理李经理商谈事情，恰巧李经理刚刚出去，临走时告诉她半小时就能回来，如果谁来找他的话，请客人到会议室稍等下。如果你是小王，应该如何接待业主张大爷呢？

任务二：下午，物业客户服务中心工作人员小王临时有事出去，临走时告诉同事小李，业主张大爷有可能会在3点左右来电，如果她没有回来的话，让小李代接下电话。如果你是小李，应该如何做好此次来电接待呢？

习题练习

一、判断题

1. 接待业主来访是客服领域中最基础的日常服务项目之一。（　）
2. 上门来访接待时客服人员要注意礼貌礼仪。（　）
3. 接待业主来访的方式只包括上门来访和电话来访。（　）
4. 电话来访接待时，电话铃响五声后接电话比较合适。（　）
5. 随着通信手段的不断更新和进步，微信或微信群这种来访方式更加便捷、有效，逐渐被大家广泛使用。（　）

二、多项选择题

1. 接待业主来访的方式包括（　）。

A. 上门来访接待　　B. 电话来访接待
C. 邮件来访接待　　D. 信函来访接待
E. 微信(群)或App系统来访接待

2. 电话来访接待时应注意（　）。

A. 音量、音速、音调适中　　B. 尽量在电话铃响3声前接电话
C. 尽量使用普通话　　D. 接听时做好记录
E. 对于不明确的内容要及时确认

3. 对于业主常咨询的信息包括（　）。

A. 物业的基本情况、设施设备及配套情况　　B. 物业中心管理制度及活动情况
C. 物业管理相关法律法规　　D. 周边情况

4. 上门接待的三个环节是（　）。

A. 寒暄问候　　B. 接待受理　　C. 礼貌送客　　D. 记录、存档

三、简答题

1. 接待业主来访时，如遇到不明确或重大问题应怎样解决？
2. 上门来访接待时如遇到业主情绪激动、挑衅闹事如何处理？
3. 为什么越来越多的业主愿意使用微信(群)和物业App系统进行来访？
4. 作为客服人员，应该了解的咨询信息有哪些？

任务 5.2 处理业主报修

任务导入

除了咨询服务外，接待报修服务也是物业客服重要的服务内容之一。当业主或物业使用人家中出现房屋建筑损毁、设施设备故障时，一般情况下首先想到的是请物业服务企业帮忙维修。维修服务涉及客服中心和工程部等多个部门的相互协作，由各部门合作完成。因此，要按流程办事，在具体的工作中我们也要洞悉业主的心理，注重服务技巧。

任务情境

北方冬天的一个上午，××物业客服中心电话铃响起。物业客服人员接起电话刚想说话，就听到电话里一位业主怒气冲冲地说："这大冬天的让人过不过了，这暖气根本就不热，你们到底管不管?"根据了解得知，这位业主家里暖气不热已经 3 天了。正巧当值维修人员已经派工出去了，一时忙不过来。面对电话里业主情绪不稳、沟通不畅的情况，物业客服人员决定上门拜访了解情况。到了业主家，一位男业主打开门，物业客服人员面带微笑地说："您好业主，我是客服人员小王，电话里我了解到您家里暖气不热，特意过来了解下具体情况好着手派工维修。"征得业主的同意后，小王穿上鞋套，查看了暖气不热的位置，用对讲机告诉维修工人。业主问道："今天能修好不?"小王有礼貌地回答："您别急，现在我们的维修工人都已经派出去了，最快的需要半小时完成。但是，我已经告知他基本情况，等他一忙完马上过来给您查看情况，看怎么处理比较好。"业主脸色稍缓。半小时以后，维修工人抵达业主家里开始维修。物业客服人员离开 1 小时后，维修人员就处理好了。下午快下班时，物业客服人员又给业主打了电话做回访，业主表示暖气已经热了，感谢物业派人及时地维修。

知识内容

5.2.1 报修接待流程

报修接待服务是指客服中心在接待客户报修过程中，具体记录报修内容、及时传达至相关部门，并跟进维修工作按时完成的服务过程。其具体流程如图 5-2 所示。

5.2.2 按业主或物业使用人报修方式分类

按照报修方式分类，目前主要可分为三类，分别是上门报修、电话报修、和网络软件的报修。网络软件的报修方式随着通信科技的发展被越来越多的业主和物业使用人熟知和使用，尤其是年轻人，其特点是方便、快捷、私密性高，其利用率在未来会越来越高。

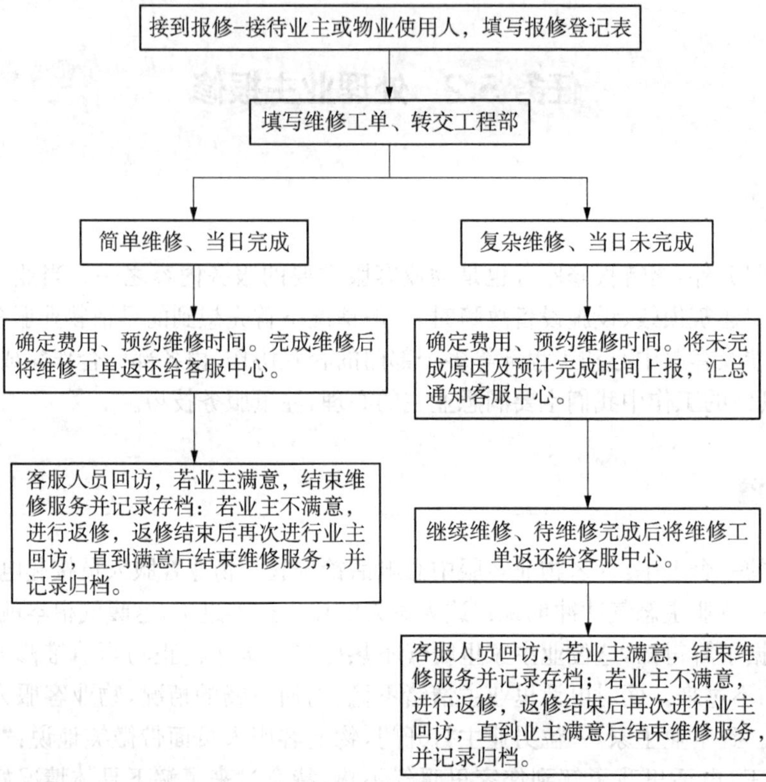

图 5-2　客服中心接待报修流程图

5.2.3　按报修内容的紧急程度分类

按报修内容的紧急程度分类可分为急修项目和一般项目两种，这就需要客服人员根据报修的实际情况去判断分类。但是，如果报修者态度坚决，强烈要求马上处理，也应尊重报修者的意愿，联系相关部门立即着手处理。除此之外，维修响应时间也按照其紧急程度有所不同，紧急情况下的疏散设备维修为立即响应，其他设备维修响应时间为 2 分钟内，到场时间不应超过 5 分钟；一般情况下设备维修响应时间为 2 分钟内，到场时间不应超过 15 分钟。另一方面，根据实际情况，对于一般的服务请求物业应确保在 24 小时内做出响应，而对于紧急服务请求，则必须在 2 小时内做出反应。紧急项目和一般项目一般包含以下内容，如表 5-1 所列。

表 5-1　紧急项目和一般项目报修内容

紧急程度	项 目 内 容
紧急项目	物业公共部位、共用设备、公共设施损坏或已经发生危险 因室内线路故障而引起停电、漏水 因水泵故障或水管爆裂造成停水、水龙头严重漏水 落水管堵塞和水盘等设备漏水 电梯故障、不能正常运行 楼地板、楼梯踏步板断裂，阳台、晒台、扶梯等各种扶手、栏杆松动、损坏 其他危险性急修项目

（续表）

紧急程度	项目内容
一般项目	各类钢、木门窗损坏 水卫设备零件损坏 屋面渗漏水 其他小修养护和便民服务范围的项目

5.2.4　按报修收费与否进行分类

按维修收费情况可以分为两种：有偿维修和无偿维修。物业客服人员接到报修后，需要做出分析、判断哪些维修是无偿维修、哪些是有偿维修，并且把收费情况告知报修者。维修服务项目中，有一些并不属于物业服务企业管理的责任范围，如为业主维修家中物品、设施的服务项目等，所以其材料费、人工费需由业主自己承担。一般情况下，物业服务企业在接管物业时，会在为业主提供的服务项目资料中标明哪些项目属于无偿服务，哪些项目需要业主另外付费。尤其是有偿维修，必须当报修者清楚收费情况后才受理报修服务，避免在以后报修流程中发生纠纷。

5.2.5　按报修范围和程度分类

按报修范围和程度分类可以将维修内容分为三类，大修、中修和小修。一般情况下，报修者的报修内容多为中修和小修，大修并不常见。任务量较大、维修时间较长且费用较高一般都列为中修的范围。如大面积的墙面漏水、渗水、损坏，卫生间或厨房上下水主管道堵塞等。因为耗时长且费用较高，事先需要进行费用预算，完工后需要进行验收。

小修是指修复小坏小损，短时间内就可以完成、费用较低。一般包括以下几方面：供电及家用电器方面，如电源插座、插头、开关、灯泡、灯管、灯座及线路的故障，保险丝熔断，热水器、排油烟机、空调等家用电器的故障和更换等；给排水方面，如水龙头故障，水闸损坏、水表故障及上下水管漏水等；房屋主体建筑及配套设施设备方面，如门窗、地板、地砖、面砖的修理和更换，各种门锁的修理及更换等，还有其他方面的零星维修等。

报修接待服务

实训任务

物业客户服务中心工作人员小王当值时接到了一个业主电话，业主在电话里非常着急，语无伦次。经过询问，得知业主家厨房被水淹了，急需物业帮助处理。如果你是小王，该如何处理此次报修接待呢？

习题练习

一、填空题

1. 按照报修方式分类，目前主要可以分为三类，分别是________、________、________。
2. 按报修内容的紧急程度分类可分为________和________。
3. 按维修收费情况可以分为________和________。
4. 按报修范围和程度分类，可以将维修内容分为________、________和________。

二、判断题

1. 当日完成简单维修任务后可不必进行业主回访。（　）
2. 判断维修内容的紧急程度时，应按实际情况加以判断，不必理会报修者的主观意愿。（　）
3. 水管爆裂造成的停水、水龙头严重漏水等属于一般维修。（　）
4. 必须在维修开始前向业主说明维修任务的收费情况。（　）
5. 各种表格、单据及记录的填写须准确、详细。（　）
6. 遇到报修者情绪失控时，理解报修者急切焦虑的心情，同时保持态度平和、不卑不亢。（　）

三、简答题

1. 维修结束后，物业客服人员一定要进行回访吗？为什么？
2. 为什么一定要在维修开始前向业主告知收费情况？
3. 物业派人维修后，业主不满意需要怎么做？
4. 微信（群）报修接待如何进行？

任务 5.3 提供入住服务

任务导入

入住是指住宅小区或收益性物业中，业主或物业使用人的迁入，是物业服务管理的常规工作内容，更是核心工作内容。做好入住服务及迁入迁出工作对业主来说是十分重要的，也是考察物业服务质量的一个关键性指标。因此，可以说是物业服务的一件大事。根据物业的实际情况，做好入住手续办理的准备工作，制订详细的入住服务流程，主动积极地为业主办理入住手续，协助业主做好收楼工作。

任务情境

李先生购买精装修房屋一套，并交纳了全部购房款 204 万余元。在合同约定的时间内，李先生去办理入住手续，但该开发商提出如不签订结算变更协议、交接入住确认表、前期物业服务合同并交纳物业服务费，就不能办理验房和房屋交付手续；而李先生坚持先验房再签字。为此，房屋未能交付。后李先生将开发商起诉到法院，要求开发商支付延期交房违约金。而开发商认为房屋经竣工验收已经具备交付条件，但交付房屋是附条件的，要先签字交费才能拿到钥匙、办理验房入住，李先生至今未收房，系其个人违约所致。你认为法院会怎样判决此案？

知识内容

5.3.1　入住服务的内涵

入住是指开发商将已具备使用条件的物业交付给业主，同时物业服务企业为业主办理物业管理事务手续的过程。新建的房屋符合交付使用的条件，通过竣工验收合格后，开发商或其委托的物业服务企业应适时向业主和物业使用人发出入住通知书，按合同约定的时间办理入住手续。在办理入住手续时，物业服务企业应以方便业主为出发点，根据物业的实际情况，对业主提供指引，从而帮助业主得以顺利入住。这样不但能给业主留下美好的第一印象、提高业主或使用人的入住满意度，而且也是展现高质量、高水平的物业服务的良好契机。

5.3.2　入住服务前期准备工作

1. 地点、物资及人员准备

(1) 成立专门的入住服务项目小组。选定项目组的办公地点，采购相关办公设备、用品及标识，落实入住期间的后勤保障工作等。

(2) 设置项目组成员的工作岗位，拟定岗位职责、制订管理制度。研究制订集中入住的接待工作方案，对员工进行合理分工。

2. 文件准备

(1) 入住手续文件—入住通知书、入住手续书、房屋验收单、房屋质量整改通知书、楼宇交接书、住宅使用规约。

(2) 入住发放文件-业主手册、入住须知、装修管理办法、委托服务项目表。

(3) 入住记录-业主登记表、验房签收记录、入住资料登记记录、领取钥匙签收记录、委托服务登记表、入住收费记录。

入住材料与注意事项

3. 入住流程、入住仪式策划及应急预案的准备

(1) 确定办理入住手续的时间和地点，并确定通知到位。

(2) 设计并确定入住流程。目前一般采用集中入住的形式，提供一站式的服务，既方便了业主，也减少了零散入住带来的物业服务企业日常工作量。

(3) 应根据物业的实际情况策划入住仪式。无论规模大小，都应创造出喜庆欢快、和谐舒适的氛围，适当设置横幅、彩旗、标语和花篮等，让业主有回家的感觉。

(4) 制订应急预案。毕竟是大型群体性活动，应对可能发生的突发事件要制订安全应急预案，并组织相关人员进行应急预案的演练。

4. 交接准备

(1) 物业服务企业要与开发商及施工单位之间协调、沟通。由物业管理人员定期向开发商了解工程质量,并向开发商提出有利于物业使用的合理化建设方案,同时向施工单位在施工现场请教工程技术问题,避免日后在服务管理上走不必要的弯路。

(2) 物业客服人员要积极与物业管理行政主管部门、物价局、供电局、自来水公司、供热公司、燃气公司、地名办和电信局、有线电视等单位进行沟通协调,保证业主入住后水、电、气等的供应及正常通信、上网,解决业主后顾之忧。

(3) 加强保安与秩序维护力量。保安人员应对发生的纠纷能及时到达并处理,保证入住现场的公共秩序的正常。秩序维护人员对车辆出入及停放应进行指导,实行人车分流、现场道路规划合理,保证停车位足够,车位不够时可设置临时停车场并沿路设置路线引导标识。

(4) 做好环境卫生清洁工作。专人负责清扫室内外的卫生,清扫道路,绿化养护等,为业主入住建立良好的外部环境,保证入住服务现场的整洁。

(5) 培训入住服务人员。应有计划地从入住流程的熟悉度、入住工作的专业性以及服务的亲密感等三方面组织培训项目组服务人员。培训结束后,根据员工对流程熟练程度和仪表气质进行分组,可分为接待组、技术组(资料组、财务组)、验收组以及咨询组(见图 5-3)。分组后,各小组根据分组进行相关资料的准备工作,由小组长进行相关的具体培训和指导工作,务必做到熟练、礼貌和准确。其中,接待组负责接待当天办理入住手续的业主及物业使用人,应学习走路的姿态、引导手势和礼貌用语以及小区基本情况的掌握;技术组分为资料组和财务组,其中资料组负责核查业主身份并登记、签署文件及发放资料、钥匙等;财务组则负责费用的收取;验收组负责接待业主验房、收房,检查每个房屋内的再次清洁和水电工作;咨询组负责装修咨询和其他咨询工作,主要由物业服务企业客服主管和其他领导组成。

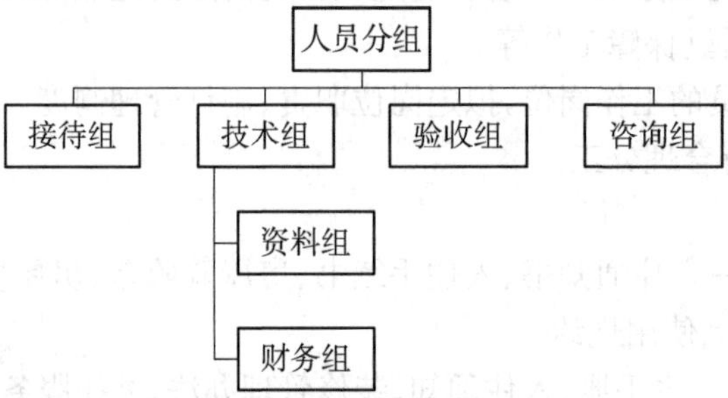

图 5-3　入住服务人员分组情况

(6) 布置接待现场,确保入住物资准确到位。通常来说,为了在办理入住时及时向业主提供便捷服务,应由入住服务人员将印刷资料、文件成品进行分类装进文件袋,并安排工程技术人员对施工单位移交的各类钥匙进行核对。如出现问题应及时向相关单位反映,尽快解决问题。确保在入住前一天各类现场及备用物资全部到位,并按照入住实施方案进行场地布置。场地要注意分为入住办事区和等候休息区两个区域,分别设置出入口,保证现场人流的顺畅。应根据入住流程和手续办理顺序设计人流动线,以方便业主为主。小区主入口应张贴入住服务的各项管理规定及小区道路路线图等;同时,从主入口通往现场沿途应设立车辆引导标识;现场入口应设立入住服务流程图及物业服务内容及收费标准公示板等。各类标识及公示板、宣传栏应醒目、清楚、准确，如有路线变化，需及时更换标识牌。

5.3.3　入住服务流程图

入住服务流程如图 5-4 所示。

图 5-4　入住服务流程图

1. 验证登记

(1) 验证。验证是入住服务人员对业主身份及其购房款等相关费用的核实确认过程。

(2) 登记。登记是入住服务人员指导业主填写业主信息登记表，并建档保存。登记须在验证环节后进行。入住服务人员应给予登记人具体的信息登记指导，要认真核对身份证、房号等信息，应保证填写的姓名与商品房购买合同所签署的姓名及身份证姓名一致；保证填写的房号与商品房购买合同约定的房号一致。要向业主告知本人及家庭成员联系方式的真实性对今后可能发生突发事件时避免或减少损失的影响作用，并提醒其家庭成员发生变化时应持户口本前来登记变更；联系方式变更时应第一时间通知物业服务企业及时更改，以保证联系畅通。

2. 房屋验收

房屋验收是业主在验收人员陪同下，对其所购置房屋的专有部分进行的质量验收。

入住服务期间，陪同并指导业主验收房屋是由物业服务企业、开发商、施工单位等成立房屋验收组负责的，向业主逐项介绍专用部分范围和设施设备配备、具体功能以及使用操作等；开通房屋的水、电、气、暖配套设施，并请业主查看登记水、电、气表起始数据；对自己购买的房屋的验收范围进行查验；逐个测试、核对所有钥匙；指导业主根据验收情况逐项填写业主(租户)房屋验收记录表。房屋验收没有质量问题的，请业主(租户)对房屋验收记录单签字确认。

3. 文件签字

在签署文件之前，入住服务工作人员向业主逐个介绍文件的主要内容及用途，指导业主正确填写。

4. 费用收取

业主按照前期物业服务合同约定应交纳当期物业费、停车位使用费，以及由物业服务企业代收代付的各项费用。

5. 文件发放

发放的文件主要包括住宅质量保证书和住宅使用说明书、业主(住户)手册、临时管理规约、物业管理区域各项管理规定等。发放前需核实文件袋内文件是否齐全。业主领取文件后须填写入住物品资料领取确认表。填写表格时，需提示业主领取的物品、资料不可遗漏；签名应与身份证、商品房买卖合同保持一致，防止漏签等。

6. 钥匙发放

钥匙发放需在业主房屋验收没有任何异议后，入住服务工作人员认真审核业主(租户)房屋验收记录单、入住手续书已签署文件及各项收费票据无误后，将象征房屋所有权的钥匙等交给业主。业主领取钥匙后，须在钥匙发放登记表上登记签字，还要向其交付小区门禁卡、电梯卡等。

7. 资料归档

业主入住手续办理完结之后，应将业主签署的文件及其他相关资料整理归档，按业主的栋号和房号进行建档编号，并妥善保管。

5.3.4 迁入迁出工作

在办理完入住手续后，业主签领钥匙，即可准备搬迁。在业主搬迁过程中，物业服务企业应做好如下工作。

1. 协助业主搬迁

物业服务企业一般可以通过以下两种方式协助业主搬迁：代请搬迁公司及提供搬迁服务。物业服务人员应积极主动地向业主提供迁入迁出服务，耐心回答相关事宜，急业主之所急，想业主之所想，为业主做好后勤保障。

2. 维持搬迁秩序

在业主搬迁过程中，应尽量避免由于时间集中而造成的混乱，搬运车辆应有专人指挥出入停放，并设置指示标识和车辆行驶停放标识，搬家物品或装修材料、装修垃圾等不得占用公共部位和道路，以避免发生交通事故及损坏花草公物的事件。按正常管理所需人员的 2～3 倍安排公共秩序维护人员，谢绝非办理人员进入物业项目。

3. 收取搬迁押金

在发放入住通知时，物业服务企业应会向业主收取搬迁押金。如果在搬迁的过程中，发生损坏小区道路、电梯及其他设施设备的事件，则根据实际损坏情况扣除部分或全部押金；如果未发生事故，押金如数退还。

4. 做好迁入迁出后的保洁工作

按正常保洁所需人员 2～3 倍安排保洁人员，不间断地做好室内外、楼内外及庭院、道路的卫生保洁，让业主入住时看到整洁的物业环境，但要注意不能影响打扰其余业主正常的生活。

实训任务

物业客户服务中心工作人员小王被临时抽调到了一个新的物业项目小组，这个项目小组就是为了迎接该物业项目的新业主入住而成立的，全权负责业主的入住服务事宜。如果你是小王，需要了解和掌握入住服务的哪些相关内容呢？

习题练习

一、多项选择题

1. 入住前期准备工作包括(　　)。

A. 地点、物资及人员的准备

B. 文件准备

C. 入住流程、入住仪式策划及应急预案的准备
D. 交接准备
2. 入住前物业服务企业需要和哪些部门进行沟通协调(　　)。
A. 开发商　　B. 供电商、自来水公司
C. 燃气公司　　D. 有线公司、电信公司
E 派出所
3. 根据对流程熟练程度和仪表气质对入住服务人员进行分组,可分为(　　)。
A. 接待组　　B. 技术组　　C. 验收组　　D. 咨询组
4. 入住服务流程包括(　　)。
A. 验证登记　　B. 房屋验收　　C. 文件签字　　D. 费用收取
E. 文件发放　　F. 钥匙发放　　G. 资料归档
5. 入住现场需要根据实际可以设立(　　)。
A. 车辆引导标识　　B. 小区道路路线图
C. 入住服务流程图　　D. 物业服务内容及收费标准公示板
E. 各类标识公示板

二、填空题

1. ________是指开发商将已具备使用条件的物业交付给业主,同时物业服务企业为业主办理物业管理事务手续的过程。
2. 入住手续文件包括________、入住手续书、________、房屋质量整改通知书、楼宇交接书、住宅使用规约。
3. 物业服务企业入住服务一般采用________形式。
4. 技术组分为________组和________组,其中________组负责核查业主身份并登记、签署文件及发放资料、钥匙等;________组则负责费用的收取。
5. 在发放入住通知时,物业服务企业应会向业主收取搬迁________。

三、简答题

1. 钥匙发放为什么在费用收取、文件签字后进行?
2. 前期准备中重点内容有哪些?
3. 入住服务需要准备什么文件?
4. 迁入迁出工作重点内容有哪些?

任务 5.4　二次装修服务管理

任务导入

业主或物业使用人入住以后,尤其是新建商品楼,几乎都需要对楼宇进行二次装修。因此,装修服务与管理是物业服务企业重要日常工作之一。同时,二次装修服务和管理也是物业服务企业难点工作之一,因为物业服务企业所提供的服务和管理不是行政管理,没有行政处罚

权，而是对业主有关装修注意事项的告知、对违反装修规定的行为的制止和制止无效时，向政府有关行政管理部门报告的 3 项义务。所以，在服务与管理的过程中，客服人员不仅需要专业细致、耐心地与客户进行沟通，还要注意严格把关、消灭隐患、及时整改。

任务情境

李先生在××小区买了一套二手房。因对原有装修不满意，入住之后就着手打算重新装修下。因其面积小，所以李先生准备在扩建客厅时把原来的承重墙拆除，但在给物业申请装修方案时并未提及这一点。施工过后客厅果然宽敞了很多。李先生得意扬扬，并把自己的经验介绍给邻居。物业服务企业得知这一情况后，详细检查了李先生的施工现场，要求李先生必须尽快恢复承重墙体原状。李先生拒不恢复，双方僵持不下。李先生认为，自己的房子装修自己说了算，物业服务企业只是指导，不能干预。物业服务企业认为，李先生的行为不是个人行为，会危害整栋楼的楼宇结构安全。如果你是物业管理人员，你会怎么处理这件事？

知识内容

二次装修服务管理是指物业服务企业对物业装饰装修过程的管理、服务和控制，规范业主和物业使用人的装饰装修行为，协助政府有关部门对过程中出现的违规违章行为进行处理和整改，从而保证物业设备设施的正常运行，维护全体业主的合法权益的行为活动。其流程如图 5-5 所示。

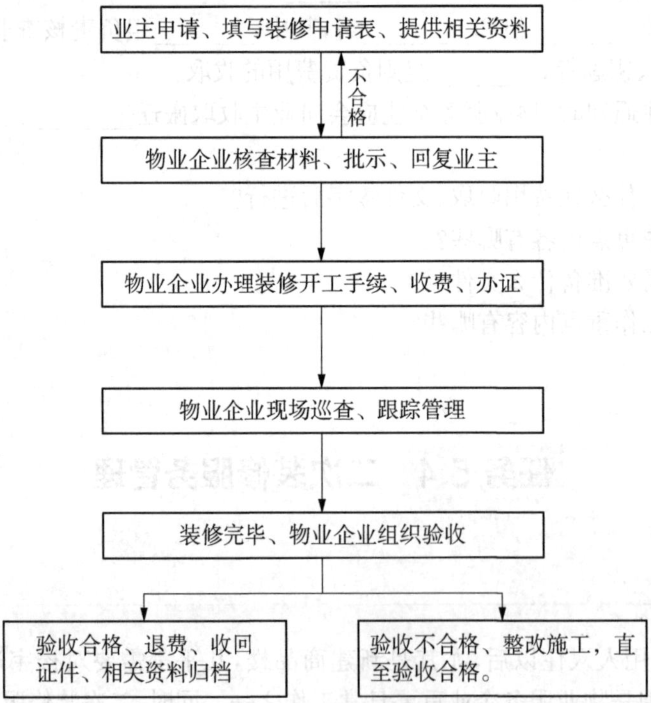

图 5-5　二次装修服务流程图

5.4.1 二次装修服务管理阶段

如上述装修服务流程图 5－5 所示，二次装修服务管理可大致可分为三个阶段：装修申请审批服务管理、装修过程跟踪服务管理和装修竣工验收服务管理。在每个阶段，工作人员须认真履行装修装饰相关法律法规及管理规定，对每个运作程序环节和常见问题要熟悉、了解，做到坚守底线、有理有据、主动沟通。只有这样，才能做好装修服务管理工作，得到广大业主及物业使用人的认可和支持。

5.4.1.1 阶段一：装修申请审批服务管理

业主办理完入住手续之后，就可以对房屋内部进行二次装修了。按照相关规定业主需要先向物业服务企业提供装修申请，经过审核并得到批准后，才可以开工。装修申请审批服务管理阶段包括如下几个环节。

1. 申请前的准备

在业主提出装修申请前，需要了解室内装饰装修的相关规定，及准备相关资料、文件。一般情况下，在业主入住时，客服中心就会向业主发放《住户装修管理规定》，以供业主装修了解之用。另外，客服中心也应备有相关装饰装修书面材料，如建设部下发的相关文件《室内装饰装修管理办法》等、室内建筑的平面图、室内管道、供电、给排水、通风、电信、消防等布局图，业主有需要也可向其咨询、索取。

在业主申请装修前，需要准备的资料有两大部分，由装修人和施工单位分别提供。需要提供的资料有：房屋所有权证明、申请人身份证及复印件、装饰装修设计图纸、装修施工单位资质证明、施工人员身份证原件及复印件和照片，原有建筑结构、水电气等改动的新设计方案、非业主使用人须提供业主的书面同意书及规定需要提交的其他文件资料。

2. 业主提出申请、物业服务企业核查、批复

当所有相关材料备齐后，业主可提出装修申请并提供所有资料以待物业服务企业核查。业主需要到物业服务企业填写装修申请表，客服人员应指导申请人逐项填写申请表，各项内容应准确无误。涉及水、电、气、建筑结构、消防等项目时，要求写清地点、位置、变动的原因、程度及尺寸等详细情况，必要时应附图纸资料。物业服务企业接到装修申请后，派遣专业人员按照业主所提供的资料与建筑实际情况确认与核实。同时，按照《室内装饰装修管理办法》的相关规定对业主提供的文件资料逐项进行审核，在规定的工作日（一般为 3 个工作日）内给予答复。核查通过后，物业服务企业通知申请人办理装修开工手续。核查未通过，须向申请人说明理由，并要求其限期整改，整改后再次提交相关材料以待核查，直至核查通过。对于超出核查范围的项目，报上级主管部门审批。

3. 为业主办理装修开工手续

装修申请审查通过后，业主及施工单位可以来到物业服务企业办理装修开工手续，并按照相关规定和程序办理证件、交纳费用及注意事项提醒。办理的证件一般有：①与业主签订《物业装饰装修管理服务协议书》《装修施工责任承诺书》《安全责任书》等，用于与装修人约定物业管理和装饰装修管理的相关事项，以书面形式将装修过程中的禁止行为和注意事项告知装修人及施工单位。②在装修人交纳完费用后发放《装修许可证》。装修人应将《装修许可证》粘贴在装修房间入户门上，以便物业服务企业进行装修现场巡查。③施工单位负责人须持装修许可证和施工人员身份证或暂住证复印件到物业服务企业交纳工本费，填写装修人员登记表，办理《施工人员出入证》。施工人员出入小区时，应主动出示出入证接受检查，并且工作期间应按照规定佩戴。除了以上证件外，如在装修过程中需要动火，还需要办理《动用明火许可证》等临时性证件。

交纳的费用一般有：①装修保证金（装修押金），用于保证装修人及施工单位严格遵守一切装修规定。若装修过程中由于野蛮施工、高空抛物、不清理垃圾、在不恰当时间和地点随意施工等原因造成损坏物业、破坏设施设备，甚至给他人造成生命及财产损失时，损失部分将从装修保证金里扣除。若装修过程中装修人员合法、合理施工，装修完工并验收合格后，保证金将于 3 个月内无息退还。②装修许可证和施工人员出入证工本费。③其他规定的物业管理费等，如渣土清运费。

除了办理证件外，物业服务企业应提醒装修人及装修单位注意装修时按照规定施工，尽量不要打扰周围住户正常生活、保持施工现场安全、整洁，以及准备消防器材备用。物业服务企业还应在装修手续办理完成后，到施工现场入户门外张贴装修公告，注明装修工期和对周围住户打扰等道歉言语。

注意事项：

- 物业服务企业在审核装修申请材料时务必详细认真，严格把关。对不符合相关规定的情况不予登记，且对申请人详细说明原因，具体指导其如何整改。
- 装修施工人员如需增加、留宿等特殊情况出现时，须由施工单位负责人到物业服务企业办理相应手续。对未办理相关手续私自进入小区或留宿情况一经发现，将按照中国治安管理相关规定严肃处理。对不按照规定使用、佩戴、涂改、私自借用出入证件的人员和行为，一经发现，将没收当事人证件并承担相应违约金，直至取消装修资格。
- 装修完工申请验收后，施工单位应到物业服务企业办理装修许可证及施工人员退出手续，收回、作废相关证件，对于出入证丢失的，按照相关规定处理。

5.4.1.2 阶段二：装修过程跟踪服务管理

装修申请得到批准并办完开工手续之后，申请人及施工单位就可以正式开始二次装修了。与前一阶段相比，由于装修施工已经开始，装修过程中极易出现各种不确定因素、违规操作导致的潜在危险及对其他住户正常生活的干扰行为。同时，物业服务企业、装修人及施工单位三方也极易发生冲突和矛盾。所以，这一阶段的服务管理是物业管理中难度比较大的一部分。为了全体业主的共同利益、保障建筑楼宇、公共设施设备的正常运行及消除隐患，工作人员必须规范装修行为，坚守岗位职责、知法依法、按章办事，但同时也要避免和业主发生正面冲突，尽量做到耐心沟通、劝告说服、灵活机动，提醒、纠正业主及物业使用人的违章违规行为，维护公共安全和公众利益。

装修施工过程中，工作人员需要特别注意施工时间、施工要求、材料及设备的管理、垃圾清运管理、防火管理、施工人员管理及环境、噪声管理等，其具体要求如下。

(1) 施工时间。为了保障其他业主的休息，一般节假日原则上不允许装修，如有特殊情况，应视具体情况相应缩短装修时间，重大节日如春节等不得进行施工。除此之外，一般装修时间也会因各地不同、季节不同而有不同规定，一般装修时间为：8:00—12:00，14:00—18:00。

(2) 材料及设备的管理。在装修材料和设备方面，需要对其重点控制和管理，包括以下几个关键点。

① 检查核对是否是物业服务企业审批同意的材料和设备。

② 是否在指定地点卸货、堆放。

③ 运输和装卸货物的车辆是否按照指定路线行驶并即停即走。

④ 对于有特别要求的材料和设备是否按照规定办理相关手续。

⑤ 散装材料须装袋；搬运材料或设备使用电梯时，应让其他业主先行，不得占用电梯。

⑥ 材料应及时搬进室内，不得堆放在走廊、楼梯间等公共场所。

⑦ 超重、超长及易损坏电梯的设备、工具等不得使用电梯搬运，必须走楼梯。

⑧ 材料搬运过程中如对任何公共设施如墙身、电梯、地板等造成损坏，将由物业服务企业安排修补，修补费用从装修保证金里扣除。

(3) 施工要求。

① 检查是否办理装修施工许可证、装修项目是否为物业服务企业核查过的项目，如没办理施工许可证需按程序申请、补办；如有新增项目需指导装修人及时申报。

② 检查是否按照批准的设计方案及相关要求进行施工，如发现未按方案施工，须提醒、纠正其违章违规行为。

③ 不可擅自改变房屋的柱、梁、板、承重墙、天花板、屋面防水隔热层、电气线路、给排水上下管道等。

④ 不可擅自刨、凿楼地面。

⑤ 不可擅自封闭和改变阳台用途，尤其底层住户不可在前阳台违章搭建。

⑥ 不可擅自改变门窗规格和墙面装饰。

⑦ 物业装修公共空间和室外统一要求，如空调室外机的统一设置、阳台栏杆的统一要求等。

⑧ 不得私接单元外公共用电及占用公共水电，安装大型耗电电器应先经申报同意。

(4) 垃圾清运管理。

① 装修垃圾须按照物业服务企业指定时间、地点和方式进行堆放和处理，由物业服务企业统一清运。

② 垃圾需袋装清运，不能在途中随地泄漏，保持所经公共场所干净。

③ 没有装袋的垃圾先存放自己户内，不得占用走廊、楼梯间、电梯间及大厅等公共场地，更不允许随意堆入堆放场地。

④ 严禁向窗外、阳台外抛撒垃圾、严禁将垃圾倒入下水道，若造成高空抛物或排水管道堵塞所引起的一切后果，施工人员需承担所有责任。

(5) 防火管理。

① 检查防火设备是否配备且有效，检查有关操作是否符合防火安全要求。

② 施工现场严禁使用煤气炉、电炉等，如未提交动用明火申请，严禁使用明火。施工现场禁止吸烟。

③ 检查电线接入是否安全、电源开关、电器插头是否安全。

④ 检查装修是否影响燃气管道和设施，是否擅自移动或改动燃气管道和设施。

⑤ 严禁擅自损坏消防门及动用消防设备设施。

⑥ 动火作业周边忌有易燃物品。

（6）施工人员管理。

① 检查施工人员是否按照规定佩戴出入证，是否在约定时间、指定装修现场区域作业。

② 施工人员留宿是否办理留宿手续，未办理者补办或者按照规定执行。

③ 禁止施工人员在工地内吸烟、点火或者携带、储存易燃易爆物品。

④ 禁止施工人员在公共区域或其他楼层闲逛、衣冠不整、大声喧哗、赌博、酗酒或者其他与施工无关的行为。

⑤ 禁止在施工区域或公共区域大小便，应使用指定卫生间，禁止将装修垃圾倒入下水道。

（7）环境、噪声管理。

如在装修过程中出现强烈的噪音和刺激性的气味，物业服务企业要提醒、阻止，避免影响其他业主的生活和休息。装修户外要保持干净整洁，施工时应关闭户门，减少粉尘和噪声对邻居的影响。

在装修施工跟踪检查过程中，违章违规装修行为一经发现，应立即提醒、制止和纠正装修人和施工单位，可发出整改通知单限期整改。如果装修人和施工单位拒不改正，造成不良后果的，装修人须承担全部责任，必要时物业服务企业应及时报告有关行政管理部门依法处理。如出现紧急情况，如遇燃气泄漏、下水道堵塞或者主管道漏水，应马上组织救援和处理，事后再查明原因由责任人承担责任，其具体内容如下。

① 若发生装修违章，装修单位为第一责任人，装修人为第二责任人，两者对装修违章负有共同责任。

② 凡未申报登记擅自开工的，或在申报登记时提供虚假资料的，责令改正，补办手续。

③ 不按照相关部门的技术要求进行装修的，由装修人、装修单位改正。

④ 装修施工现场未配备消防灭火器的，由装修人改正；拒不改正的，报消防部门处理。

⑤ 擅自改动、暗藏燃气管道设施的，由装修人、装修单位改正。

⑥ 不遵守装修时间限制的，责令装修人、装修单位改正。

⑦ 影响建筑物结构或使用安全进行装修的，应由装修人和装修单位限期改正，造成损害的，装修人与装修单位连带承担赔偿责任。

⑧ 违章堆放、清运装修垃圾的，由装修人改正。

⑨ 对违章装修，物业服务企业有权根据情节轻重对责任人作出如下处理：

a. 责令限期修复、纠正；

b. 责令停工。

⑩ 为减少违章现象的出现，应督促业主和物业使用人阅读理解装修管理规定和小区管理规定，并分清各自责任，由装修人、装修单位和物业服务企业三方在装修申请表上签字。

⑪ 装修人未申报登记就进行室内装饰装修活动的，由所在城市房地产行政主管部门责令改正，处 500 元以上 1 000 元以下的罚款。

⑫ 装修人违反《住宅室内装饰装修管理办法》规定，将住宅室内装饰装修工程委托给不具有相应资质等级企业的，由所在城市房地产行政主管部门责令改正，处 500 元以上 1 000 元以下的罚款。

⑬ 物业服务企业和相关管理部门的责任

a. 物业服务企业发现装修人或者装饰装修企业有违反相关法规规定的行为不及时向有关部门报告的，由房地产行政主管部门给予警告，并处装饰装修管理服务协议约定的装饰装修管理服务费的 2～3 倍的罚款。

b. 政府行政主管部门的工作人员接到物业服务企业对装修人或者装修单位违法行为的报告后，未及时处理，玩忽职守的，应依法给予行政处分。

注意事项：

- 装修过程中如有邻居业主投诉其施工扰民，客服中心应反馈给装修人和施工单位，提醒其注意、改正。同时安抚业主，耐心沟通，争取业主的体谅。
- 现场巡查人员务必对装修项目的设计图纸及审批文件进行了解，巡查前应仔细查看，并按审批内容逐项检查，同时对违规行为的形式和应对措施要熟悉、掌握，做到心中有数。
- 如果有必要，可把违章违规行为以合适的形式记录下来，如拍照、录视频等，重大问题应汇报上级并等待进一步处理。

5.4.1.3　阶段三：装修竣工验收服务管理

当业主装修完毕后，须向物业服务企业提出装修竣工验收申请，物业服务企业派遣专业人员进行装修竣工验收服务管理。验收合格后，财务结算、收回相关证件，才代表二次装修工程彻底结束。若验收不合格，装修人和施工单位须限期整改，直至验收合格。俗话说，编筐编篓，重在收口。本阶段是物业装修服务管理最后一个环节，任务重、责任大，物业服务企业应按照流程一一对装修情况进行检查、复核，督促违章违规行为整改，把好最后一关。其具体流程如图 5-6 所示。

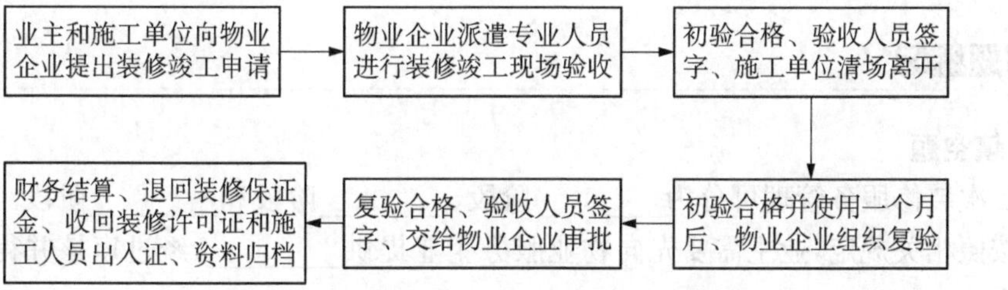

图 5-6　装修竣工验收申请、审核流程图

（1）由于装修人和施工单位都是责任人，对装修违章负有共同责任，因此，由双方共同向物业服务企业提出装修竣工验收申请。

（2）物业服务企业接收到竣工验收申请后，一般当日即可组织专业验收人员对装修项目进行现场验收。值得注意的是，不是对装饰装修质量是否合格的验收，而是以装修审批文件内容为依据的、对装饰装修行为的审核，如是否按照审批方案施工、是否危及物业安全等事项，一般分为室内和外观两部分。

（3）竣工验收合格由验收人员在《工程竣工验收申请表》里指定位置签署“初验合格”，并签署姓名和日期，施工单位当日就可清场离开。如发现违章违规情况，限期整改再次验收直至合格。

(4) 装修项目初验合格并交付使用1个月后，物业服务企业组织复验。

(5) 复验合格，验收人员在《工程竣工验收申请表》里指定位置签署“复验合格”，并签署姓名和日期，并提交物业服务企业审批。

(6) 审批无问题，财务部对本装修项目进行费用结算。如装修过程中出现违章违规行为，按规定做出估价，列清扣款数额，经上级审批后将扣款清单提交给装修人，财务部留下一份存档并将扣款金额在装修保证金里扣除。除此之外，如使用水电的费用、有相关证件且施工人员出入证丢失，视实际情况需要交纳违约金的，一并在装修保证金里扣除。装修保证金数额不足的，装修人需要将金额补足。若装修人和施工单位对扣款金额有异议拒不交纳者，可向相关行政部门提出处理申请。

(7) 客服中心收回该装修项目装修许可证、施工人员出入证等相关证件，将装修资料进行整理、归档。

装修服务管理所需的各种材料

注意事项：

- 对装修过程存在违章违规行为，没有得到整改或纠正前，不得进行验收。

实训任务

任务一：幸福物业小区大部分业主已经入住了，业主李新也是其中一位。一天，他来到客服中心咨询装修的相关事宜，请你为他把装修的流程及注意事项介绍一下吧！

任务二：几天后，李新来到客服中心正式提出装修申请，请你扮演客服人员小王，为业主李新办理装修申请的各项手续。

习题练习

一、填空题

1. 二次装修服务管理可分为________阶段、________阶段和________阶段。

2. 按照相关规定，业主需要先向物业服务企业提供________，经过审核并得到批准后才可以开工。

3. 为了保障其他业主的休息，________原则上不允许装修，一般装修时间也会因各地不同、季节不同而有不同规定，一般装修时间为：________；________。

4. 当业主装修完毕后，须向物业服务企业提出________。

5. 装修项目初验合格并交付使用________后，物业服务企业组织复验。

二、多项选择题

1. 装修人需要提供的资料有(　　)。

A. 房屋所有权证明

B. 申请人身份证及复印件

C. 装饰装修设计图纸

D. 装修施工单位资质证明

E. 施工人员身份证原件及复印件和照片

F. 原有建筑结构、水电气等改动的新设计方案

G. 非业主使用人须提供业主的书面同意书及按规定需要提交的其他文件资料

2. 办理装修开工手续时,办理的证件有(　　)。

A.《物业装饰装修管理服务协议书》

B.《装修施工责任承诺书》

C.《安全责任书》

D.《装修许可证》

E.《施工人员出入证》

3. 在装修材料和设备方面,重点控制和管理包括(　　)。

A. 检查核对是否是物业服务企业审批同意的材料和设备

B. 是否在指定地点卸货、堆放

C. 对于有特别要求的材料和设备,是否按照规定办理相关手续

D. 散装材料须装袋

E. 搬运材料或设备使用电梯时,应让其他业主先行,不得占用电梯

F. 材料应及时搬进室内,不得堆放在走廊、楼梯间等公共场所

4. 施工人员管理应注意(　　)。

A. 检查施工人员是否按照规定佩戴出入证,是否在约定时间、指定装修现场区域作业

B. 施工人员留宿是否办理留宿手续,未办理者补办或者按照规定执行

C. 禁止施工人员吸烟、点火或者携带、储存易燃易爆物品

D. 禁止施工人员在公共区域或其他楼层闲逛、衣冠不整、大声喧哗、赌博、酗酒或者其他与施工无关的行为

E. 在施工区域或公共区域大小便,应使用指定的卫生间

F. 禁止将装修垃圾倒入下水道

5. 防火管理应注意(　　)。

A. 检查防火设备是否配备且有效,有关操作是否符合防火安全要求

B. 施工现场严禁使用煤气炉、电炉等,如未提交动用明火申请,严禁动用明火。施工现场禁止吸烟

C. 检查电线接入是否安全;电源开关、电器插头是否安全

D. 检查装修是否影响燃气管道和设施,是否擅自移动或改动燃气管道和设施

E. 严禁擅自损坏消防门及动用消防设备设施

F. 动火作业周边忌有易燃物品

三、简答题

1. 装修巡查发现某施工人员从事与施工无关的事情应如何管理?

2. 签署《装修施工责任承诺书》和《安全责任书》的意义是什么?

3. 装修过程中如遇到业主投诉应怎么处理?

4. 装修人及装修单位没有按照物业服务企业审批的方案进行施工应如何处理?

任务 5.5 社区文化活动的策划

任务导入

随着我国居民物质生活的提高，对精神生活的要求也提上了日程，这就要求物业服务企业在做好日常管理和服务的同时，也要重视社区文化活动的建设，满足小区居民在闲暇之余放松身心、沟通邻里、学习充电、共同创建社区和谐氛围的需求。社区文化活动的顺利开展也是衡量物业服务企业工作质量的重要指标，能够增进业主和企业之间的和谐关系，提高业主满意度。

任务情境

××国际社区亲子迎春趣味文化活动

春节将至，国际社区将于1月23日(周二)上午9:30举办“开卷润新春悦读辰龙年”亲子迎春文化活动，活动环节如下：

(1) 亲子阅读，由少先队小志愿者分享书籍——《中国传统节日故事绘本》；

(2) 邀请沈阳市民间艺术家于启全老师，带领大家体验捏面塑的非遗活动；

(3) 科普及体验传统游戏，例如：跳皮筋、打口袋、跳房子、踢毽子等；

(4) 孩子分享自己的成长故事及童年经历，促进孩子自信心和表达能力提升；

(5) 由爱尔眼科为所有到场参与活动的人员进行视力筛查。

本次亲子活动名额有限，欢迎大家踊跃报名！

××国际社区

1月15日

知识内容

除了日常服务与管理外，物业客服中心应根据社区实际情况进行一系列的策划、宣传、组织及开展社区文化活动。社区文化活动的开展，从业主个体方面来说，尤其是群体类活动的开展，能够使小区业主有机会了解其他邻居，加强邻里间的沟通，找到志同道合的伙伴和同志；一些文体类的活动开展可以起到强身健体的作用，形成积极向上的精神风貌；一些知识技术类、文学类、经济类的讲座等活动开展可以使小区业主在闲暇之余加强学习、充电，充实自己、提高自身素养。总而言之，社区文化活动的策划与开展，无论是对哪个年龄段、何种工作、学历及身份背景的个体成长都是颇有助益的。从整个小区层面来看，社区文化活动的开展有利于构建和谐社区、营造和谐社区氛围。它对群体里的所有人都起着渲染和影响作用，从而形成一种核心凝聚力，这种凝聚力不但可以增加业主对社区的满意度和忠诚度，还有助于坚定潜在消费者的购买信心。

从社会宏观层面来看，发展社会文化，是促进整个社会政治、经济、文化和生活各方面有序、良性互动的重要举措，而物业服务企业，作为一个重要的文化建设基地，负有坚定的文化建设和传播使命和不可推卸的责任。物业服务企业是社区文化的能动建设者，同时，企业文化也是社区文化的重要组成部分。物业服务企业要起到引领和示范作用，促进企业文化和社区文化之间的互动，倡导社会、社区、企业、家庭、个人的互利、互惠，共建人类美好生存环境的主流文化，形成坚固的群体凝聚力和共同的价值目标，从而更好地为中国特色的社会主义核心价值观的建设添砖加瓦。

社区文化活动的主题类型

5.5.1 社区文化活动方案的制订和设计

由于开展活动是需要大量人力、物力和精力的投入，且受到很多因素的影响，因此，在每次开展社区文化活动前，务必要提前做好活动方案的制订和策划，并反复进行修改直至完善，这样会确保活动能够有条不紊地实施，获得预期的活动效果；否则不但达不到效果，让业主大失所望，而且有损物业服务企业形象。

5.5.1.1 制订方案前的准备活动

通常，社区文化活动开展前要考虑以下因素。

(1) 确定主题。主题是对活动策划内容的高度概括，应以简洁、明确、提纲挈领的文字概括，以便宣传和记忆。确定活动主题的过程就是把目标转化为具体活动的过程，每一个目标都可以分成若干内容相关的具体活动主题，这些活动主题相互有机联系。主题表现形式多样，可以是一句陈述、一个表白或是一句口号。

(2) 经费预算。为了确保活动的顺利开展，经费预算务必做好，提高资金使用率。要尽可能详细地列出经费支出条目，使金额具体化。活动要考虑到经济性，把经济利益和效率巧妙地结合起来，即用最少的经济投入实现社区文化活动的目标。活动经费的来源通常有以下几个来源：①物业服务企业专项活动经费。②可以向参与对象适当收取费用。③寻求赞助商赞助。

(3) 活动时间、地点。根据活动类型、特点及方便参与者等实际情况考虑，要选择合适的活动地点和时间。通常，社区户外场地为活动场所的优先选择，如社区中心广场等。如有大型活动，社区户外场地不够用，可租借合适的场所，但是注意交通方便、便于参与者到达。时间一般要避开工作日及午休等时间，也不宜过早或过晚，以免影响业主的正常休息。活动时长也要考虑活动类型和参与者的体力等因素，以适当为宜。

(4) 人员配备。可在客服中心下设社区文化活动专职人员，或下设专门社区文化活动项目组，负责整个社区文化活动的开展和文化环境建设，主管活动方案制订、策划到组织、实施和结果反馈全部环节和事项。当业主对社区文化活动或建设有建议或意见时，就可以直接与专职人员沟通。如专职人员不够用，可借调其他部门工作人员或聘请热心业主共同组成项目组。

(5) 活动对象分析。选择需要分析的活动对象，掌握活动参与对象的资料，分析其需求，包括活动参与对象年龄、性别、兴趣、爱好等内容，考虑到活动参与对象的特征。

(6) 物资供给。每次活动的物资和材料的后勤保障到位、及时、充足。

(7) 制度保障。物业服务企业需建立完整的关于社区文化活动开展的制度、运作规范和大型活动安全应急预案。同时，注意活动的组织、策划必须符合现行法律法规、政府的方针政策等。

5.5.1.2 活动方案设计的格式和内容

通常社区文化活动方案包括：背景、目标、主题、形式、时间、地点、参与者、组织者、邀请嘉宾、活动内容及程序、奖品设置、后勤保障、费用预算等。

活动方案设计的格式为：标题、导语、正文及落款四个主要部分，可参照案例。

“迎春节”社区文化活动方案

5.5.2 社区文化活动的组织和开展

策划工作完成后，就进入了活动组织和开展阶段。这一阶段包括宣传、活动开展和结束等环节。

5.5.2.1 活动宣传

策划工作完成后，就进入宣传阶段了。俗话说，良好的开端是成功的一半。宣传工作做到位，整个活动才会开展得有声有色，达到或超出预期效果。客服中心一般在公告栏上以通知或邀请函的形式向业主进行宣传，一般在开展前 10～15 天发出，留给业主足够的思考和准备时间。另外，要注意通知设计要新颖醒目、图文并茂，如何在色彩、排版和内容上吸引眼球，需要一些技巧和艺术。

发布公告的同时，可以动员一些业主积极分子协助宣传，提高社区业主的参与热情。可以安排专人在小区主路和小区大门口散发活动的宣传单和宣传资料。可在通知里留有活动热线，安排专人答疑解惑；也可在业主到客服中心来访时，顺便宣传即将开展的活动，热情邀请业主参加等。

5.5.2.2 活动开展

活动开展期间，依照活动方案计划组织开展各项活动。注意现场秩序的维护，组织活动参与者填写活动人员登记表，引导参与人员在指定位置就座，确保活动现场的安全。如出现意外事件导致现场混乱，要紧急启动安全预案，引导现场人员安全快速撤离。要组织进行现场报道，对活动过程进行影像资料留存，及时进行必要的业主观众采访，搜集报道素材。

5.5.2.3 收尾结束工作

活动结束后，要组织人员开展活动现场的清扫工作。可将活动的精彩瞬间公布在社区宣传栏内，增强活动效果，为下次活动起到先导宣传的作用。注意收集业主对本次活动的评价，作为日后开展社区文化工作的参考。将本次活动的资料收集并整理、归档保存。

注意事项：

- 社区文化活动应满足不同层次、不同类型文化品位的业主的需求，这就需要客服人员在活动策划前做好社区调研工作，了解业主真正需要得到什么样的文化服务。积极通过各种渠道征询业主的建议和意见，邀请业主参与策划、组织和参与各类活动，不局限于活动期间，应该当作一项长期的工作。

• 策划方案必须安全可行。策划内容必须符合相关法律法规、政府的相关政策规定。以科学理论为指导，不能盲目只图新鲜创意而忽视参与者的安全因素。

• 如因特殊情况需要调整活动方案，应及时写出书面说明和调整后的计划，由上级审核、备案。如按照之前的方案已经发布活动通知，应及时更正通知信息并采取措施告知所涉及人员，尤其是业主。

实训任务

一年一度的中秋节日即将来到，××物业服务企业准备筹办一次有关“迎中秋”主题的社区文化活动，请你扮演客服人员小王策划、组织一次有关传统节日的社区文化活动吧！

习题练习

一、多选题

1. 社区文化活动的主题类型包括（　　）。

A. 体育类　　B. 艺术类　　C. 康体类

D. 文学类　　E. 经济类

2. 制订方案前应准备（　　）。

A. 确定主题　　B. 经费预算　　C. 活动时间和地点

D. 人员配备　　E. 活动对象分析　　F. 物资供给　　G. 制度保障

3. 通常社区文化活动方案包括（　　）。

A. 背景和目标　　B. 主题和形式　　C. 时间和地点

D. 参与者和组织者　　E. 活动内容和程序　　F. 奖品设置和费用预算

G. 后勤保障

4. 活动宣传的方式包括（　　）。

A. 可以动员一些业主积极分子帮助宣传

B. 可以安排专人在小区主路和小区大门口散发活动的宣传单和宣传资料

C. 可在通知里留有活动热线，安排专人答疑解惑

D. 可在业主到客服中心来访时，邀请业主参加等

二、判断题

1. 艺术类社区文化活动是内容最广泛、也是实际工作中运用最多的形式。（　　）

2. 文学类社区文化活动是具有社会效应的活动。（　　）

3. 太极拳属于康体类社区文化活动。（　　）

4. 活动方案设计的格式包括标题、导语、正文部分及落款四大部分。（　　）

5. 活动宣传一般在活动开展前两三天发布就可以。（　　）

三、简答题

1. 物业服务企业举办社区文化活动的意义是什么？

2. 物业服务企业一般在什么时间举行社区文化活动？
3. 在活动开展的过程中，发生意外事件怎么处理？
4. 业主一般会在哪里接收到文化活动的通知？

任务 5.6 办好社区宣传栏

任务导入

社区宣传栏是旨在普及科普健康知识、传达相关精神、丰富业主业余生活、宣传健康生活方式、树立良好道德新风尚、促进小区精神文明建设而设立的。社区宣传栏的建设是社区文化建设的缩影与载体，承载着整个小区的精神文明风貌，也是衡量物业服务企业社区文化建设工作的重要标杆之一。宣传栏通过展示的内容，引导人们树立正确的价值观和意识形态，推动社会的和谐稳定发展。

任务情境

关于“中秋、国庆”双节期间的温馨提示

尊敬的国际城业主(住户)：

您好！

“中秋、国庆”双节假期即将来临，为了维护园区整体环境，给业主营造一个宁静祥和的居住氛围，让您假期出行更安心省心，物业服务中心提示如下：

1. 9 月 29 日至 10 月 6 日期间园区禁止一切装修活动，以确保节日期间有一个安宁、和睦氛围，10 月 7 日恢复正常；

2. 外出尽量结伴而行，少与陌生人接触，多留意自己的钱包、手机、饰品等贵重物品。提高自我保护意识，家中不宜放置贵重物品，出入时随手关闭自家房门；

3. 当您驾驶车辆进入园区时，请将您的车辆停放在停车位上，避免占用消防通道，防止车辆刮伤、碰伤事件发生，同时关好车窗、车门，并及时上锁；

4. 禁止高空抛物以免伤及他人，远离楼宇外立面行走，要提高保护自己及保护他人的安全意识；

5. 业主出行请注意居家安全，出行前关闭好室内电源、水阀、燃气灶具等，以免造成不必要的损失；

6. 消防安全时刻警惕，安全文明从我做起，禁止电动车上楼及楼道内飞线充电。

物业服务中心电话：××××

北京××物业服务有限公司沈阳分公司××国际城物业服务中心

2023 年 9 月 27 日

知识内容

5.6.1 社区宣传栏内容的设计要求

社区宣传栏内容的主题类型

（1）宣传栏的内容发布要有计划性，要提前策划、准备，要做到国家重要精神及时传达、活动通知类消息及时告知、新风尚新典型及时宣传、日常管理充分体现、重大节日宣传庆祝。

（2）宣传栏设计要做到定期有更新、内容有创新，保证信息的新鲜度和有效性。不同版面、不同类型的内容合理搭配，可采用分栏式设计，将不同主题内容分别展示，简洁明了、重点突出。

（3）宣传栏的画面是吸引观众注意力的关键，必须制作精美。首先需要选用清晰度高的图片和文字，图文并茂。其次可以运用设计手段增强画面效果，例如采用鲜艳的色彩、灵活的布局等。此外还可以加入动态效果，例如轮播、动画等。

（4）宣传栏应具有良好的视觉效果和易读性，字体清晰、字号适中，方便业主远近观看。背景色调和谐、与社区环境、内容主题相协调。如党建主题宣传栏，需要用红底色进行烘托。

（5）可以采用标题、正文、摘要等方式，将主要信息呈现出来。对于较为复杂的宣传内容，可以分步骤呈现，以便观众理解。同时，尽量避免内容重复或冗杂，以免影响信息传达效果。

5.6.2 宣传栏的安装要求

（1）宣传栏应选择在社区业主经常出入的地方，如小区门口、楼栋门口、社区广场、物业服务企业门口等，以方便业主阅读和获取信息。

（2）宣传栏的规格和尺寸要根据实际需求来确定，要确保宣传栏的大小能容纳各类宣传内容，同时不要过小或过大。

（3）宣传栏的材质选择应该考虑到使用时的耐用性和美观性。常见的宣传栏材质有金属如不锈钢、塑料、玻璃等。采购的材料应该符合要求，并具有相应的防水、防风、防晒等特性。根据需要来选择材质，确保宣传栏在使用中能够长时间保持完好的状态。

（4）在宣传栏制作上，还要看宣传栏的造型。要根据展示的内容和布置场所，来选择宣传栏的造型。好的造型才能有效吸引受众的关注眼光，还可以优化成本投入。

（5）宣传栏制作完成后，进行安装和调试工作。安装过程中，需要确保宣传栏的稳固性和安全性。调试过程中，需要确保宣传栏能够正常显示宣传内容，并能够顺畅地更新内容。

5.6.3 宣传栏的更新与维护

-建立相应的管理制度和责任制，安排专人负责；

-定期清理宣传栏上的杂物和垃圾，做好防水、防风和防晒工作；

-检查宣传栏的结构和材质是否存在损坏或安全隐患；
-检查、更新、撤换宣传栏上的内容，确保时效性和有效性；
-定期检查宣传栏的运行状态，尤其是电子宣传栏，防止出现故障和设备老化。

5.6.4 宣传栏的效果评估和意见反馈

在宣传栏建设完成一段时间后，需要进行效果评估工作。可以通过调查问卷、观察目标受众的反应等方式来评估宣传栏的实际效果。根据评估结果，对宣传栏的使用情况进行调整和改进，以实现更好的宣传效果。

-设置留言板或投诉建议箱，收集居民的意见和建议。
-定期组织宣传栏内容评选活动，增加居民的参与性。
-设立宣传栏管理的微信群或网站，方便居民与管理员的交流和互动。

最后，应对每期的宣传栏进行编号和登记，记录出版日期、刊数、内容等信息，并拍照、备案存档。

实训任务

最近国内频发地震，请你根据这个时事主题为幸福小区设计一个有关应急避震、逃生自救的知识科普宣传栏吧！

习题练习

一、多选题

1. 社区宣传栏内容的主题类型包括(　　)。

A. 科普类、健康知识类　　B. 文件精神、公告类
C. 活动信息、通知类　　D. 新典型、新风尚宣传类
E. 新闻及意见征询类

2. 社区宣传栏内容的设计要求包括(　　)。

A. 宣传栏的内容发布要有计划性
B. 设计宣传栏要做到定期有更新、内容有创新
C. 宣传栏的画面应制作精美
D. 宣传栏应具有良好的视觉效果和易读性

3. 宣传栏的更新与维护包括(　　)。

A. 建立相应的管理制度和责任制，安排专人负责
B. 定期清理宣传栏上的杂物和垃圾，做好防水、防风和防晒工作
C. 检查宣传栏的结构和材质是否存在损坏
D. 检查、更新、撤换宣传栏上的内容，确保时效性和有效性
E. 定期检查宣传栏的运行状态

二、简答题

1. 如何接收业主对宣传栏的意见反馈？
2. 宣传栏的安装要求有哪些？
3. 如何利用宣传栏进行新典型、新风尚类的主题宣传？

任务 5.7　物业服务费用的催缴

任务导入

在客服中心的日常工作中，物业服务费用的催缴工作既是重点，也是难点。很多客服人员尤其是新入职的工作人员，会认为催缴费用中与业主的沟通很困难，费时费力还达不到费用收缴的既定目标，完不成任务。这就需要客服人员充分了解收缴物业服务费用的法律依据、业主或物业使用人欠费的原因，做好收缴前的准备工作和沟通工作，尤其是掌握相关催缴技巧。

业主或物业使用人可能会拖欠的费用通常包括物业管理服务费、水电费、维修基金及车辆场地使用费等。其中，物业管理服务费的催缴工作问题尤为凸显，是催缴工作中的老大难问题。

任务情境

2011 年 11 月 19 日，某小区业主委员会与某物业公司签订委托合同，合同约定某小区业主委员会将某小区委托于某物业服务企业进行物业管理，委托管理期限为 5 年。李某系某小区业主，截至 2012 年 5 月份的物业费李某已付，2012 年 6 月至今的物业费未付。于是物业服务企业直接向人民法院起诉要求李某交纳 2012 年 6 月至今的物业费。

李某辩称，某物业服务企业违反了物业服务合同的约定和相关法律规定，未对物业综合管理工作尽到义务，自己从未收到某物业服务企业催交物业管理费用的书面通知事实，依据相关法律规定，未经书面催交的，有权拒交物业费。

知识内容

物业服务费费用催缴的法律依据

物业服务费用欠费的原因

5.7.1　费用催缴前的准备工作

1. 心态及礼仪准备

(1) 平静心态、练习微笑、精神面貌要活跃、亲切。
(2) 服饰干净、整齐，发饰、妆容得体大方，佩戴工作牌。
(3) 注意使用礼貌语言。
(4) 电话沟通时注意音量、音调、音速适中、吐字清晰。

2. 文件准备

(1) 业主通信录或业主基本信息。

(2) 业主的满意度调查、日常接待、报修、投诉、社区活动参与等相关资料。

(3) 业主欠费明细表、点钞机、微信、支付宝二维码。

(4) 回访记录表、催费记录表。

3. 沟通准备

(1) 准备好交谈切入点,如维修完成、投诉处理完成、社区文化活动意见征询等切入物业服务费用催缴。

(2) 整理好催费相关常见问题及解决思路。

(3) 注意催费时间。避免在业主吃饭或休息时联系。周末前缴费时机较好,便于业主周末前来缴费。

5.7.2 物业服务费用催缴技巧

物业服务费用的催缴流程

1. 对缴费通知无异议的业主

(1)清楚告知其欠费金额、欠费时间,以便其做好缴费准备。

(2) 告知其缴费截止日期,必要时可告知滞纳金事宜。

(3) 确定缴费时间。最好不要询问业主何时方便过来缴费,应主动让业主选择让其作答。如:李先生,您看您是周六还是周日过来?确定日期,紧接着确定具体时间点。您是周六早上还是下午过来?

2. 对缴费通知有异议的业主

(1) 异议一:对物业管理费收费起始时间不认可。

解决办法:耐心倾听,找出其问题的关键点,在表示理解对方的同时,解释物业管理费收费期限的标准。如业主已签合同,应按合同里规定的交房期开始收费。向其解释物业前期已开始服务,且工程遗留问题属正常问题,可在收楼后维修完成。

(2) 异议二:未入住能否少交物业管理费。

解决办法:向其解释物业服务提供的对象不是个别住户而是全体业主,即使未入住也需照常缴费。国家法律规定,空置房的物业管理费全额收取。必要时拿出国家关于空置房物业管理费收取标准的法律条文。

(3) 异议三:业主无时间未收楼。

解决办法:委婉指出这是业主的问题,不收楼不代表可以不按合同约定交物业管理费。

(4) 异议四:工程遗留问题未得到彻底处理。

解决办法:① 向业主解释工程遗留问题,尤其是小问题属正常问题。收楼后物业服务企业会敦促地产公司进行整改,且在维修期内,对于业主所提问题开发商都会负责安排维修。对于那些确实可以维修的小问题,在向开发商确认时间后可对业主作出维修完成期限承诺,让业主先行安心缴费。如有业主坚持处理完工程遗留问题才缴费,针对此类情况,催缴后应马上跟进该户问题的处理,越快越好。处理好问题,和业主告知后让其缴费。

② 在与业主沟通的过程中,应反复解释我们的工作流程,特别是从业主报修到维修完成期间我们的工作流程。目的在于向业主表明我们工作的规范和严格,争取让业主理解和支持

我们的工作。同时,在沟通过程中,向业主表明他的问题会被得到重视、会有人负责到底的态度和决心。

(5) 异议五:对物业服务有意见。

解决办法:① 对某个员工的服务有意见。表达歉意,做出改善的态度并回馈改善方式和结果。

② 对某项服务的不满意,如电梯、楼道卫生、绿化等不满意。告知业主马上做出整改并感谢业主的宝贵意见,同时可以询问业主对我们的服务还有没有其他意见或宝贵建议,让业主感受到我们的诚恳和对工作负责的态度,缓和其内心的抱怨或不满情绪。

③ 抱怨配套设施不完善。站在业主的角度,表达对业主的理解,同时耐心向业主承诺物业服务与配套设施的关系和区别。如配套设施属开发商的问题,必要的时候可向业主解释开发商和物业是各自独立运营的两家公司,但我们会和开发商反映此类问题并跟进。针对业主的抱怨,应向业主表明态度,将把业主的心声反映给公司领导,领导会与相关单位进行沟通,维护业主的合法权益。

3. 费用催缴记录沟通结束后做好记录,以便下次跟进。

对于对缴费有意见不缴的业主,做好详尽的记录,便于下次回访有良好的切入点。在下次回访之前,就业主提出的问题或意见作出整改或回答准备。再次沟通时,汇报完整改情况后,继续向业主发出缴费邀约,确定缴费时间。在获得业主前来缴费的时间后,无论是本周还是月末,在预缴费前一天,还应给业主做一次回访。如:李先生,上次给您打电话,您说明天过来缴费,明天早上您大概几点过来啊,我们会提前给您做好安排,以免耽误您的时间?目的还是确定时间,再次督促业主,确保预约成功。

实训任务

××物业服务企业最近清理欠缴物业费时发现,A 期的一位李姓独居男性业主已经连续两年未交物业费了,如果你是客服人员小王,该怎么样对该业主进行物业费催缴呢?

习题练习

一、多项选择题

1. 物业服务费用欠费的原因包括(　　)。

A. 房屋及附属设施设备质量不达标　　B. 业主缺乏缴费意识

C. 物业服务企业服务沟通不到位　　D. 物业费法律法规不完善

E. 业主恶意拖欠　　F. 开发商过度承诺

2. 费用催缴前需要准备的文件包括(　　)。

A. 业主通讯录或业主基本信息

B. 业主的满意度调查、日常接待、报修、投诉、社区活动参与等相关资料

C. 业主欠费明细表、点钞机、微信、支付宝二维码

D. 回访记录表、催费记录表

3. 费用催缴前沟通准备包括(　　)。

A. 准备好交谈的切入点

B. 整理好催费相关常见问题及解决思路

C. 注意催费时间

4. 物业服务费用的催缴流程包括(　　)。

A. 当上月费用被拖欠时,客服人员填写费用催缴通知单,发放到欠费业主家

B. 第2个月仍旧欠费时,第3个月再次发放通知单,并限期缴清费用

C. 对于欠费大户,客服主管应亲自登门拜访,并做好解释和劝导工作

D. 如还未缴清费用,长期拖欠至1年者,可对其发律师函、提起诉讼

二、简答题

1. 对缴费通知无异议的业主应如何进行费用催缴?

2. 对缴费通知有异议的业主应如何进行费用催缴?

3. 工程遗留问题未得到彻底处理应如何进行费用催缴?

任务5.8 物业服务现场巡查

任务导入

物业现场巡查是保障物业管理工作的正常运行的重要环节之一,是物业管理工作中不可或缺的一项任务。通过科学合理的现场巡查,可以提高物业服务水平,提高业主满意度,确保小区安全有序、设施设备正常运行。

任务情境

某日,某小区两位秩序维护员正在进行例行巡查时,突然发现8号楼某窗口不断滚出烟雾,两人随即呼叫小区消防控制中心。经观察,烟雾源自9楼某室。为此,消防控制中心一边采取门铃对讲呼叫和打电话的方式,紧急联络业主,一边派秩序维护员迅速上楼敲门呼喊,同时,还报警求援。但是,门铃对讲机无人应答,业主的电话也没人接听,拼命拍门更不见任何动静。这时,这户居民家透出的烟雾已越来越浓,情急之下,物业负责人果断决定破门而入。由于防盗门十分坚固,秩序维护员们齐心协力拼命猛砸终于打开了大门。当秩序维护员冲进房间,却见业主仍躺在床上未起,人已被烟雾熏得有些昏迷了,鱼缸已被烧得变了形。秩序维护员随即切断电源,将业主抬出,迅速灭火。清醒过来的业主才意识到自己刚才身陷险境,又看到被保住了的家,不免一阵后怕,拉住秩序维护员的手连声感谢。

知识内容

物业现场巡查是指对物业管理的各个环节进行定期巡查,以确保物业设施设备的正常运

行和维护，提高物业管理服务质量。

5.8.1 巡查内容与范围

1. 环境卫生检查

对楼宇内外的公共区域、小区内的出入口、道路、绿化带、中心广场等进行环境卫生检查，确保其整洁、干净，包括但不限于以下内容。

(1) 检查是否进行垃圾清运工作，垃圾箱是否及时清理并摆放整齐，有无异味或有害生物滋生情况。

(2) 检查小区出入口、楼宇门口是否清扫干净，对公共区域的卫生情况，如楼道、大堂、小区道路、绿化带、中心广场等进行重点检查。

(3) 检查绿化植物的养护情况，有无枯黄和病虫害现象，是否需要浇水、修剪等。

(4) 检查小区周边环境是否整洁，有无乱堆乱放、乱倒垃圾等现象。

2. 秩序安全巡查

对小区内的安全隐患和秩序进行巡查，确保居民生活安全，包括但不限于以下内容。

(1) 检查消防设施是否完好且正常工作，如灭火器、消防栓等；

(2) 检查电气设备的安全性、插座、电路箱和电线的使用安全情况，如有无漏电、短路等问题；

(3) 检查小区围墙、大门及门禁系统的运行情况，如门禁系统有无故障、大门未关闭等；

(4) 检查楼宇楼梯、门窗的安全情况，如楼梯扶手及门窗是否破损、松动等；

(5) 检查监控设施设备是否正常工作；

(6) 公共交通区域是否存在交通违规等安全隐患。

3. 设施设备巡查

对小区内的设施设备进行巡查和维护，确保其正常运行，包括但不限于以下内容。

(1) 检查电梯是否正常运行，是否有异响或其他异常情况；

(2) 检查通道、走廊等是否存在安全隐患，如防滑措施是否到位等；

(3) 检查公共区域的照明设施设备是否正常，有无损坏的灯具或其他照明问题；

(4) 检查停车场设施是否正常运作，有无车辆损坏或乱停乱放等情况；

(5) 检查供电、供水及供暖的运作情况。

对居民提出的关于环境卫生、设施设备故障及秩序安全问题的投诉进行及时处理，及时回应居民的紧急求助与应急事件及对相关法律法规的咨询和解答。

5.8.2 巡查频次及方式

根据小区的规模、特点和物业的实际情况制订巡查频次，保证巡查工作的全面性和及时性。常见的巡查频次有日常巡查和定期巡查两种。

(1) 日常巡查：每天至少 1 次巡查，主要针对常规工作如设施设备、环境卫生等维护和检查，及突发情况的处理，以确保物业运行正常。

(2) 定期巡查：每周、每月或每季度进行一次巡查，主要对一些非常规事项进行检查，如安全隐患、绿化养护等，建议每周进行一次，以及时发现和解决问题；设施维护、安全隐患、环境卫生等定期检查，建议每季度进行一次，以确保物业管理工作的全面进行。

主要以人员巡查和电子监控设备相结合的方式。为了确保巡查人员的巡查质量和效果，应当对巡查人员进行培训，包括巡查流程、注意事项、安全知识等方面的培训。

5.8.3 巡查记录与问题反馈

巡查记录系统可使用电子移动终端或纸质记录表格进行记录。应当记录巡查人员、巡查时间、巡查内容等信息，并能够方便查询和分析，为后续工作提供参考。

巡查结束后，巡查人员应及时整理、汇总巡查情况，及时与相关部门沟通，提交问题反馈报告。

建立专门的问题反馈渠道，方便物业管理人员和业主进行沟通和反馈，如建立物业热线、公示板、在线反馈系统等，对居民提出的问题和建议进行反馈。

物业巡查记录表

实训任务

请你为物业服务企业制订一份小区的日巡查计划。

习题练习

简答题

1. 物业现场巡查包括哪些内容？
2. 物业巡查频次分为几种？以什么方式进行巡查？

项目6 物业客服管理技能

项目介绍

本项目共设置了10个学习任务，具体包括物业档案管理、业主满意度调查、处理业主投诉、服务回访、物业常用文书的运用、作业指导书的编写、客户服务质量管理、工作计划制订、突发事件应急处理等内容。通过本项目的学习，可以掌握从事物业客户服务工作的必备管理技能，提升物业客户服务工作的质量。

1. 知识目标

(1) 掌握物业档案的类型和作用；掌握物业档案建立与使用的要求。

(2) 理解业主满意度调查的作用和意义；掌握业主满意度问卷调查的实施步骤。

(3) 了解业主投诉的常见原因；掌握业主投诉处理的程序、方法和技巧。

(4) 了解物业服务回访的目的；掌握投诉回访、维修回访、上门走访的要求。

(5) 掌握物业常用文书的写作要求。

(6) 了解编写作业指导书的目的与作用；掌握编写作业指导书的要求与注意事项。

(7) 理解物业服务质量的含义与特征；掌握制订物业客户服务标准的原则和步骤。

(8) 熟悉工作计划的类型；掌握制订工作计划的方法。

(9) 了解物业突发应急事件的特征；掌握物业突发事件应急预案的编写方法。

(10) 掌握与业委会进行沟通的主要内容和应遵守的原则。

2. 技能目标

(1) 会收集和检索利用物业管理档案。

(2) 会设计业主满意度调查问卷，能够组织开展调查活动。

(3) 能妥善处理业主投诉，定期进行回访。

(4) 能够灵活运用物业常用文书来与业主进行沟通。

(5) 能够结合岗位工作实际来编写作业指导书。

(6) 会制订物业客户服务标准，并实施质量检查。

(7) 能够根据岗位工作情况制订有效的工作计划。

(8) 能够根据物业突发事件应急处理预案来组织开展应急演练。

(9) 能够与业委会进行有效沟通与合作。

任务 6.1 物业管理档案建立与使用

任务导入

物业管理档案是指物业项目所有的包括过去和现在一切活动中所形成的，具有参考价值、应当归档保存的各种文字、图表、声像等不同形式的历史记录。

物业管理档案的建立与管理主要是围绕物业服务企业的规章制度而进行的，严格执行规章制度，就需要通过档案管理的手段对物业管理与服务过程中的相关记录进行规范、整理、归档。做到每一项工作都有计划、有制度规范、有翔实的工作记录，并配备档案管理人员，对所有档案资料进行严格的、科学的、系统的管理，为整个物业管理与服务工作的分析、改进、预防和提高提供可靠的依据。

任务情境

某小区业主柳先生因工作原因在外省出差，无法在交房通知书上约定的日期到现场收房，于是其父母前往现场代为收房。

物业客户服务人员协助开发商接待了柳先生的父母，在验证他们的身份时，发现不是购房合同中约定的业主本人。于是，询问他们是否有书面授权委托书与关系证明文件，均得到否定。

随后，物业客户服务人员对柳先生的父母表示抱歉，并耐心解释他们无法替柳先生收房。但两位老人的情绪立即变得很激动，直接表示“我们为什么不能给自己的儿子收房？”并大闹收房现场。

问题：物业客户服务人员要求柳先生的父母出具书面授权委托书与关系证明文件的做法是否正确？

知识内容

物业档案管理工作贯穿于物业服务的全过程，是物业管理服务中的基础工作。由于物业档案资料是对物业管理服务活动的原始记录，并非事后编写的，也非任意收集的，更非虚假造作的，而是物业管理活动的真实痕迹，所以它具有重要的法律凭证作用，是做好各项物业管理服务工作的重要依据。

6.1.1 物业档案的含义与分类

物业管理档案是指在物业管理与服务活动中形成的作为原始记录保存起来以备查考的文字、图像、声音以及其他各种形式和载体的文件。此定义包括两层含义：一是经过归档保存的原始记录及其载体；二是该原始记录的信息内容。如在工程竣工验收之前，施工图纸是正在使用的文件，既非原始记录，也非档案。工程竣工验收后，经过归档保存后的施工图纸，以及其所记载的设计内容就是该项目的历史原始记录，即档案。

6.1.2 物业管理档案的类型

按照物业管理的流程划分，物业管理档案通常有物业承接查验期档案、物业入住期档案和物业日常管理期档案等。如果再进一步细化还可以分为物业原始档案、业主(或物业使用人)档案、物业综合经营档案、物业服务企业内部管理档案、物业日常管理服务档案。

1. 物业原始档案

物业原始档案资料有物业权属资料(房产资料)、技术资料和接管验收文件资料。

物业权属资料(房产资料)主要有房屋、设备及附属物清单及表格等。

技术资料主要有地质勘察报告、平面图、竣工图、竣工验收证明书、工程决算书、图样会审记录、房屋及附属设施设备使用技术资料等。

接管验收文件资料主要有验收合格凭证、接管文件及物业完好情况证明书等。

2. 业主(或物业使用人)档案

业主(或物业使用人)档案通常有：①楼宇交接书；②入住通知书；③业主入住合约；④业主家庭情况登记表；⑤身份证明材料；⑥业主装修申请表、各种线路改动图样等；⑦业主、业主大会、业主委员会资料，主要有业主大会、业主委员会筹备成立文件资料及成立后的运行文件资料等；⑧业主维修资料及回访资料，主要有业主报修记录、业主投诉处理记录、维修服务单、服务质量回访记录及业主意见调查统计表等。

3. 物业综合经营档案

物业综合经营档案通常有：①物业租赁资料，主要包括租赁合同、租赁审批资料、房屋安全鉴定资料、委托书、证明、公证书、分户图、租赁审批资料及报告等；②物业经营管理资料，主要包括企业经营发展文件、物业辖区管理文件及物业辖区建设文件等。

4. 物业服务企业内部管理档案

物业服务企业内部管理档案通常有：①物业行政管理资料，主要有国家政策性文件资料，组织机构设置文件资料，物业服务企业内部各种行政、事务等文件资料和各项规章制度等；②物业财务管理资料；③物业人事劳资管理资料，主要有人员配置、岗位轮换、晋升等资料，以及人事劳资文件、技术职称文件、教育培训文件等；④物业服务企业和个人活动资料，主要有奖杯、奖旗、证书及纪念品等；⑤党群工作资料，主要有党政工作计划、总结，工会和团支部有关文件，党支部会议文件等。

5. 物业日常管理服务档案

物业日常管理服务档案通常有：①物业管理相关合同资料；②物业运行记录资料；③物业维修养护记录资料；④物业设施设备管理记录资料；⑤物业秩序维护资料，主要有车辆管理记录资料，门岗、日常巡逻检查、交接班、值班记录、查岗记录等资料，突发事件处理记录资料以及监控中心记录资料等；⑥环境绿化保洁资料，主要有保洁工作和检查记录、绿化工作和检查记录及消杀记录等资料；⑦社区文化资料，主要有文化活动计划、活动场所、录像、图片及台账等资料；⑧客户服务资料，主要有维修养护服务单统计资料、业主投诉和业主报修统计资料、物业费收缴统计资料、业主满意度调查、回访业主统计资料及客户类型统计资料等。

6.1.3 物业管理档案的作用

1. 凭证作用

物业管理过程中形成的档案是物业管理活动中真实的原始记录，是确凿的真凭实据，具有重要的凭证作用。

2. 参考作用

物业管理档案记录了从物业产生到目前的整个过程，所以，物业管理档案对人们考察过去的情况、探索管理规律、总结经验教训、研究物业管理技巧等，都具有重要的参考作用。

3. 指导作用

物业管理档案不仅记录了物业服务过程，也记录了物业服务的发展状况，如办公软件、管理模式规范化的发展状况、安全防范的设备更新状况等，所以物业管理档案对物业服务企业发展具有指导作用。

4. 促进作用

业主和使用人的档案是开展物业服务活动的基础，物业服务企业可以通过这些档案全面地了解业主和使用人的需求及现状，从而更好地满足其需求，提供有效的服务，提高物业服务满意度，进而获得更好的收益。

6.1.4 物业管理档案的建立

6.1.4.1 物业管理档案的收集

1. 物业管理档案收集的要求

1）资料收集及时并不断更新

物业服务企业在接管物业及业主或使用人入住以后，应积极收集并建立物业管理档案，在随后的使用和管理过程中要不断更新，确保档案资料的时效性，满足相关需求。

2）资料收集力求完整

首先，从时间上要有从规划设计到竣工验收的全部工程技术资料，以及日后管理过程中形成的各种文件资料；其次，从空间上要包括物业从建筑到环境、从地下到楼顶、从主体到配套以及各相关主体的资料。

3）资料收集工作要规范化、制度化

物业服务企业应依据物业管理的相关要求，有组织、有计划地将分散的具有保存和利用价值的文件资料集中至物业档案管理部门，实现档案的统一规范管理。

2. 物业档案资料收集的渠道

物业服务企业可以从物业管理参与者的各方面收集资料，主要包括：①物业接管移交时，与房地产开发商及设计单位、施工单位积极合作，全面、准确地收集工程建设、工程技术及物业产权等各种原始技术资料；②业主入伙、装修阶段，从业主或使用人及物业管理的具体部门收集住户资料；③日常管理时，从物业服务企业相关部门收集设备运行档案、房屋维修档案、业主或使用人投诉与回访记录及企业相关资料，并将档案收集工作制度化、规范化；④通过政府主管部门获取相关信息资料。

3. **物业承接查验期档案的收集**

(1) 物业承接查验期间物业管理档案收集的特点。物业承接查验期的档案收集内容主要是被承接查验物业及其附属设施设备的权属、技术文件和验收文件，一般称为物业基础资料档案。这类档案收集的特点有：①收集期间较集中，一般集中在物业承接查验阶段，并与承接查验同步进行。②档案收集的技术要求高，涉及面广，对物业服务企业的技术力量是一个重要的考验，收集处理不全或遗漏，会对今后的物业管理工作造成长远的影响。例如，建筑的验收涉及土建设计、施工等方面，中央空调、电梯等附属设施设备涉及机械制造、制冷、电机、微电子和电脑等各个技术领域，对相关技术人才和管理人才的要求较高。

(2) 物业承接查验期间物业管理档案收集的范围。物业承接查验期的档案收集范围较为明确，主要是权属资料档案、技术资料档案和验收文件档案，档案收集的索取对象较单一，主要是建设单位。

4. **物业入住期档案的收集**

(1) 物业入住期物业管理档案收集的特点。物业入住期的物业管理档案收集工作重点集中在物业业主、物业使用人，即未来的主要服务对象，档案资料收集的范围是业主档案资料和相关档案资料的收集。其主要特点有：①本阶段的档案资料收集来源于物业管理的服务对象——业主、物业使用人。②本阶段的档案资料收集范围是物业业主、物业使用人的权属档案资料、个人资料等。

(2) 物业入住期物业管理档案的收集方式和程序。物业入住期的档案资料收集与入住期物业管理工作密切相关，同步进行。在组织接待业主、物业使用人入住期间，应同时组织好档案资料收集所必需的准备工作：①设立档案资料收集工作小组，由该工作小组专责进行档案资料的收集。②专责工作小组负责收集业主权属资料，业主、物业使用人个人资料档案分组，并确定各自档案资料的收集范围及相关表格和收集程序。权属资料一般包括房屋产权证、购房合同复印件等。个人资料一般包括身份证和户口本复印件、联系方式等。

5. **日常物业管理档案的收集**

(1) 收集范围。主要包括物业运行记录档案、物业维修记录档案、物业服务记录档案和物业管理公司行政管理档案。主要包括：①物业运行记录档案的收集范围包括：建筑物运行记录档案和设施设备运行记录档案。②物业维修维护记录档案的收集范围包括：建筑物维修维护记录档案和设施设备维修维护记录档案。③物业服务记录档案的收集范围包括：小区及共用设施清洁服务记录、小区安全巡视记录、小区业主装修管理服务记录、小区增值服务记录、会所服务记录、社区活动记录和服务与投诉管理记录。④物业管理公司行政管理档案的收集范围包括：公司的设立、变更申请、审批、登记以及终止，劳动工资、人事、法律事务、教育、培训等方面的文件材料。

(2) 收集时间。有关的文件一旦实施完毕，应及时收集，一般不应超过 1 年时间。

6.1.4.2 物业管理档案的整理与归档

物业管理档案的整理是指把与物业管理相关的处于相对零乱、分散的档案，经过分类组合、排列、编目，使档案系列化、系统化的工作。

1. 整理分类

整理分类是建立物业管理档案的重要基础工作，是由物业服务企业将所收集的资料按四类常见档案的类型进行区分和归类整理，组成物业服务企业内部所需保存的档案。按照部门内容、年度顺序整理成为物业服务企业所需的若干大类总卷宗。同时，根据不同类型物业的特点，按一户一档的办法，为每栋物业的业主或租户建立相应的档案。每售出或租出一套物业，预立卷工作同步进行，总卷与一户一档整理归类工作也同步开展。可以根据业主或租户所有或使用(租用)的一栋物业的性质、特点，将总卷宗内部分涉及的相关资料集中，然后分别建立相应的档案。

2. 编目装订

编目装订一般分为四个步骤，即编页号、编卷内目录、填写卷内备考表、编制案卷软封面和装订。

1) 编页号

卷内文件按作者、内容、时间等特征交叉归类、编页号，顺序以“001”开始，每个保管单位独立编号。逢有缺漏，编页号时可在原编码后加“－1”“_1”等字符给予标示，并在备考表中加以说明。页号编写位置，左侧装订的，正面标在右上角，反面标在左上角，全部编在预案内文件上，不可编在裱糊的白纸上。

2) 编卷内目录

卷内目录按国标卷内目录格式编制，一式三份，一份放在卷内文件首页之前；一份装订成册，成为索引目录，作为索引、查找工具；另外一份移交目录。卷内目录样式及填写说明见表 6-1。

表 6-1 卷内文件目录

卷内文件目录					
序号 (按文件的排列顺序，每份文件编一个顺序)	文本 (文件本身的文号)	责任人	提名 (按文件的标题)	日期 (每份文件的时间页面)	备注

3) 填写卷内备考表

备考表用于填写卷内文件材料的件数、页次以及组卷和案卷使用过程中需要说明的情况，如卷内文件缺损、修改、书写材料不规范等。如果暂时没有情况需要说明的，也要放一张备考表在卷末，以供日后档案部门记述案卷情况之用。卷内备考表样式见表 6-2。

表6-2 卷内备考表

（本卷需要说明的内容）   立卷人： 检查人： 立卷日期：

4）编制案卷软封面和装订

案卷封面通常需要标注的内容包括案卷题名（一般格式为：××路××号××室产权人、内容文种）、编制单位、编制日期（即卷内文件的起止日期）、档案标号、保管期限（永久、长期、短期）、密级程度。

装订的过程中，首先要把文件上的订书钉、回形针、大头钉等金属物全部去掉，清除时要注意不要损坏文件。对无装订线位置的文件，要加个边。对破损的文件，要进行裱糊。加边或托裱应用无字的白纸。文件纸型大小不一、长短不齐的，要折看理齐，使右边齐，下边齐。然后开始装订，先订3个孔眼，孔间相距约80毫米，用线装订，结头打在文件的底部、卷皮之内。装订要结实整齐，不要压盖字迹，不掉页、不倒页、不损坏文件、不妨碍阅读。不便装订的历史文献、珍贵材料、图表、照片等特殊文件材料，可以不装订，但需要用卷袋或卷盒装起来。

3. 立卷归档

立卷归档，也就是由业务部门将预立卷后的卷宗或案卷移交档案部门，由档案部门在原基础上，进行重审、调整、组合，并实行正式立卷步骤，最后成卷归档。

1）重审、调整、组合案卷

档案管理部门对由文书处理部门或业务部门完成预立卷后移交的卷宗，还须进行一番调整、组合和编目加工等整理工作，才能最后成为正式的案卷。

2）案卷软封面的编制

调整后的案卷，应重新编制封面，其包含的内容与预立卷时编制的卷宗封面内容相同，但应根据调整后案卷的具体内容、相关问题拟写标题和确定其他项。

3）检索工具

对完成立卷步骤的案卷，档案部门应通过编制并利用检索工具，使得整个归档管理工作有序、高效。在日常管理中，一般可通过建立索引目录，建立标准的图、档、卡、册、表并利用计算机等多种途径进行检索。检索工具要便于使用者或档案管理员查找时从相应的目录或图、档、卡、册、表中着手找到相关的资料。

4）排列上架

将立卷后的案卷排列上架，要维持调整、组合后的系统性和相互联系性。物业服务企业根据所管档案的特点，排架时常采用流水排架法，即按物业所属小区、楼栋先后顺序排架，依次按小区、楼栋、单元、门牌号依序排列。除此之外，物业档案排架完毕后，还应对各种装具进行编号，以揭示排放档案的内容，同时，还要编制档案装具及其存放内容的索引图。

5）入库保管

档案接收入库后，由档案管理人员统一保管。如果没有专用的档案室，也要依据文件资料的性质由不同的业务部门妥善存放，以便随时查用。

6.1.5 物业管理档案的检索利用

物业管理档案通常有纸介质和电子媒体形式两大类，检索利用与保存应区分介质的不同、特点的差异，采取针对性措施并进行处理。

1. 物业管理档案的检索利用

1）纸介质档案检索

纸介质档案检索工具种类很多，物业管理档案管理常用的有目录、簿式索引、指南、卡片式检索工具等。

2）电子媒体档案检索

电子媒体档案一般分为两类：保存于电脑硬盘的文字和图形图像资料，这类资料一般是以数字形式存贮的；闭路视频监控设备产生的录像资料，一般以模拟形式存贮于录像磁带中。

3）物业管理档案检索利用的步骤和方式

（1）物业管理档案检索利用的步骤，一般是分析应用需求，明确检索范围或根据索引的指引，查找到需要的档案文件。

（2）物业管理档案检索利用的方式，一般采用档案室阅读、外借、制作副本或向查阅者提供档案及档案检索专业知识与方法等提供档案整理的应用。

2. 物业管理档案的检索利用的基本要求

（1）公司所有员工都有权根据有关的规定，办理一定的手续，获取文件、档案和图书资料利用服务；

（2）提供有效的手工或计算机检索手段，帮助员工进行检索；

（3）利用物业管理档案进行登记；

（4）对物业管理档案信息进行分类汇总，形成专题汇编；

（5）建立著录规则，对文档的主要特征或内容信息进行著录、标引，建立文件数据库，便于物业管理档案的检索和利用；

（6）物业管理档案必须进行分类编码、著录、标引和标识，建立一个有效的物业管理档案检索体系，以利于物业管理档案的检索和利用。

物业档案管理案例与实用范本

实训任务

任务内容：模拟业主办理入住时的情景，请扮演物业客服人员，并做好业主基本信息收集的工作

具体要求：

（1）由3～5人组成学习小组，小组的各项工作由组长负责指挥协调，组员分工明确；

（2）设计出《业主信息登记表》和服务话术，引导业主按照要求完成信息填写工作；

(3) 对本次任务的完成情况进行总结,并指派 1 名小组成员进行汇报。

习题练习

一、判断题

1. 物业管理档案是指在物业管理与服务活动中形成的作为原始记录保存起来以备查考的文字、图像、声音以及其他各种形式和载体的文件。（　　）

2. 物业管理档案具有重要的法律凭证作用,是做好各项物业管理服务工作的重要依据。（　　）

3. 物业管理过程中形成的档案是物业管理活动中真实的原始记录,是真凭实据,具有参考作用。（　　）

4. 物业管理档案的整理是指把与物业管理相关的处于相对零乱、分散的档案,经过分类组合、排列、编目,使档案系列化、系统化的工作。（　　）

5. 物业管理档案通常有纸介质和电子媒体形式两大类,检索利用与保存应区分介质不同、特点差异,采取针对性措施并使用处理。（　　）

二、多项选择题

1. 按照物业管理的流程划分,物业管理档案通常有(　　)。

A. 物业选聘期档案　　B. 物业承接查验期档案

C. 物业入住期档案　　D. 物业日常管理期档案

2. 物业承接查验器档案收集的特点包括(　　)。

A. 收集期间较集中

B. 收集期间较分散

C. 档案收集的技术要求高,涉及面广

D. 档案收集的技术要求不高,涉及面小

3. 物业日常管理服务档案包括(　　)。

A. 物业管理相关合同资料　　B. 物业运行记录资料

C. 物业维修养护记录资料　　D. 物业设施设备管理记录资料

4. 物业管理档案的作用包括(　　)。

A. 凭证作用　　B. 参考作用

C. 指导作用　　D. 促进作用

5. 物业管理档案收集的要求包括(　　)。

A. 资料收集及时并不断更新

B. 资料收集力求完整

C. 资料收集工作要规范化、制度化

D. 资料收集注重质量而不是数量

三、简答题

1. 物业档案资料收集的渠道有哪些?

2. 物业管理档案的检索利用的基本要求有哪些?

任务 6.2 业主满意度的调查

任务导入

业主满意度调查是物业管理与服务中的一项重要工作，其目的在于提高业主的满意度，改进物业管理与服务的质量。通过业主满意度调查，物业服务企业可以了解业主对物业管理服务的评价，包括服务态度、服务效率、服务效果等方面。倘若某个方面存在不足，物业服务企业可以及时采取改进措施，提高服务质量。除此之外，业主的反馈和建议还能启发物业服务企业在管理服务中不断创新，提升业主的生活体验。再者，通过业主满意度调查，物业服务企业可以了解社区中存在的问题和矛盾，从而采取相应的措施加以解决。同时，物业服务企业还可以通过业主满意度调查活动加强与业主的沟通交流，增强与业主之间的信任和互动，为建立和谐的社区环境奠定良好的基础。所以，为了更好地满足业主的需求，增强市场竞争力，物业服务企业应当重视并加强业主满意度调查工作。

任务情境

王经理是某住宅小区的物业经理，其所在的物业项目在管面积 15 万平方米，物业客户服务中心下设行政办公室、客服部、保洁绿化部、秩序部、工程部和多种经营部。

在一次工作例会中，客服部赵主管对近 3 个月的业主投诉情况做了总结，提出近 3 个月业主的投诉量在逐步攀升，从投诉处理记录中可以看出，投诉秩序部和工程部的问题相对较多。

为了详细了解问题的所在，王经理决定在本季度的业主满意度调查活动中做一次全面摸底，要求行政办公室与各部门做好沟通，制订出科学合理的业主满意度调查方案和调查问卷。

问题：如果你是行政办公室的工作人员，你该如何完成王经理本次交办的业主满意度调查工作呢？

知识内容

面对激烈的市场竞争，很多物业服务企业都已经意识到他们不是服务于市场而是客户。因此，客户满意度已成为衡量企业竞争力的主要因素之一。20 世纪 90 年代起，一些物业服务企业就开始陆续将业主满意度作为质量管理体系中的一种测量方法。此后，业主满意度调查已成为物业行业普遍采用的一种管理技术手段。物业服务的各项工作旨在给业主或者使用人提供满意的服务，提高业主满意度就是检验物业服务工作好坏的重要标准。

6.2.1 业主满意度的含义

就物业服务而言，业主满意是一种感觉水平，它来源于业主在特定时期对物业服务可感知的绩效与业主的期望所进行的比较。业主满意是一种感知，是情感的反应。而业主满意度是客户满意的衡量标准，是业主的感知值和业主的期望值的比值。当业主对物业服务的感知超过了自己的期望，就会表现出高兴和兴奋，感觉的状态就是满意或非常满意；反之，就会表现出不满意。

6.2.2　业主满意度调查的作用及意义

业主满意度调查能够帮助物业服务企业了解自身的服务现状和不足，识别市场机会，调整经营计划，让自己立于不败之地。从一定意义上讲，业主满意度调查是物业服务企业经营决策过程中极为重要的一个环节，是物业服务企业管理与服务活动提升与改进的重要依据，也是物业服务企业经营决策的前提。具体而言，业主满意度调查的作用体现在以下几个方面。

(1) 通过深度分析业主对物业服务的期望和要求，可以为物业服务企业建立以业主为中心的服务策略和营销策略提供决策支持，使得物业服务企业所提供的服务更加能够契合业主的真实需求。

(2) 能够帮助物业服务企业识别影响满意度的因素及各因素的作用强度，提高服务水平，增强业主对企业的忠诚度，改善企业经营绩效。

(3) 通过业主满意度调查，可以帮助物业服务企业改善与业主之间信息不对称的情况，有利于建立和谐的服务关系，实现企业可持续发展。

(4) 业主满意度调查可以使物业服务企业了解到业主对物业管理服务的评价和存在的问题，有利于物业服务企业及时采取改进措施，提高服务质量。

总之，业主满意度调查的作用是非常积极的，但在调查时需要准确地进行定位，采用合适的调查方式。只有这样，才能够有效地利用互联网技术进行业主满意度调查，并对结果进行合理的分析。物业服务企业通过业主满意度调查能够更好地进行管理和经营，提高服务水平，赢得业主的信任，使业主能够得到更好的服务。业主满意度调查需要持续进行，随时关注业主满意度的变化，了解业主的要求和期望，识别服务的发展趋势，及时发现不足之处并予以弥补。

6.2.3　业主满意度调查的原则

1. 时效性原则

时效性是指在业主满意度调查过程中，收集、整理、加工、传递和利用调查数据的时间间隔要短，效率要高。只有这样，才能提高业主满意度调查数据的价值，才能抓住时机，使经营决策及时进行调整，才能更好地服务业主和应对市场中的挑战。所以，高效地完成调查活动，进行及时的数据分析和反馈，为企业在经营过程中适时制订方案和调整决策创造条件。

2. 客观性原则

客观性是进行业主满意度调查必须遵循的原则。这一原则要求物业服务企业对客观事实采取实事求是的态度，而不能带有主观偏见，更不能任意歪曲或虚构事实。

3. 系统性原则

系统性原则是指业主满意度调查必须全面系统地收集有关数据，只有这样，才能充分认识调查对象的特征,从大量的信息中认识事物发展的内在规律和发展趋势。由于很多因素间的变动互为因果,这就要求必须从多方面反映调查对象本身的变化和特征,做到调查项目齐全且具有连续性,以便不断积累信息,进行系统的、动态的分析和利用。

4. **科学性原则**

科学性主要是指研究及研究结论的实证性和逻辑性。在调查研究中,许多人都不自觉地采取非科学的方法。例如,有些人"以点代面",以小概率事件概括事物发展规律;有些人没有大量、系统地收集资料,资料来源存在严重局限性。这些做法对于正确认识物业服务企业发展现状毫无益处,甚至是有害的。

6.2.4 业主满意度调查的形式与方法

1. **业主满意度调查的形式**

随着互联网的应用越来越广泛,各行各业都在互联网发展的大潮中实现转型,搭上互联网的"顺风车",物业行业本身就具备步入互联网发展的优势,"最后一公里""网上报事"等特殊要求都可以借助互联网得以解决。互联网技术作为提高物业管理水平的重要途径,大大方便了各部门之间的沟通,提高了物业服务质量。其中,利用互联网技术开展业主满意度调查也是当今比较常见的做法。

从意见获取的方式来分,业主满意度调查形式一般包括如下几种。

1) 主动调查

常见的做法有:①日常服务过程采取抽样电话访谈和上门深度访谈相结合的调查方法;②每年对所服务的业主至少进行两次全面问卷调查;③委托第三方机构的调查。

2) 被动调查

通过设立物业客户服务中心、服务热线和现场意见箱等方式调查顾客满意度。从调查来源上,分为来自物业管理行业外部和内部两种。来自物业管理行业外部有三种方式:各级消费者协会、质量部门和新闻媒体等机构开展的整体满意度测评。在行业内部开展的业主满意度调查有四种方式:①由物业服务企业相关部门负责对本企业所属各项目开展的整体调查;②在特别情况下由物业服务企业所属的项目管理处自行开展的调查,就其实质看,也是第一种方式的特殊情形;③由业主委员会组织开展的业主满意度调查;④由物业服务企业、项目管理处或有关部门委托专业第三方机构开展的业主满意度调查。上述四种不同的业主满意度调查方式,在客观性、可靠性、经济性方面存在明显差异,操作流程和基本要求亦有不同。其中,企业自行调查是目前绝大部分物业服务企业采用最多的一种满意度调查方式。

2. **业主满意度调查的方法**

1) 问卷调查

这是一种最常用的客户满意度调查数据收集的方法。问卷中包含很多问题,需要被调查者根据预设的表格选择该问题的相应答案,从客户自身利益出发来评价企业的服务质量和客户的满意水平。同时也允许被调查者以开放的方式回答问题,从而能够更详细地掌握他们的想法。问卷调查是物业服务企业进行业主满意度测评中最常用的一种方法。

2) 二手资料收集

二手资料大都通过公开发行的刊物、网络、调查公司获取,在资料的详细程度和资料的有用程度方面可能存在缺陷，但是它毕竟可以作为深度调查前的一种重要的参考。特别是进行问卷设计时，二手资料能为我们提供行业的大致轮廓，有助于设计人员对拟调查问题的把握。

3）访谈研究

访谈研究包括内部访谈、深度访谈和焦点访谈。内部访谈是对二手资料的确认和对一手资料的重要补充。通过内部访谈，可以了解企业决策者对所要进行的项目的大致想法，同时内部访谈也是发现企业问题的最佳途径。深度访谈是为了弥补问卷调查存在的不足有必要时实施的典型用户深度访谈。深度访谈是针对某一论点进行一对一的交谈，在交谈过程中提出一系列探究性问题，用来探知被访问者对某事的看法或做出某种行为的原因。一般在实施访谈之前应设计好一个详细的讨论提纲，讨论的问题要具有普遍性。焦点访谈是为了更周全地设计问卷或者为了配合深度访谈，可以采用焦点访谈的方式获取信息。焦点访谈就是一名经过企业训练过的访谈员引导 8～12 人(客户)对某一主题或观念进行深入的讨论。焦点访谈通常避免采用直截了当的问题，而是以间接的提问激发与会者自发的讨论，可以激发与会者的灵感，让其在一个“感觉安全”的环境下畅所欲言，从中发现重要的信息。

6.2.5 业主满意度问卷调查实施步骤

1. 业主满意度调查的策划

业主满意度调查过程的成败首先取决于该调查的策划。策划的主要内容包括调查的目标、调查的对象、调查结果的影响力、数据如何处理等。

2. 利用客户数据库

调研前，需要利用企业现成的业主数据库，收集所有已掌握的业主资料。

3. 了解业主期望

在了解业主期望过程的初期阶段，定性的开放式讨论可以说是最佳选择，是有效的途径。与其他方法相比，它能够提供更加深入的信息。个人专访及专题小组讨论也是较有效的途径。

4. 草拟问卷

业主需求信息收集齐全后，应草拟问卷。如果缺乏相关经验或无法独立完成问卷设计，可以咨询问卷设计专家或有关专业公司。

5. 审核问卷

在开展任何调查之前，应当就问卷内容进行审核，并检查每个问题提问的科学性。

6. 开展调查

在向业主征集反馈之前，需要完成确定抽样过程、是否向业主派发纪念品、保证有效问卷的方法、谁来进行调查等关键程序。

7. 分析结果

调研结果的形式也比较重要，如何将调研的结果突出重点，易于理解和表达清楚是调研报告的关键点。目前调研结果主要采用图表等统计学方式进行呈现，取得的效果较为理想。

8. 报告反馈与实施战略行动计划

向业主传达调查结果将使他们确信自己的意见和建议得到了反馈和采纳，而在企业内部交流调查结果的信息，则可以使员工准确地了解业主对服务的看法。

9. 业主满意过程再评估

必须对整体业主满意过程进行再评估，以保证业主满意度调查的有效性，并为持续改进做出相应的调整。

业主满意过程是一个持续且不断深入的过程，在这个过程中必须保证不断与业主进行沟通，并根据具体问题和反馈结果制订可行的策略。

物业管理满意度调查问卷

6.2.6 开展业主满意度调查的注意事项

业主满意度调查的最终目的是提升满意度，为了使业主感到满意，必须清晰地了解当前的满意度状况，倘若满意度下降则必须采取措施提升满意度，倘若上升或者达到了客户满意，就应继续加强某些措施以持续提升满意度。

业主满意度评价是一个长期反复改进的过程，是以业主为中心，不断提升服务质量的过程。开展业主满意度调查工作应当注意以下几点。

1. 目标明确

业主满意度调查有例行的，如年末、季末；有针对性的，如经营过程中出现客户投诉突然增多等特殊情况；有检查性质的，如上级部门对下级的服务的检查方式；有专门了解业主需求的，不论是哪种类型的满意度调查，目标都非常明确。

2. 领导重视

获得领导的支持是保证业主满意度调查工作顺利实施的关键所在。

3. 持续改进

以季度、半年、整年为一个周期，持续不断地进行调查和评估，才能实现持续改进。

4. 协同运作

业主满意度调查需要业主、公司各部门等相关人员的协同支持，才能保质保量地完成调查工作。

5. 基于事实

一切以事实为依据，做到真实有效：一是问卷设计尽量能够客观地反映问题；二是样本的抽取有足够的代表性和真正的随机性。

6.2.7 提升业主满意度的措施

1. 提升服务态度，赢得业主的信任

为业主服务的主体是员工，员工态度的优劣直接影响业主的满意度。服务态度既要热情又要大方，坚决杜绝冷面孔。热情服务既要体现服务标准化，又要体现灵活性。具体做法如下。

1）用真诚的微笑去服务业主

给员工营造一个心情舒畅的工作氛围，让员工能够用真诚的微笑服务业主。要经常进行评比活动，对表现优异的员工进行奖励，如：在客服中评选“微笑天使”，在保洁中评选“优秀保洁员”等活动，让员工从内心发出真诚的微笑。

2）对员工的服务实施检查监督

由于员工素质不一样，对服务要求的认识理解也不同，对服务态度达不到要求的员工，适时指出员工的不足，令其改正。

3）做好员工的心理疏导工作

沟通是打开心灵的钥匙，管理者一定要时常与员工进行沟通，做好员工的心理疏导工作，清除员工内心的消极情绪，提高员工工作的积极性和主动性。

2. 健全规章制度，做好日常服务

确立先进的管理思路，制订一套切实可行的规章制度，就是做好物业日常服务的必要内容。通过各项规章制度，保障做好物业三大类日常服务，即：常规性的公共服务，如保洁、绿化、秩序维护等；代办性服务，如代收水电费等；委托性的特约服务，如室内维修、代送报纸等。通过日常服务，增强业主的归属感，提高业主满意度。

3. 推行标准化管理，稳定服务质量

要想保持物业服务的稳定性，就必须推行标准化的服务管理，比如编制作业指导书、制订服务质量标准、开展质量检查等都是实施标准化管理的重要工作内容。但是，标准化的服务未必能使所有业主都满意，在服务标准化达到一定水平后，自然会产生差异化的服务需求。因此，在服务管理的过程中，还要充分发挥员工工作的积极性与主动性，让员工的真诚服务能够转化为业主的真实感受。

4. 重视培训，赋能服务水平的提高

物业服务企业应在内部大力支持内部培训工作的开展，因为通过培训可以开阔员工的眼界，提升员工的综合素质和工作技能，同时也能赋能服务水平的提高。在内部培训的基础上，还要走出去，请进来。走出去，就是让员工外出参观学习，推选优秀员工出去参加相关培训，增长见识；请进来，就是请有先进理念的物管人员讲课，增加诸如客户心理学等培训内容。除此之外，还可以召开经验交流会，探讨疑难问题的解决办法，实现经验共享，以提高服务技能。

5. 认真对待客户投诉，兑现对业主的服务承诺

业主内心最希望的就是物业服务企业能够真正关心他们的诉求或能替他们解决问题，设身处地地为他们着想，而不是推脱、否认或找借口。物业服务企业和物业客户服务中心要设立客诉专线，安排专人接待客户投诉，对约定范围内的投诉，要及时处理，并且对投诉处理情况进行跟踪和回访。

调查问卷的设计

实训任务

任务内容：对某物业服务企业所服务的住宅小区开展业主满意度调查

具体要求：

（1）由 3～5 人组成学习小组，小组的各项工作由组长负责指挥协调，组员分工明确；

（2）学习小组对所选取的住宅小区进行实地考察，讨论并制订出业主满意度调查实施方案和调查问卷；

（3）开展业主满意度调查活动，完成调查问卷的收集工作；

（4）对调查数据进行分析，撰写并提交调查报告。

习题练习

一、判断题

1. 当业主对物业服务的感知超过了自己的期望，就会表现出高兴和兴奋，感觉的状态就是满意或非常满意；反之，就会表现出不满意。（ ）

2. 物业服务企业通过业主满意度调查能够更好地进行管理和经营，提高服务水平，赢得业主的信任，使业主能够得到更好的服务。（ ）

3. 焦点访谈是针对某一论点进行一对一的交谈，在交谈过程中提出一系列探究性问题，用来探知被访问者对某事的看法或做出某种行为的原因。（ ）

4. 业主满意度评价是一个长期反复改进的过程，是以业主为中心、不断提升服务质量的过程。（ ）

5. 业主满意度调查需要业主、公司各部门等相关人员的协同支持，才能保质保量地完成调查工作。（ ）

二、多项选择题

1. 业主满意度调查的原则有（ ）。

A. 时效性原则　B. 客观性原则
C. 系统性原则　D. 科学性原则

2. 从意见获取的方式来分，业主满意度调查形式一般包括（ ）。

A. 主动调查　B. 被动调查
C. 内部调查　D. 外部调查

3. 主动调查的常见做法有（ ）。

A. 日常服务过程采取抽样电话访谈和上门深度访谈相结合的调查方法
B. 每年对所服务的业主至少进行两次全面问卷调查
C. 委托第三方机构的调查
D. 业主委员会自行组织开展调查

4. 业主满意度调查的方法有（ ）。

A. 问卷调查
B. 二手资料收集
C. 访谈研究
D. 电话访谈

5. 访谈研究主要包括（ ）。

A. 邮件或信函式访谈　B. 内部访谈
C. 深度访谈　D. 焦点访谈

三、简答题

1. 业主满意度问卷调查的实施步骤包括哪些？
2. 提升业主满意度的措施有哪些？

任务 6.3　处理业主投诉

任务导入

在物业服务企业提供服务的过程中，业主会因为各种问题提出尖锐的、不留情面的投诉，有时会让物业服务人员感到委屈、难堪。但在此时，物业服务人员应当保持冷静，认真思考业主投诉的原因，看是否确实为自身问题，是哪方面的工作没有做到位。因为业主的投诉往往会促使物业服务企业发现原本未受重视甚至是以往忽视的问题，帮助物业服务企业及时改进工作，提高服务水平。在现实中，并非每位业主发现问题都会投诉。因此，物业服务企业应该重视业主的投诉，妥善处理投诉的问题，感谢业主能够及时将问题反馈给企业。

任务情境

在某小区的楼道和电梯内，甚至是业主家的门上常常被各类“牛皮癣”侵占，有些内容不堪入目，严重破坏了小区环境。

林女士家的门上就常常出现开锁、维修家电、疏通下水道、贷款办理等小广告，使用各种办法都无法完全清理，刘女士对这种不文明行为极为反感和气愤。

于是，林女士前往物业客户服务中心进行投诉，希望能够加强对进出小区人员的管理。林女士认为，在造成自家门上被贴满小广告的问题上物业服务企业有不可推卸的责任，所以要求物业服务企业在 3 天内将门上的小广告清理干净。

问题：如果你是接待林女士的物业客服人员，你该如何处理林女士的投诉呢？

知识内容

在物业管理与服务的过程中，难免会遇到业主投诉问题，这直接反映出物业管理与服务过程中存在问题。投诉处理是非常严谨且极具技巧性的工作，只有快速、及时、合理地处理客户投诉，才能赢得客户的高度信赖，并提高企业的服务质量和品牌形象。

6.3.1　投诉的含义

投诉是指业主因对物业服务企业的服务需求未达到心理预期或不满等，通过各种方式向物业服务企业反映的行为。投诉能指出物业管理和服务过程中存在的问题，因此，各级服务人员要努力提高服务水平，改进工作方法，尽量避免投诉的产生。

6.3.2　业主投诉的常见原因

1. 对设备设施方面的投诉

(1) 投诉内容。对设备设施方面的投诉，包括以下两个方面的内容。

第一,业主对设备设施的设计不合理或遗漏及质量感到不满,如:电梯厅太窄、候梯间太拥挤、没有货梯、客货混运;房屋漏水、墙体破裂、地板起鼓等。

第二,对设备运行质量不满意,如:空调供冷不够、电梯经常停用维修、供电供水设备经常出现故障等。

(2) 产生原因。产生这方面投诉的原因,主要因为业主所购买的物业管理服务与业主期望有差距。业主支付物业管理费,希望能得到满意的物业管理与服务,但因为设备设施的问题而无法满足他们的需求。引起的原因有很多,设备的选型和施工质量也可能存在各种问题,从而造成上述所列的种种不满。

2. 对管理服务方面的投诉

业主对物业管理与服务的质量评价来自七个方面,具体如表 6-3 所示。

表 6-3 业主/用户对物业管理服务质量的感觉

方面	说明
安全	业主的财产和人身安全是否能得到切实保障
一致	物业管理与服务是否达到了标准化,具有可靠性
态度	物业管理人员礼仪、礼貌是否端庄得体,讲话是否热情和蔼等
完整	物业管理服务项目能否完善齐全,能否满足不同层次业主的需要
环境	办公和居住环境是否安静,人文气氛是否文明和谐等
方便	服务时间和服务地点是否方便,是否有便利的配套服务项目,如停车场、会所、自行车棚、邮局、幼儿园等
时间	服务时间和服务时效是否及时、快捷等

当业主对以上所列这些服务质量基本要素的评估低于其期望值时,便会因不满而投诉。

业主对服务质量的期望值来源于业主对日常服务的感知和来自物业管理服务公司的服务承诺。当物业服务企业对某项服务"失常"时,如:管理人员态度恶劣,电梯运作出现小故障,维修人员未能尽快完成作业等,业主就会通过投诉来表达自己的不满;当物业服务企业的服务承诺过高时,业主也易因期望值落差而提出投诉。

好的服务意味着较高的服务成本,而物业服务企业则希望服务成本最小化。这一矛盾集中体现在交纳各类费用这一敏感问题上,对交纳管理费、支付维修费,还处于能拖则拖的状态;即使业主极不情愿地交纳了各项费用,也可能会因一点点小事而投诉。

3. 对突发事件方面的投诉

因停电、停水、电梯困人、溢水及室内被盗、车辆丢失等突然事故而造成的偶然性投诉。这类问题虽有其"偶然性"和"突发性",但由于事件重大,对业主的工作和生活带来很大影响,甚至危及生命财产安全,从而导致投诉。

6.3.3 业主投诉处理的要求

业主在投诉的过程中,能指出物业服务企业在服务过程中应改善的环节,这是业主给予物业服务企业提高服务质量的机会。所以，业主投诉并不可怕，关键是物业服务企业如何对待和处理。

在处理业主投诉的过程中，物业客服人员应该掌握的投诉处理要求如下。

1. 换位思考

在投诉处理的过程中，必须以维护物业服务企业利益为准则，学会换位思考，以尊重业主、理解业主为前提，用积极诚恳、严肃认真的态度，控制自己的情绪，以冷静、平和的心态先处理业主的心情，改变其心态，而后再处理投诉内容。

2. 有法可依

物业客服人员可能会经常面对各类投诉，假如不加甄别，认为每件投诉都是有效的，那么就算服务水准再高的物业服务企业也不合格。如果这样，一方面承担了本物业服务企业不该承担的责任；另一方面还会让物业服务企业成为业主冤屈的申诉地，物业服务企业将无法正常运行，从而导致工作权限不清，出力不讨好的情况。因此，物业客服人员在接受业主投诉时，在稳定业主情绪的情况下，必须对投诉事件进行有效投诉与无效投诉区分。

有法可依案例分析

3. 快速反应

投诉事件的发生具有偶发性，且业主大多是带着情绪而来的，若处理不当，小则致使业主情绪激动，引起其他业主围观，影响物业服务企业品牌形象，大则业主向新闻媒体报料，给物业服务企业带来极大的负面影响。在这种情况下就必须快速识别业主投诉是否有效，如果是有效投诉，就必须以最快的速度予以解决。

> 小提示：
>
> 面对重大的投诉问题，物业客服人员一定要在第一时间向上级反映，第一责任人要亲自处理，同时要正确处理好与新闻媒体的关系。

4. 适度拒绝

在满足业主的要求时，若在职权范围之内的有效投诉，物业客服人员应按照业主投诉处理流程和规范来处理；若为无效投诉，假如时间和人手允许，可以协助解决，否则可以大胆拒绝，以免业主养成事事依靠物业服务企业的心理，给物业服务企业的日常管理与服务工作带来诸多不便。

5. 及时总结

投诉在很多时候仍无法避免，若只满足于对业主投诉处理过程的控制，让业主当时满意而不注重事后的跟踪及投诉案例的分析、总结、培训，同类投诉事件仍会继续发生。如此周而复始，对物业服务企业服务失去耐心的业主（用户）将从侧面传播企业的负面信息，导致企业声誉、品牌受损。

6.3.4　业主投诉处理的程序

业主的投诉方式主要分为现场投诉、来函投诉、来电投诉和其他投诉四种。物业服务企业应设置合理的投诉渠道，具体来说，可以使用以下两种途径来设置投诉渠道：①在“业户手册”、物业区域明显位置标识物业客户服务中心的详细地址、联系电话、投诉热线电话、投诉邮箱地址等;②物业客户服务中心设置24小时值班人员,持续受理业主投诉。

不管是哪种投诉,投诉处理的流程通常分为受理、处理和回复三个环节。

1. 业户投诉的受理

业主投诉受理的流程如下。

(1) 开通投诉渠道,由物业客户服务中心前台人员负责受理。

(2) 前台接待员详细记录投诉人的信息,如投诉人姓名、联系电话、投诉内容、房屋号,并填写投诉受理登记表。

(3) 前台接待员应耐心听取业户投诉,切忌找理由推卸责任。

(4) 如果能当场处理业主的投诉,则应立即解决;若不能立即处理,则应记下投诉人的相关信息,以便及时反馈结果。

(5) 沟通结束后,应感谢客户指出物业服务的不足之处以及提出的建议,并将该事件及时提交给上级主管或其他部门审批。

(6) 如果业主对物业服务企业的工作人员进行投诉,则应安排专人对该事件进行核实,然后将核实结果汇报给上级主管,交由上级主管进行处理。

2. 业主投诉的处理

业主投诉的处理流程如下。

(1) 如果是物业管理方面的原因引起的投诉,前台接待员应主动承担责任并表示歉意,安抚好业主的情绪;如果是法律法规或物业服务企业有关规定引起的投诉,前台接待员应耐心向业主解释,尽量让业主满意并消除误解。

(2) 前台接待员接到业主意见或投诉后,应在24小时内向业主反馈处理情况,跟踪处理过程并保持与客户沟通,做好安抚工作。

(3) 前台接待员在详细了解事件经过的基础上,对投诉类别进行确认,在业主投诉处理登记表上填写确认意见,然后按不同投诉类别将资料提交给物业客户服务中心主管。其中,不同投诉类别主要分为三种情况,即一般投诉、重要投诉、重大投诉。

(4) 物业客户服务中心主管负责填写投诉处理登记表中的投诉内容,准确、详细地描述事件内容及业主要求,并将业主投诉处理登记表转至责任部门,由其安排专人进行处理。

(5) 投诉处理应按照物业服务企业对业主的服务承诺及时完成,处理人在投诉处理单上签字确认,随后进行投诉处理的内部评价。

3. 投诉处理的回访

业主投诉处理完毕后,应按照如下流程进行回访。

(1) 物业客户服务人员负责业主投诉处理的回访。

(2) 物业客户服务中心主管负责重大投诉处理的回访。

(3) 业主投诉的回访方式主要有三种,分别是电话回访、上门回访以及其他方式回访。其中,重点投诉必须上门回访。

(4) 多位业主共同投诉的问题,物业经理或物业客户服务中心主管应组织相关人员召开座谈会,并公布处理结果。

(5) 物业客户服务中心主管每月应完成3次以上的业主投诉处理的回访工作,物业经理每月应完成一次以上业主投诉处理的回访工作。

(6) 在回访的过程中,如果发现投诉者对问题处理结果不满意,物业客户服务中心应及时安排人员处理，直至业主满意。

总的来说，业主投诉的受理、业主投诉的处理和投诉处理的回访这三个环节是一个整体，缺一不可。在一般情况下，物业服务企业会设计一个《业主投诉处理记录表》(见表 6－4)，通过记录表格来辅助业主投诉的处理工作，使这个工作形成一个闭环。此外，《业主投诉处理记录表》也是物业服务企业重要的档案资料，通过整理和分析，能够找出物业服务企业在管理与服务过程中存在的问题和不足，为物业服务企业制订整改计划、确定培训内容、理清质量管理思路都是有很大作用的。

表 6－4　业主投诉处理记录表

<table>
<tr><th>投诉时间</th><th>投诉人姓名或房号</th><th>投诉方式</th><th>联系电话</th><th>受理人</th></tr>
<tr><td></td><td></td><td></td><td></td><td></td></tr>
<tr><td>投诉内容</td><td colspan="4"></td></tr>
<tr><td>受理结果</td><td colspan="4"></td></tr>
<tr><td>处理过程
及结果</td><td colspan="4">签字：　　　　　　日期：</td></tr>
<tr><td rowspan="2">回访</td><td colspan="2">回访时间</td><td>回访方式</td><td>回访人</td></tr>
<tr><td colspan="2"></td><td></td><td></td></tr>
<tr><td>投诉人意见</td><td colspan="4">□满意　□较满意　□不满意　□其他
签名：　　　　　　日期：</td></tr>
</table>

6.3.5　业主投诉的处理方法

处理业主的投诉，一般可以按照以下方法去处理。

1. 耐心倾听并记录

耐心听取并记录投诉，不要当面解释或反驳业主的意见。业主前来投诉，心里满是不满和怨气，情绪激动，此时若只是解释或反驳业主的投诉，会令他们产生反感，会认为投诉接待人员不尊重其意见而加剧对立情绪，甚至引发冲突。所以，客服人员要耐心听业主的投诉并做好记录，让业主感觉到投诉接待人员诚恳的态度，使他们的不满得以宣泄，逐渐平复下来。

2. 提出处理意见，满足合理要求

对业主的投诉要求提出处理意见，满足业主的部分合理要求。很少有业主向物业服务企业投诉是为表示“彻底决裂”的，大多业主用投诉来向物业服务企业“谈判”，使物业服务企业重视其投诉,并能尽快解决其投诉的问题。

物业客服人员应站在公平、公正、合理、互谅的立场上向业主给出处理意见,解决好业主遇到的问题,满足业主的合理诉求。

3. 感谢业主的意见和建议

投诉是业主与物业服务企业矛盾的最大屏障。业主能向物业服务企业进行投诉,表明业主对物业服务企业还持信任态度。物业客服人员要以"闻过则喜"的态度,对业主的信任表示感谢,并对业主的投诉进行整理分类,以做改进。

小提示:

管理和服务工作紧密相连,可以从另一个角度检讨、反思物业服务企业的各项工作,完善和优化管理及服务。只有这样,才能减少或避免业主的投诉。

4. 督促相关部门立即处理投诉问题

对投诉处理的实际效果,直接关系到物业服务企业的声誉及整体管理水平。投诉处理的关键是尽快分析投诉内容、查清原因,督促有关部门及时进行处理,使业主满意;要确保不再发生同类问题,坚决杜绝"二次投诉"的发生。

5. 尽快回复投诉处理结果

把投诉处理结果尽快以电话或信函形式反馈给业主。尽快处理投诉,并给业主以实质性答复,这是物业客服人员处理投诉工作中的重要一环。

业主口头投诉可以电话回复,一般应不超过 1 个工作日;业主来函投诉则应回函答复,一般不应超过 3 个工作日。回复业主可以向业主表明其投诉已得到重视,并已妥善处理。同时,及时的函复可显示物业客服人员的工作时效。

6.3.6 业主投诉处理的技巧

1. 察言观色

在接待中仔细观察业主的言行举止,以便从中了解其性情,针对不同性情的业主运用相应的沟通技巧。

2. 同情和理解业主

当业主前来投诉时,物业客服人员应当把自己视为物业服务企业的代表去接待业主,欢迎他们的投诉,尊重他们的意见,并同情业主,以诚恳的态度向业主表示歉意,注意不要伤害业主的自尊。

3. 保持平和的心态

在业主投诉不满时,情绪通常会很激动,这时物业客服人员一定切记不要打断对方的话题,不可以有不专注的表现,而应与对方保持随时交流在沟通过程中,物业客服人员应始终保持平和的心态,不要被业主的情绪所影响,尤其说话的语音语调应尽量保持平缓,不可表现出不耐烦或恼怒。

4. 恰当掌握退进的技巧

物业服务工作极为忌讳与业主发生正面冲突。在任何情形下,物业客服人员都不能与业主发生语言或是肢体上的冲突，一旦发生了冲突，工作便很难顺利开展。

因而，在业主坚持己见的情况下，物业客服人员应懂得适时退让甚至可以在不违反要求的情况下，适当地表示歉意，待气氛缓和下来后，再寻求解决问题的办法。

5. 注重礼仪

在接待业主投诉的过程中，物业客服人员要注重接待礼仪的规范性操作，并且始终保持微笑或平和的面部表情，以良好的服务态度感染对方。

6. 让业主感到受重视

物业客服人员在听完业主有关投诉事件的具体内容后不要立即回应，最好有短暂的停顿，这样可使业主感受到物业客服人员对问题的重视。

7. 准确运用相关专业知识

在陈述相关文件规定时，物业客服人员必须熟练掌握相关的专业知识，并能准确应用。

投诉处理技巧案例分析

8. 在不违反要求的情况下谦虚地接受批评

当业主投诉指出物业管理与服务工作有不足之处且坚持己见时，如果不违反要求，物业客服人员可适时谦虚地接受对方的批评意见，让投诉人心情变得舒畅，使其心态平和下来，以便后续更进一步地深入话题而不招致投诉人的反感。

业主投诉处理制度

9. 接待电话投诉时声音与语言上要有分寸

在业主通过电话投诉时，物业客服人员主要依靠声音和语言与业主进行沟通，因此，在声音和语言方面要把握好分寸。首先，切记保持平和的心境，声音始终保持中调，不能过高而显示出对投诉人的不满，也不能过低而让投诉人感觉态度消极。其次，在语言的运用上，同样要注意避免使用过激的词语，而应尽量用对方可以接受的语言，以期圆满地解决问题。

物业客服人员接待投诉的综合素质要求

实训任务

任务内容：制订某物业服务企业的业主投诉处理流程

具体要求：

(1) 由 3～5 人组成学习小组，小组的各项工作由组长负责指挥协调，组员分工明确；

(2) 学习小组对所选取的物业服务企业进行实地调查，讨论并制订出某物业服务企业的业主投诉处理规定；

(3) 学习小组制作任务成果 PPT，并指派代表进行阐述；

(4) 各学习小组根据任务内容互相进行交流、讨论，教师点评。

习题练习

一、判断题

1. 业主对设备设施方面的投诉，主要包括：一是业主对设备设施的设计不合理或遗漏及质量感到不满；二是对设备运行质量不满意。（　）

2. 业主对管理服务方面的投诉，主要是因为停电、停水、电梯困人、溢水及室内被盗、车辆丢失等突然事故而造成的偶然性投诉。（　　）

3. 业主在投诉的过程中，能指出物业服务企业在服务过程中应改善的环节，是业主给予物业服务企业提高服务质量的机会，所以物业服务企业不用太在意业主的投诉。（　　）

4. 如果业主对物业服务企业的工作人员进行投诉，则应安排专人对该事件进行核实，然后将核实结果汇报给上级主管，交由上级主管进行处理。（　　）

5. 在回访的过程中，如果发现投诉者对问题处理结果不满意，物业客户服务中心应及时安排人员处理，直至业主满意。（　　）

二、多项选择题

1. 在处理业主投诉的过程中，物业客服人员应该掌握的投诉处理要求有（　　）。
A. 换位思考　　B. 有法可依
C. 快速反应　　D. 直接拒绝

2. 业主的投诉方式主要分为（　　）和其他投诉四种。
A. 现场投诉　　B. 来函投诉
C. 来电投诉　　D. 网络投诉

3. 业主的投诉类别可以分为（　　）。
A. 公开投诉　　B. 一般投诉
C. 重要投诉　　D. 重大投诉

4. 业主投诉的回访方式主要包括（　　）和其他方式回访。
A. 电话回访　　B. 上门回访
C. 邮件回访　　D. 信函回访

5. 业主口头投诉可以电话回复，一般应不超过（　　）个工作日。
A. 1　　B. 2　　C. 3　　D. 5

三、简答题

1. 业主投诉的常见原因有哪些？
2. 处理业主投诉的程序是什么？
3. 业主投诉处理的技巧有哪些？

任务 6.4 物业服务回访

任务导入

随着人们生活水平的不断提高，业主的需求也在日益增长，有时物业服务企业努力为业主提供的优质服务却并不是业主真正想要的，如果不加强与业主间的沟通与交流，物业服务企业就很难准确知道业主需要什么，更不用说提升物业服务质量，因此，物业服务回访的意义就显得非常必要。

任务情境

近日，阳光星苑小区的业主陈女士将一面写着“物业好管家，业主贴心人”的锦旗送到了物业管理服务中心，表达她对物业服务人员的认可和感谢，并对维修人员所做的工作给予了高度赞扬。

事情追溯到去年夏季，物业前台接到陈女士的报修电话，在大雨后，陈女士家存在漏水问题，屋内墙壁出现了渗水痕迹。在接到报修的第一时间，物业管理服务中心立即安排维修人员上门查找漏点，发现是楼顶保温层经过长时间的日晒雨淋，风化变酥，导致了漏雨情况的发生。弄清问题后，维修人员迅速制订维修方案，抓紧维修工作，由于正值雨季，为赶在下次降雨之前做好修缮工作，维修人员与时间赛跑，加班加点，将风化的保温层进行铲除，又给楼顶铺设了新的防水保护层，最终及时完成修复。为了确保问题能够被彻底解决，每逢降雨，物业客服人员都会主动进行回访，询问陈女士家中是否还存在漏水的现象，并嘱咐陈女士，如果后期存在其他问题随时联系物业工作人员。

问题：维修服务之后，进行跟踪回访的目的是什么呢？

知识内容

物业客户服务中心想要做好物业管理服务工作，应加强与业主之间的联系，及时为业主排忧解难。回访是对业主履行物业服务承诺的一种反馈。实践证明，回访不仅可以有效地做到与业主沟通和交流，还可以从与业主的交流中将服务中的不足和缺陷及时反馈给企业，有针对性地加以弥补和改正，从而为业主提供更超值的服务。

6.4.1　物业服务回访的目的

物业服务企业做好服务回访工作，有利于促进物业服务企业和业主的关系，加强物业服务企业与业主的情感联络，让业主了解物业服务企业的运作，并听取业主对物业设施方面的合理性要求及在小区管理方面的建议和意见，便于物业服务企业的工作开展，提高物业服务企业管理质量及管理人员的服务素质。

通常而言，物业服务回访的目的主要体现在：

(1) 了解业主报修后实际维修情况及工作进展等；

(2) 了解业主对物业服务的满意度；

(3) 提升业主的尊重感与至高无上的上帝身份；

(4) 对业主的积压的物业服务质疑进行分析和解答；

(5) 弥补物业服务中的不足；

(6) 体现物业服务企业的人性化服务，从而树立物业服务企业的良好形象。

6.4.2　投诉回访

物业投诉回访是物业管理中的重要组成部分，物业客户服务人员应正确对待业主的投诉，将其视作是业主对物业服务企业的信任，从而认识到工作的不足，提高服务质量和管理水平。

投诉回访是加强与业主交流沟通的有效途径，千万不能认为投诉是业主故意找物业服务企业的麻烦。因此，物业客户服务人员应正确看待投诉，保持良好的心态对待客户的投诉，并将工作落实到位。

在进行投诉回访时，为了不影响业主的正常生活，通常会采用电话回访的方式，也可采取与业主交谈、现场查看等方式综合进行。另外，投诉回访最好安排专业的客户服务人员负责，不定期进行。投诉回访有以下要求：

(1) 投诉回访时，物业客户服务人员应虚心听取客户的意见，诚恳接受批评，采纳合理化建议，做好回访记录并指定专人负责保管。

(2) 投诉回访中，如果物业客户服务人员不能立即回答客户提出的问题，应告知其回复的时间。

(3) 投诉回访后，对业主反馈的意见、要求或建议应及时整理，尽快作出反映并妥善解决，重大问题应向上级请示后解决，做到件件有着落、事事有回音，而投诉回访处理率应达到100%，投诉率力争控制在1%以下。

(4) 接到业主的投诉，首先向业主表示歉意和感谢，并做好登记。对于重大的投诉，物业客户服务中心负责人应组织相关人员向业主进行检讨和说明，及时落实解决措施与解决期限。

(5) 物业客户服务人员对投诉必须做到100%回访，必要时进行多次回访，直到客户满意。

6.4.3 维修回访

秉持对业主负责的态度，也为了考核维修质量及维修服务人员的工作态度，维修工作完成后，物业客户服务中心应做好维修回访工作。维修回访工作可以亲自上门拜访、实地查看，也可以通过电话与客户沟通确认。

1. 维修回访的内容

(1) 安排专人实地查看维修项目。

(2) 向业主了解维修人员服务情况。

(3) 向业主征询改进意见。

(4) 向业主核对收费情况。

(5) 出示回访确认单，并请被回访人签字。

2. 维修回访的原则

(1) 小故障、急故障应当时或当天处理，若同时出现了多个紧急的故障报修，需要如实向业主反馈，协商检查及解决的时间。

(2) 一般故障报修，应该当天回复，3天内解决。

(3) 重大故障报修，应3天内回复，7～15天内解决。

维修完成后，如果当时看不出维修效果或可能再出现故障，物业客户服务人员应多次回访；如果维修效果很明显，则可以进行一次性回访。

3. 维修回访语言规范

无论物业客户服务人员以哪种方式进行回访，用语都应规范，态度应温和，

常见回访用语

表达应清晰。

4. **维修回访的时间要求**

通常情况下，回访时间安排在维修后的一星期内比较合适，常见的维修回访时间安排如下。

(1) 危害业主生命财产安全，如天花板墙皮脱落、墙裂缝严重、灯罩松动橱柜倾斜、电器漏电问题，应马上进行处理。处理后，应在一周内回访一次。视情节轻重，可采取连续回访。

(2) 室内墙角、天花板等处渗水，物业客户服务中心在接到业主通知后应立即前往现场查明原因，在两日内给出结果并处理，维修后第二日进行回访。如果是下雨天导致的渗水问题，则应该在下次下雨时进行回访。

(3) 管道堵塞或漏水，应当日进行处理，第二日回访。

(4) 家电出现问题，应当天进行检查，如果只是小故障，如接触不良、电源短路，处理后第二日回访 1 次。

(5) 客户家里网络较差，应立即联系运营商，两日内解决问题，次日回访 1 次。

(6) 室内墙体出现裂缝，在没有危及生命或影响正常生活的情况下，可与施工单位联系，3 天内给予解决，5 天后回访第 1 次，1 个月后回访第 2 次。

6.4.4　上门走访

物业客户服务中心想要做好客户服务管理工作，上门走访是必不可少的。只有掌握好上门走访的方法与技巧，才能取得良好效果。上门走访的一般流程和要求如下。

1. **制订走访计划**

客户服务中心应制订走访计划，物业客户服务人员根据走访计划进行走访，从而达到 100%走访覆盖率。

2. **提前与业主预约**

物业客户服务人员根据走访计划提前预约业主，然后明确走访时间、走访内容和走访目的。

3. **入户前准备**

物业客户服务人员应携带鞋套，并检查走访所需材料是否准备齐全，整理好仪容仪表。

4. **入户前要求**

入户按门铃或敲门，行为应文明得体。业主开门后，物业客户服务人员应先问好，然后表明自己的身份，并与业主确认来访目的，经业主允许后，方可进入室内。

5. **入户后要求**

待业主让座后再落座，并向业主致谢。随后根据走访内容、走访目的等，与业主展开友好交流，物业客户服务人员应注意沟通技巧，把握沟通节奏，并做好记录，便于后期对沟通记录进行整理。

6. **访谈后要求**

完成走访工作后，物业客户服务人员应立即离开，不要过久地打扰业主，离开前向业主致谢，并感谢业主配合工作。另外，出门后向业主道别，并主动帮其关闭入户门，动作应轻柔得体，不可产生较大声音。

7. 做好沟通记录

物业客户服务人员在结束对每家住户的走访后，应做好走访记录，如填写业主沟通记录表，如表6-5所示，记录内容包括业主信息、沟通内容和业主诉求等。同时，对业主的意见或建议进行分类，填写业主投诉意见、建议处理台账，包括业主信息、受理时间、投诉内容、受理责任人等信息。若是存在产生投诉情况，还应填写业主投诉处理记录表。

表6-5 沟通记录表

______年______月______日

栋房号码		业主姓名		回访方式		预约时间	
回访内容：							
回访人：		业主签字：		日期：			
物业经理审核							
备注							

8. 客户走访要求

分析业主投诉处理记录表的内容，将分析结果反馈至相关部门以解决业主的投诉，完成后对业主进行回访，了解业主满意度，持续做好回访记录，直到业主满意。回访完毕后，完善业主投诉意见、建议，处理台账中回访内容的各项信息。

6.4.5 回访时应注意的细节

1. 见面问候时最好点名道姓

客服人员进入业主家门时，通常会说："您好，见到您很高兴。"但如果能够这样说："王先生，您好，见到您很高兴。"其效果会更好些。因为后者比前者要更亲切热情。

2. 如果业主没请你坐下，你最好站着

客服人员进入业主家时，如果业主没请你坐下，最好不要自己坐下。

3. 不要急于出示随身携带的资料

只有在交谈中提及了，且已引起对方的兴趣时，才向业主出示随身携带的资料。同时，回访前要做好充分的准备工作，针对去业主家要解决的问题，提前考虑到业主可能会提出的一些问题，在业主提出问题时，应给予详细的解释或说明。

4. 主动开始谈话，珍惜时间

客服人员在回访时，应该主动开口，表达简洁准确，切勿占用业主过多时间，以免引起业主的反感。

5. 时刻保持相应的热情

客服人员在回访时,如果对某一问题没有投入足够的热情,那么,业主也可能会失去谈论这个问题的兴趣。

当业主因为某些问题而情绪激动,不配合工作时,应果断提早结束回访,避免未能解决原有问题,而又产生新的问题,把事情弄得更糟。

6. 学会听的艺术

客服人员进行回访时,不仅要会说,还要学会倾听。听有两个要求,首先要给业主留出说话的时间;其次要"听话听音"。当业主在说话时,千万不要打断他,听他把话说完。应做好准备,以便利用恰当的时机给予响应,鼓励他把话讲下去。

7. 避免不良的动作和姿态

客服人员在回访时,应保持端庄得体,不做无关的动作或姿态,如:玩弄手中的小东西、用手理头发、搅舌头、剔牙齿、掏耳朵,弄指甲或盯着天花板与对方身后的字画等,这些动作都有失风度。

也千万不应忘记自己的身份而故作姿态,卖弄亲近,如:"咱俩无话不谈,要是对别人,我才不提这个呢!",脏话和粗话更应避免。

8. 要善于"理乱麻",学会清楚地表达

客服人员在说话时,表达应清晰准确,善于概括总结。不会概括的人常令人不明所以;叙事没有重点、思维头绪混乱的人,会使人们茫然无绪,不知所措。注意自己说话的语气和语调。说话要保持清晰,喉音、鼻音不宜太重,语速徐缓,语调平稳,而充满朝气的语调会使自己显得年轻。

9. 注意衣着和发式

客服人员回访时记住自己代表着物业服务企业,体现本企业的形象。千万不要给人一种不整洁的印象,这样不仅无助于回访事情的解决,还会影响整个企业的形象。

10. 避免过度关心和说教

过度的关心和说教应该避免,要表现出诚意和合作精神,表达真诚的沟通愿望,避免其产生反感。

11. 注意告别

客服人员回访结束出门时,要带好自己的随身物品,如公文包、资料等。告别语一定要简洁恰当,切忌在临出门时又引出新的话题。

物业服务专访案例分析

实训任务

任务内容:设计通过一份电话进行投诉回访的话术

具体要求:

(1) 由 3~5 人组成学习小组,小组的各项工作由组长负责指挥协调,组员分工明确;

(2) 学习小组开展讨论,设计出通过电话进行投诉回访的话术;

(3) 指派两名代表,一名扮演业主、一名扮演客服人员,使用所涉及的话术进行模拟演练;

(4) 各学习小组互相进行交流、讨论,教师点评。

习题练习

一、判断题

1. 在进行投诉回访时，为了不影响业主的正常生活，通常会采用电话回访的方式，也可采取与业主交谈、现场查看等方式综合进行。（　）

2. 投诉回访中，如果物业客户服务人员不能立即回答客户提出的问题，应告知其回复的时间。（　）

3. 物业客户服务人员对投诉要做到90%回访，可进行多次回访，直至客户满意为止。（　）

4. 维修完成后，如果当时看不出维修效果或可能再出现故障，物业客户服务人员应多次回访；如果维修效果很明显，则可以进行一次性回访。（　）

5. 危害业主生命财产安全，如天花板墙皮脱落、墙裂缝严重、灯罩松动、橱柜倾斜、电器漏电问题，应马上进行处理。处理后，应在一周内回访一次视情节轻重，可采取连续回访。（　）

二、多项选择题

1. 物业服务回访的目的包括（　）。

A. 了解业主对物业服务的满意度

B. 对业主积压的物业服务质疑进行分析和解答

C. 弥补物业服务中的不足

D. 了解物业收费是否合理

2. 维修回访的内容包括（　）。

A. 安排专人实地查看维修项目　　B. 向业主了解维修人员服务情况

C. 向业主征询改进意见　　D. 向业主核对收费情况

三、简答题

1. 投诉回访的要求有哪些？
2. 维修回访的原则是什么？
3. 上门走访的一般流程和要求有哪些？
4. 回访时应注意的细节有哪些？

任务 6.5 物业服务常用文书的运用

任务导入

在物业管理与服务的过程中，物业服务企业与业主之间的矛盾不仅会影响到物业管理工作，也会影响到预定目标的实现。因此，运用合理的方式与巧妙的技巧化解矛盾，是物业服务企业重点关注的内容。灵活运用物业服务常用文书来与业主进行沟通，有利于消除物业服务企业与业主之间的隔阂，提升沟通效率和服务质量。

任务情境

某物业服务企业将于 9 月 20 日至 10 月 10 日为业主提供集中入住服务。为了做好入住服务的相关工作，物业服务企业拟定了一份入住通知书，其目的是提示业主办理入住手续的时间、地点及所需携带的相关资料等。入住通知书的具体内容如下：

入住通知书

尊敬的先生/女士：

您好！

根据您与我公司签署的《沈阳×××商品房预售合同》（以下简称"买卖合同"）的约定，您所购买的沈阳×××项目三期-××栋-1-501 号房屋（以下简称"该商品房"）已具备交付条件，现特向您发出入住通知。请您收到本通知书后详细阅读。

一、入住手续办理时间及地点

我们将于年月日至年月日（每日 9:00—16:30）在×××物业用房为客户集中办理入住手续。为了您方便快捷地办理完毕入住手续，我们为您提供的一对一全程接待时间定为：以电话通知时间为准，办理住宅交付手续。若您在前述时间内无法前来办理入住手续，请您拨打服务热线×××××××××××（联系电话）另行预约时间，以便我们为您提供更好的服务。

办理入住需携带如下资料（以下资料为办理房屋交付所必需，请您务必携带）

1. 入住通知书（原件），购房合同（原件）。

2. 所有已交房款、税费的票据原件，维修基金交纳收据。

3. 业主有效身份证件正本：

（1）身份证、护照等（须与预售合同一致）；

（2）如果是未成年人的，须提供监护人的身份证明复印件、监护人及被监护人户口簿复印件；

（3）没有中文名的，需要做中文译本公证；

（4）如果是公司购买的，应由公司法人前来办理入住手续，同时需提供最新的年检营业执照副本、港澳台及外籍公司的注册证书或商业登记证明、单位公章、法定代表人身份证明书、法定代表人身份证或护照。

4. 若您因事务繁忙不能亲自前来，可委托他人代办。代办时，被委托人须提供经公证的业主授权委托书（中文）、业主身份证件复印件及被委托人身份证原件。

注：单套房屋的购买人为两人以上（含两人），购买人须同时到场办理入住手续。

再次感谢您对我们工作的支持，欢迎并期待着您的到来！

×××物业服务公司（加盖印章）

2024 年 2 月 25 日

问题：你认为在物业管理与服务中使用类似《入住通知书》这样的文书对物业管理工作有帮助吗？

知识内容

物业服务属于一种无形的产品，服务对象往往很难直观感知到。所以，一些业主不清楚物业客户服务人员到底为自己提供了哪些服务。例如，设备维护、花草修剪、安保巡逻等。部分业主认为物业管理收费过高，有的业主甚至认为可以取消物业服务企业的服务。因此，在物业日常服务工作中，物业客户服务中心要善于运用通知、通告、启事、提示等常用文书，来将物业服务的事项告知业主。

6.5.1 通知的写作要求与范本

通知属于行政性公文的一种日常公告，也是使用最多的一种公告形式，如停水停电、物业管理费交纳、办理各类手续、公共设备设施升级、清洗空调及抽油烟机等。

通知一般由标题、正文、落款和附件四部分组成，具体如表 6－6 所示。

表 6－6 通知的格式规范

构成部分	写作要求与内容
标题	一般由“发文单位名称＋事由＋通知”构成，可省略发文单位名称，但不可省略事由（请示的内容）
正文	一般包括以下内容： ① 开头，简明交代制发通知的根据和目的，之后多用过渡语，如“特此通知如下”“现将……的有关事项通知如下”等。 ② 主体，简要叙述通知的事项，分条列项，层次分明。 ③ 结尾，写明通知执行要求，通知的结尾通常用“特此通知”“以上通知，望认真执行”“本通知自发布之日起实行”等惯用语
落款	标明发文日期和发文单位（印章），发文日期的数字写法如二〇二一年八月八日
附件	通知要求附加的文件

1. 需业主理解工作的通知

针对停水停电、清洗公共区域、升级改造公共设施、公共区域消杀等工作，物业客户服务中心应提前发布通知，以便客户理解我们的工作，撰写时要注意以下几点。

小区停水停电通知

(1) 在标题中标明主题内容，从而直接引起客户的注意。

(2) 在正文中详细描述原因、起止时间、注意事项及热线电话等。如果存在比较重要的事项，可以使用特殊字体及颜色进行标注。由于此类通知中的事项可能会给业主带来不便，所以需要在通知中提前向业主表示歉意，通常可以表述为“由此给您带来的不便敬请谅解！”

物业收费通知

2. 需客户协助工作的通知

在物业管理服务中，部分事务需要客户协助才能完成，如办理各类手续、物业管理费交纳、房屋出租登记等。因此，在发布此类通知时需要注意突出内容，重要部分通过调整字体、颜色来突出显示，以最直观的方式展示给客户。同时，应对客户的协助表示感谢，如“感谢您对我们工作的理解与支持！”。

编写通知的注意事项：

物业客户服务中心在编写通知时，主要注意以下几个问题。

(1) 明确行文目的：为何写？内容是什么？怎么写？

(2) 范围与对象：针对什么问题？解决什么问题？

(3) 措施：提出的措施具有可行性，不可泛泛而谈。

(4) 内容要求：结构严谨，层次清晰。

6.5.2　通告的写作要求与范本

关于车辆违规停放的通告

关于高空抛物的通告

通告是物业客户服务中心向业主发布的较为特殊的公告，偏向于对业主的某些行为进行管理，适用于公布社会各个有关方面应当遵守或者周知的事项，包括禁止业主实施某些行为，如禁止践踏草坪、禁止破坏公共设施、禁止高空抛物。通告主要分为两种类型，分别是制约性通告与知照性通告。制约性通告是用于要求一定范围的对象普遍遵守某些事项的通告。知照性通告是用于比较公开地告知一定对象应知道的事项的通告。通告的格式与写法也有两种：①由发文单位名称、事由和文种组成；②只写发文单位名称和文种，或者只写“通告”两个字。

6.5.3　启事的写作要求与范本

与其他类型的公告比较，启事类公告涉及的内容相对较少，常见的有失物招领启事、寻物启事等，其具体格式如下：

1. 标题

启事的标题可以有两种构成格式：第一种是由文种名称和缘由构成，如寻物启事；第二种是由文种名和具体物名构成，如寻狗启事、寻钥匙启事。

2. 正文

启事的正文通常由以下三项内容构成。

(1) 写明物品的名称、外观、规格、数量、品牌等，同时要写明具体原因、时间和地点。

(2) 交代清楚事情的经过，要求业主知晓、配合的事项。

(3) 明确沟通方式，注明详细地址、联络方式等。

小区失物招领启事

3. 落款

落款要署上物业服务企业的名称，并署上发文的日期。

6.5.4 提示的写作要求与范本

物业客户服务中心发布提示类的公告，通常用于对特殊天气、节假日公共设施使用等进行安全提示，例如，春节期间燃放烟火容易导致火灾或炸伤他人。

物业客户服务中心需要提前关注相关单位发布的通知，并将其以提示的方式转达给业主，提醒业主做好防范准备。

关于春节期间的温馨提示

通常情况下，提示的内容与业主的利益密切相关，目的在于公开向业主告知、提醒某事，并希望业主配合与支持，比较人性化，不包含强制性要求。

6.5.5 倡议书的写作要求与范本

倡议书是为倡议、发起某项活动而写的带有号召性、公开提议性的专用文书。当物业服务企业公开提倡某种做法、倡导某项活动、鼓动大家响应时，要使用倡议书。倡议书通常有个人倡议书和集体倡议书，如《关于向××地震灾区捐赠衣物倡议书》。

倡议书由标题、称谓、正文、落款四部分构成。

标题：一般在第一行正中用较大字体写上“倡议书”三个字，也可以由倡议内容和文种名共同组成。如“环保倡议书”。

称谓：第二行顶格写明受倡议人的称谓。

正文：另起一行空两格写明倡议的背景、原因和目的，倡议的具体内容和要求，开展什么活动，要做哪些事情，具有的社会价值和重大意义等。倡议的具体内容一般是分条来写，一目了然。

落款：即署名和时间，在正文的右下方写明倡议者的个人姓名或单位名称及日期。

倡议书

6.5.6 请示的写作要求与范本

请示是向上级单位请求指示、批准的公文。当物业服务中就某一事项请求上级领导给予指示或批准时，要用请示这个文种。请示要求一文一事，即一份请示只能向上级请示批准一个问题；请示的主送单位也只能是一个，不能多头请示。

请示一般由标题、开头、主体和结尾四部分组成，具体如表 6-7 所示。

表 6-7 请示的格式规范

构成部分	写作要求与内容
标题	标题由“发文单位名称＋事由＋文种”构成，有的只写事由和文种，但不可省略事由（请示的内容）只写文种
开头	开头要求写得充分而又简明；内容涵盖请示的缘由和背景

（续表）

构成部分	写作要求与内容
主体	主体要求写作内容实事求是、简要、明确、合理；内容写请示的事项
结尾	结尾写要求和希望。常用语有“妥否，请批示”“以上批示，望予审批”“当否，请批示”等。最后署名（发文单位）并写明请求日期

6.5.7　物业客服常用文书的发布要求

关于调整保洁员薪资的请示

1. 安装统一布告栏

发布日常文书常以书面形式为主。在以居住为主的小区内，可将文书张贴在小区主要出入口、每栋住宅楼的一楼大堂或电梯前厅。物业服务企业一般会在以上地点安装统一的布告栏，以便业主习惯于时刻留意布告栏中公告的内容，在第一时间获取最新信息。

布告栏应制作精美、大方，与周围环境相映衬，以此保证小区内公共场所的美观。对于商业楼宇的物业而言，可将布告分发到各单位或投入到信箱内。

2. 布告应有较高的认可及接受度

日常文书一般是物业服务企业单方面主动发布，业主被动接收信息，而且只能通过书面文字表达意思，属于物业服务企业与业主沟通的一种特殊形式。所以在拟定文书内容时，为保证业主对文书有较高的认可及接受度，应注意以下几点：

(1) 形式要规范。物业服务企业向业主发布的日常文书主要有通知、启事、通告、提示、简讯等形式。无论哪一种形式，格式都要规范。

(2) 一份文书一条信息。物业服务企业发布新的文书后，大部分业主都是在经过布告栏时顺便留意文书的内容，停留的时间很短暂。为使业主在最短时间内获取准确的信息，最大限度减少信息的流失，发布时应注意布告内容单一，避免有多个不同内容出现在同一文书内。文书的语言要简练明确，尽量使篇幅短小精练，以保证信息传达得快速而准确。

3. 语言要灵活

不同形式的文书内容也不一样，物业客服人员发布的每一份文书都有其不同的目的，对业主收到信息时的反应效果要求也各不相同。而这些差异主要可通过语言组织、措辞等表现出来，不同的语言表达可表现出发布者的不同态度。

因而，为使业主更准确地接收信息，可在语言措辞方面灵活运用，将实际目的准确地表达出来。

4. 版面应严谨

在以居住型为主的小区内，由于文书对象较多，客服人员应注意文书版面要严谨。对于纸张的大小、字体类型及颜色等都应做统一规定如发布通知、通告等布告时采用 A4 型纸张、宋体字；另外，对字体的大小也可做统一的规定，如标题用三号字，正文用小四号字等。

5. 符合礼节规范

客服人员在拟订文书时，应使用符合礼节规范的礼貌用语，如文稿抬头使用“尊敬的业主”,正文中对业主的称谓使用敬称“您”等。

另外,无论发布任何类别的文书,都应始终保持对业主尊敬的语气,决不能使用过分批判甚至侮辱性的文字。如确有必要批评业主,也应在语言组织上灵活应用,使用婉转或较易接受的措辞,以取得满意的效果。

实训任务

任务内容:撰写一份业主满意度调查通知

具体要求:

(1) 由 3~5 人组成学习小组,小组的各项工作由组长负责指挥协调,组员分工明确;

(2) 学习小组开展讨论,并撰写业主满意度调查通知;

(3) 进行任务的成果展示;

(4) 各学习小组互相进行交流、讨论,教师点评。

习题练习

一、判断题

1. 通知属于行政性公文的一种日常公告,也是使用最多的一种公告形式,如停水停电、物业管理费交纳等。 ( )

2. 通告是物业客户服务中心向业主发布的较为特殊的公告,偏向于对业主的某些行为进行管理,适用于公布社会各个有关方面应当遵守或者周知的事项。 ( )

3. 知照性通告是用于要求一定范围的对象普遍遵守某些事项的通告。 ( )

4. 启事的标题可以有两种构成格式:第一种是由文种名称和缘由构成,如寻物启事;第二种是由文种名和具体物名构成,如寻狗启事、寻钥匙启事。 ( )

5. 通常情况下,提示的内容与业主的利益密切相关,目的在于公开向业主告知、提醒某事,并希望业主配合与支持,比较人性化,不包含强制性求。 ( )

6. 请示是向上级单位请求指示、批准的公文。 ( )

二、简答题

1. 撰写让业主理解工作的通知时,应注意什么?

2. 启事的正文应包括哪些内容?

3. 物业客服常用文书的发布要求有哪些?

任务 6.6 岗位作业指导书的编写

任务导入

在物业管理与服务的过程中,需实施的程序、标准和内容较多,不便于岗位工作人员学习和执行，因此，各岗位均需要一份比较系统的指导文件。作业指导书就是结合传统管理方式和岗位实际需要而编制的文件，囊括了员工在一个岗位上应当掌握和了解的知识和技能。岗位作业指导书是员工工作的依据，也是物业管理和服务的基础和依据。作业指导书的制订要从员工和岗位的角度出发，使员工对有关该岗位的相关知识和工作有全面的了解，知道该岗位上各项工作的要求，提高员工的作业水平。

任务情境

小薇是物业服务企业新录用的前台客服，经过 3 天的新人培训之后，就正式上岗了。为了让小薇更好地适应岗位工作，客服部主管安排了一名老员工娜娜带她。在平时的工作中，小薇会向老员工娜娜请教，并将具体的工作流程及注意事项记录在自己的记录本中。

一天，小薇在值班的过程中，接到了业主的报修电话，该业主反映自家的户内可视对讲无法通话，需要进行维修。小薇按照自己所记录的业主报修处理流程中的相关步骤来接待业主电话报修。首先，她将业主的报修内容进行了登记，并回复业主稍后会安排维修人员上门处理。随后，小薇将业主的报修单转至工程维修部。几天后，小薇又接到该业主的来电，业主反映上次的报修无任何人上门进行处理，也没得到任何回复。业主很气愤，就对该事件进行了投诉。

客服部主管在处理本次投诉的过程中发现，造成本次投诉的主要原因是事件处理跟踪不到位，在这个报修处理过程中缺乏维修回访环节。由于可视对讲处于保修期内，住户家中可视对讲的维修是由施工单位的人员来维修的。由于小薇是新人，不了解这个情况，且没有对这个报修进行跟踪。如果小薇及时跟踪，就会了解该问题实际情况，可致电给业主解释这一问题，进而可以避免本次投诉。

小薇心里也很委屈，因为没有人或相关文件来明确告诉她详细的处理流程，她只是通过个人的询问笼统地了解相关工作业务的处理方式，这就难免会在工作中出现失误。

问题：小薇所遇到的是对工作业务没有系统掌握的情况，该如何避免呢？

知识内容

物业客服工作是连接物业服务企业和业主的桥梁，良好的服务工作可以提升业主的满意度，增强业主的信任度，能够帮助物业服务企业树立良好的品牌形象，有利于企业市场竞争力的提升。但是，物业服务企业提供给业主的是服务，服务是无形的产品，无形产品与有形产品的最大区别是产品的质量水平与产品生产者有直接的关系，即使是同一项服务工作，不同的工作人员所展现的效果可能会有很大的差别。因此，物业服务企业想要持续地为业主提供优质的服务，就必须将各岗位的各项服务工作应达到的工作标准和要求，通过文件的形式固定下来，即编写各岗位作业指导书。在日常工作中，物业客服部可以根据本部门各岗位的工作内容来编制作业指导书。

6.6.1　作业指导书的含义

作业指导书是指为保证作业过程的质量而制订的程序，是以文件的形式规定生产作业活动的途径、要求与方法的具体的操作性文件。

作业指导书是针对某个部门内部或某个岗位的作业活动的文件，侧重描述如何进行操作，是对程序文件的补充或具体化。理解和掌握作业指导书的内涵，还要注意以下三个方面的问题。

(1) 作业指导书也是一种程序，只不过其针对的对象是具体的作业活动，如业主来访接待、电话接听、办理大件物品放行手续、信息发布等；而程序文件描述的对象是某些系统性的质量活动，如业主满意度测评活动。

(2) 制订作业指导书的目的是保证作业过程质量的基础文件，为具体作业提供指导。

(3) 作业指导书有时也称为操作规范、操作规程、工作指引等。

6.6.2 编写作业指导书的目的与作用

1. 编写作业指导书的目的

编写作业指导书的目的主要体现在以下几个方面。

(1) 使工作或作业活动有章可循，使工作(作业)的过程控制规范化，保障全过程的质量和安全；

(2) 对内、对外提供文件化的证据；

(3) 可以作为持续改进质量、环境和职业安全健康管理体系的基础和依据；

(4) 可以用作学习与培训教材，以提高人员素质和服务水平。

2. 编写作业指导书的作用

编写作业指导书的作用主要体现在以下几个方面。

(1) 规范员工的作业行为；

(2) 为标准化作业提供依据；

(3) 将积累下来的经验、技术记录在标准化文件中，避免因人员的流动导致技术流失；

(4) 使作业人员通过短期培训和学习，快速掌握较为先进合理的作业技能；

(5) 依据作业标准，能够迅速查出不良原因；

(6) 树立良好的工作形象，取得客户的信赖与满意；

(7) 是贯彻质量管理体系的精神核心(说、写、做)的具体表现，实现管理的规范化、流程化、标准化、形象化、简单化；

(8) 能够帮助企业形成最基本、最有效的管理资料和技术资料。

对编写作业指导书的理解误区

6.6.3 编写作业指导书的要求

(1) 作业指导书应尽可能简单、实用。尽可能写得最通俗易懂，不要用复杂的、冗长的、夸张的语言来编写，避免使用难懂的、生僻的词语。

(2) 作业指导书应详尽、具体、专一，有很强的操作性和针对性。

(3) 作业指导书措辞准确，逻辑性强。

(4) 作业指导书应具有可检查性，应尽量数字化、图表化，包含作业内容的图解说明，既可指示流程，也可标明做法。

(5) 编写时要全员参与。由于全员参与，可以满足各个方面的要求。工作人员参与编制的作业指导书，可以使工作人员有参与感和成就感，也就更容易理解，也更乐于去执行。

6.6.4 作业指导书的编写原则

1. 确定性原则

作业指导书的重点内容应该是解决如何作业的问题，应列出具体操作的详细过程，包括每一步骤所使用的材料、仪器设备以及过程作业的结果和判定标准等。

2. 实用性原则

作业指导书的内容和形式应以实用为原则，尽量简洁、易懂，而且要符合文件控制的要求。以文字叙述作业过程时，应选择通俗易懂的语句来表达，方便各个层次人员的理解和领悟。同时，尽量多采用图表、图示、流程图和照片等形式，图文并茂，更容易被使用者接受。

3. 必要性原则

没有必要每个岗位每个活动都必须有作业指导书，应该充分考虑活动的复杂性、实施活动的方式、完成活动所需的技能、人员和资源要求等，以便确定最适合组织运作需要的作业指导书。

4. 协调性原则

编写作业指导书时，应认真分析现有文件的特点和适用性，将相应的技术规范、标准和有关技术文件作为编写依据，同时也应注意作业指导书的内容并非一定要限制在所依据的质量管理标准要求的范围之内，还可以包括对其他业务活动的控制要求。

6.6.5 作业指导书编写的注意事项

1. 协调好作业指导书和程序文件之间的关系

作业指导书的编写要以程序文件为依据，程序文件一般都用于管理层，主要规定实施某一项活动的职责、范围和工作步骤等，而工作步骤所涉及的具体的技术性的细节则要在作业指导书中加以细化和展开，因此，处理好作业指导书和程序文件之间的接口关系非常重要。

2. 形式多样而写法各异

作业指导书所控制的对象不同会导致作业指导书的编写形式和方法不同，因此，在编写作业指导书时，应根据欲控制的对象，决定控制的内容和要求，并选取相应的表达方式。

遗失物品处理作业指导书示例

3. 切合实际并全面控制

作业指导书是为了指导实际工作而编写的，因此，要求其内容应符合实际运行情况，作业指导书应注重全面性，每一项活动其实都可以对特定事物质量起到控制、指导和评价作用，每一项活动都可被视为一个过程，过程必定有输入和输出。所以，要想使过程受控，就必须全面分析过程的输入和输出，对各方面因素进行综合考虑，然后明确对各个环节的要求，这样编写出的作业指导书才具有可操作性。

物业前台岗位作业指导书示例

实训任务

任务内容：编写一份参观接待作业指导书

具体要求：

(1) 由3～5人组成学习小组，小组的各项工作由组长负责指挥协调，组员分工明确；

(2) 学习小组选取一个住宅小区进行实地考核；

(3) 学习小组成员之间展开讨论，并制订出本小区的参观接待作业指导书；

(4) 选派一名小组成员进行阐述；

(5) 各学习小组间进行交流，并进行总结。

习题练习

一、判断题

1. 作业指导书是指为保证作业过程的质量而制订的程序，是以文件的形式规定生产作业活动的途径、要求与方法的具体的操作性文件。 ( )

2. 作业指导书是针对某个部门内部或某个岗位的作业活动的文件，侧重描述如何进行操作，是对程序文件的补充或具体化。 ( )

3. 制订作业指导书的目的是保证作业过程质量，为具体作业提供指导。 ( )

4. 员工个人的工作经验或技术是没有办法编写在作业指导书中的，因此人员流失就会导致工作经验或技术的流失。 ( )

5. 作业指导书应尽可能简单、实用。不要用复杂的、冗长的、夸张的语言来编写，尽量使用学术名词，必要时还可以增加外文说明等。 ( )

二、多项选择题

1. 编写作业指导书的目的是( )。

A. 使工作或作业活动有章可循，使工作(作业)的过程控制规范化

B. 对内、对外提供文件化的证据

C. 可以作为持续改进质量、环境和职业安全健康管理体系的基础和依据

D. 可以用作学习与培训教材，以提高人员素质和服务水平

2. 作业指导书的编写原则有( )。

A. 确定性原则　　B. 实用性原则

C. 必要性原则　　D. 协调性原则

三、简答题

1. 编写作业指导书的作用有哪些？

2. 编写作业指导书的注意事项有哪些？

任务 6.7　物业客户服务质量管理

任务导入

物业服务企业对服务质量的管理始终贯穿于整个服务运作过程中，而非仅仅依赖事后的检查和控制。因此，服务流程、服务标准、服务人员表现等都将体现出服务质量的优劣。其中，服务人员的表现及其与业主的互动关系更是业主对物业服务质量感知与评价的重要一环，因此，人的因素对于服务质量的提高至关重要。所以，在提高服务质量方面，物业服务企业应制订出能带给业主优质服务体验的服务质量标准。服务质量标准制订出来之后，必须加以贯彻和实施，建立完善的服务质量检查制度，切实为业主提供优质的服务，使业主获得最大的利益。

任务情境

去年年底的一天清晨，物业楼宇管家小马巡查到某楼 2 单元时，忽然发现 101 室的防盗门上插着一串钥匙，心想这一定是业主一时疏忽，开门后忘记把钥匙取下来了，楼上还有好几家正在装修，万一被进进出出的人拿走……想到这，小马走过去按响了 101 室的门铃。

轻轻按了几遍，都没有动静。小马有点急了，最后按得一下时间稍长了一点儿。这一次铃声还没有响完，就听到里面有人大声问道："谁啊，大清早的干什么？"业主有些发脾气了，但还是打开了房门。小马简单说明情况后，把那一串钥匙双手递给业主。或许业主还没有摆脱被惊扰的不快，不冷不热地说声"谢谢"就回房间去了。小马心里怎么想都不是滋味。

第二天巡楼时，小马又与这位正在家门口锻炼身体的业主不期而遇。"您早，先生！"小马想打个招呼就离开。这位业主却快速走了过来，说："昨天还没醒过神来，没有好好感谢你，实在是不好意思"。小马回复道："请别客气，关注和保障您的安全，是我们应该做的"，说完就转身离开了。

问题：小马提示业主收好钥匙虽说是办了一件好事，但当时给业主的服务体验却并不好。类似的情况该如何避免呢？

知识内容

服务本质上就是要满足顾客的需求，应以服务质量作为核心和起点。而对于物业服务质量，应体现出"以房屋建筑为中心，以业主或者物业使用人为主体，以业主或者物业使用人的感受为基准"的服务理念。由此可见，物业服务企业的各项服务工作构成了一条服务链，最终由物业服务人员将满意的服务提供给业主或者物业使用人。

6.7.1　物业服务质量的含义

服务质量是指服务能够满足规定和潜在需求的特征和特性的总和，是服务工作能够满足被服务者需求的程度。

根据服务质量的定义,可以将物业服务质量界定为以房屋质量为中心的物业服务,满足业主或者物业使用人"明确的"或者"潜在的"需求程度。它取决于业主或者物业使用人对物业服务的预期与实际可感知的物业服务水平的对比。由于物业服务是无形的,且服务的生产与消费是同时进行的,物业服务质量是业主或者物业使用人直接感受的内容,所以物业服务质量的提高需要形成有效的沟通管理和服务系统,满足业主和物业使用人对物业服务的需求。从这个角度来讲,物业服务质量就是物业服务企业所提供的能够满足于业主或者物业使用人"明确的"和"潜在的"需求的能力和程度的总和。

6.7.2 物业服务质量的特征

1. 物业服务生产与消费的同时性

物业服务企业提供给业主的是服务,如果将这个过程比作是生产的话,那么在物业服务企业生产的同时,业主也在享受该产品(服务)。物业服务企业在安保值勤,业主就在享受安保服务;物业服务企业在进行环境清洁,业主就在享受清洁服务。这一个重要特点决定了物业服务企业的生产过程和质量情况都同时展现给业主。物业服务企业的员工素质、服务水平、技术力量等都会一览无余地让业主感受到和加以评判。如果某一个方面出现质量问题,业主马上就会感受到,并会提出意见。实事求是地说,生产也好,服务也好,企业完全不出现一点不合格产品或服务,完全没有质量瑕疵是不现实的。但是企业无法提前预知,也无法把不合格的产品(服务)提前截留下来,只有当不合格产品(服务)产生后,甚至在接到投诉后才知道,才能采取相应的措施,这就使物业服务企业对服务质量的控制处于相对被动的状态。物业服务质量控制的难点就在于此。

2. 物业服务质量检测的过程性

物业服务具有过程性,过程长短由物业服务合同约定。由于物业服务的性质,在物业服务合同约定的时间内,其产品(服务)的质量常常处于变动状态。可能是逐步变好,也可能逐步变差,每一个具体的时间段内,服务质量也可能会发生变化。例如保洁员今天工作很好,明天就不一定好,上午秩序维护员正常工作,下午秩序维护员与客人发生争吵,引起客人投诉,质量就成了问题。此类事情,司空见惯。要在一个相当长的服务过程中保持质量的稳定,难度相当大。今天质量的稳定得以保证,明天则不然。由此可见,物业服务的质量控制难度是非常大的。

但是,物业服务也有两面性:一方面带来了质量控制的难度,另一方面又带来了质量的可塑性。业主不太可能因为一件事不满意就辞退物业服务企业。我们可以利用这个服务过程加强内部控制,让物业服务质量朝着好的方向发展。

3. 物业服务质量要求的综合性

物业管理与服务工作的范围很广,多样且复杂,具有综合性。物业设施设备管理、安全管理、绿化管理、卫生管理、客户服务等只是物业服务的主要内容,实际过程中的物业服务工作远远超出了这个范围,尤其在居住物业服务中,几乎没有不与物业服务相关的事。节日的装饰庆贺、业主的安全保护、灾害事件发生后的救护等,都离不开物业服务。

另外,物业服务主要是通过人与人的交流,即服务人员与服务对象的交流而实现的。服务对象的多样性、复杂性给服务者带来了困难,业主的性格、脾气、爱好等各不相同,物业服务人员必须适应和满足各种不同服务对象的需求。但是,物业服务人员本身也是各不相同,可能会适应某些人的服务要求,但不一定适应另一部分人的服务要求。在一部分服务对象那里,某个人可能是优秀服务人员,而在另一部分服务对象那里就可能成为投诉对象,这种情况也是常见的。

在一般的服务行业中,服务需求者与服务者之间相互选择的余地也比较大。例如对某个饭店的服务有意见,可以选择不再去那家饭店。因为这种服务是一次性的、短暂的,容易改变的。而物业服务却不同,物业服务合同是发展商或业主委员会与物业服务企业签订的,当物业管理服务合同签订后,在合同期限内是固定不变的。供需双方中的两个主体,都有自主选择和调整对方的权利。如果某个业主对某一物业服务人员有意见,作为业主个人是无法终止物业服务合同的,他必须接受该服务者继续提供的服务,必须忍让,除非出现合同约定提前终止的情况。同样,物业服务企业的管理者,也不能认为某个业主素质差、难服务,如不交纳物业管理费、乱倒垃圾等,就把这个业主从服务对象中清除出去,而应该继续为这个业主提供服务。因此,有意见的双方都只能妥协,在有意见的气氛中继续服务,继续消费,继续摩擦,直至合同到期。这种特点,既增加了物业服务企业服务的难度,同时也给物业服务企业改进管理方法、改善与业主的关系,提供了时间和机会。

4. 物业服务质量塑造的全员性

以业主满意作为管理服务的出发点和归宿,争取零缺点、无瑕疵服务是物业服务的特色,因此,物业服务质量对员工素质有严格的要求。员工素质会直接影响服务的及时性、有效性,而物业服务质量的评价又是以主观为主,主观与客观相结合进行的,这就使得服务质量的提供者——服务人员的素质对物业服务质量具有很大的影响,使物业服务质量对员工素质具有较强的依赖性。

物业服务质量的形成需要全体服务人员的参与和协调。不仅一线的客户服务人员、秩序维护员、保洁人员会影响物业服务质量,而且二线的营销策划人员、后勤人员对一线人员的支持也会影响物业服务质量。因此,物业服务质量不仅依赖于物业服务企业员工的素质,还和物业服务的全体人员整体性相关。例如在社区物业服务过程中,某一名安保人员或保洁人员服务意识差,会造成物业服务过程中的服务质量不佳、业主就会对物业服务产生不良的印象,就算物业服务其他方面做得再好、还是会让业主对物业服务企业产生坏的印象。此外,物业服务质量也与营销、后勤等二线人员相关。二线人员利用各种技术手段,宣传、营造、弥补物业服务的缺陷、给物业服务一线人员以支持,提高业主对物业服务的感知度、缩小物业服务质量和业主感知之间的差距,从而提高业主的满意度。

6.7.3 制订物业客户服务标准

6.7.3.1 制订物业客户服务质量标准的原则

1. 相关员工应参与设计并认可服务标准

服务标准应该经相关员工参与设计和认可,如果有可能,还应包括业主。客户服务人员是处于服务第一线的员工,对业主的需求最为了解,也最有发言权。因此,在制订物业客户服务标准时，应该让客户服务员工参与设计，并得到他们的认可，只有这样，企业制订的服务标准才可能切合实际，才可能使企业的服务员工不折不扣地执行自己所制订的服务标准；同时，在有条件的情况下，邀请业主委员会和业主代表参与物业客户服务标准制订过程中，一方面使制订出来的服务标准更加切合业主的实际需要，另一方面密切了物业服务企业与业主之间的关系，使标准能够得到更好的贯彻和实施。

2. 服务标准应该近乎零缺陷

就如物业服务企业的服务应该尽可能追求人性化的零缺陷一样，企业制订的服务标准必须考虑到满足形形色色的业主及其方方面面的需求，尽可能地让业主得到满意的服务。

3. 清晰陈述服务标准

服务标准应该得到清晰的陈述，并且以书面形式完整表述。物业服务企业制订服务标准的目的是更好地开展客户服务工作，最大限度地使业主满意，因此，物业服务企业制订出来的服务标准应该以书面的形式清晰地加以陈述，使客户服务人员能够更好地理解和执行，也使业主能够有依据地对企业的客户服务工作进行监督。

4. 服务标准必须能够满足业主的要求

物业服务企业开展客户服务工作的最终目的就是满足业主的需要，因此，在制订服务标准的时候，必须将业主的物质方面和精神方面的要求体现出来。

5. 服务标准必须现实可行、通俗易懂

物业服务企业制订的服务标准不是做摆设的，而是用来执行的。因此，物业服务企业要从自身实际情况出发，制订出能满足业主需要的，同时又是本企业切实能够做得到的，并且对客户服务人员和业主都是通俗易懂的标准。

6. 服务标准必须得到上层管理者的支持

服务标准的具体执行者是物业客户服务员工，而物业客户服务中心开展客户服务工作离不开其他职能部门和部门管理者提供的物质保障及精神支持，否则，客户服务工作将难以顺利进行，服务标准就不会起作用。

7. 标准一旦确定，就不允许出现偏差

物业服务企业的服务标准确定之后，在公布时必须准确，执行时必须不折不扣，不允许出现任何偏差。

8. 如果标准不适用或已经过时，必须予以修正

随着人们生活水平的不断提高，业主对物业服务的需求更趋于多样化，对物业服务水平的要求也不断提高，因此，物业服务企业要定期和不定期地对不适用或已经过时的物业服务标准予以修正，使企业的服务质量得到进一步的提高，更好地满足业主的需要。在必要时，所添加的新标准，物业客服人员必须同意和确认这些新标准，掌握新的服务技能和技巧，更好地开展服务工作。

6.7.3.2 制订物业客户服务标准的步骤

1. 分解服务过程

制订物业客户服务标准的第一步就是要分解每一项业务的服务过程，也就是把业主所要经历的服务过程进行细化，然后放大，从而找出会影响客户服务体验的每一个要素，进而找出制订服务标准的关键点。

2. 找出每个细节的关键因素

在服务的过程中，哪些是关键因素呢？比如物业维修服务中，业主在等待客服电话接通的步骤中，业主希望的是客服电话不占线，而且能够很快接通、被应答。也就是说，在这个步骤中，保证客服热线畅通，并且在电话铃响 3 声之内能够接通应答是这个细节的关键因素。

在完成这一步骤的时候，需要对每个细节进行影响分析。关键时刻的影响分析从业主的视角出发，对服务体验的关键要素予以描述。有的时候，就某一个细节物业服务企业自己觉得已经做得很好了，但进行了关键因素影响分析之后就会发现，业主根本不这样认为。因此，运用得当的话，关键时刻影响分析可以发现业主关注的问题点。如表 6-8 所示是业主给物业客服中心打电话的关键因素影响分析对比。

表 6-8 关键因素影响分析

业主期望	服务体验的提升要素	服务体验的诋毁要素
● 业主只需要打一个电话，就能联系到客服人员 ● 业主要受到礼貌、公正的接待 ● 客服人员口齿清晰 ● 电话不能太忙，占线时间短 ● 客服人员应在合理的时间内做出应答 ● 客服人员能够与业主愉快地对话 ● 客服人员说话的方式应让人感到她理解了业主的表述 ● 客服人员应该表现出有能力、乐于助人和善解人意 ● 客服人员应向业主承诺一个合理地解决问题的期限 ● 客服人员应准确地解释接下来将发生什么事情	● 客服人员拥有悦耳的嗓音和抑扬顿挫的语调 ● 客服人员非常有礼貌，可以感觉到她在微笑着与业主通话 ● 客服人员令业主感觉她设身处地为业主着想 ● 客服人员能够理解业主遇到的问题或境遇，并且知道怎么做 ● 客服人员能够耐心听业主讲述，并让业主知道她明白了业主所要表达的意思 ● 客服人员给人的感觉就像是一个朋友 ● 客服人员能够建议在业主方便的时间进行维修 ● 客服人员能告诉业主以后应如何防范此类问题的发生	● 业主不能理解客服人员的话。业主要拨打 2 次以上才能打通电话 ● 不得不听一段录音，那让业主感到自己不受欢迎 ● 拿着电话却听不到任何声音，可能会使人怀疑电话是否已被切断 ● 客服人员听起来像在千篇一律地回答常规性的问题 ● 感觉客服人员在催促，她根本没听业主说话 ● 客服人员听起来很没礼貌让人讨厌 ● 客服人员在接听业主电话的同时，还在跟其他人说话 ● 客服人员的声音听起来无精打采，像在应付业主的电话 ● 在电话里和业主争吵

3. 把关键因素转化为服务标准

物业服务管理工作要从细节管理入手，不要放过任何一个细节，服务品质管理与细节管理齐抓，注重物业精细化管理的督导检查工作，并将服务质量管理纳入绩效考核指标；注重品质检查过程中细节接触点的检查、修正和完善，确保满足业主的需求，持续增强业主的满意度。

接待服务标准示例

4. 根据客户的需求对标准重新评估和修改

物业服务企业制订出客户服务标准之后，该标准是否合理呢？按照该标准能否达到优质服务呢？这些问题并不是物业服务企业能说了算的，它必须由业主说了算。因此，物业服务企业要根据业主的需求来对标准进行重新评估和修改。从业主的角度重新衡量所制订的标准是否让业主满意。同时，对那些已经跟不上时代发展步伐的又不能让业主满意的“标准”“制度”要尽快去重新评估和修改。

6.7.3.3 制订客户服务标准要注意避免的误区

1. 标准越严格越好的误区

许多企业认为标准越严越好。这就好比小餐馆采用五星级大酒店的标准，这样的结果必将一方面会吓跑原来的客户，另一方面又不能将出入大酒店的客户吸引过来，最终导致一个客户也没有了。物业服务也是一样，物业服务企业应按照所管辖物业的实际情况以及企业自身的情况，结合业主需求制订符合业主期望、切合实际的、可操作的标准。

2. 标准没必要让业主知道的误区

一些物业服务企业制订出服务标准之后，只在企业内部进行公布，或者将其封存在文件档案中。这些企业认为，服务标准是我们企业对客户服务人员的要求，没有必要让业主知道。其实，企业制订的服务标准是否真正得到贯彻执行，不仅需要企业的管理机构加以监督，还需要业主的监督，而业主的监督是最为有效的监督。

3. 标准越细致越好的误区

一些物业服务企业在制订服务标准时，总认为标准制订得越细致越好，每种情况都罗列清楚。这样往往会使服务缺乏弹性，执行起来也很教条。因此，标准并不是越细致越好，而是要侧重考虑业主的实际需要及如何令客户满意。

4. 为"标准"而标准的误区

物业服务企业制订服务标准的目的是保证服务质量和满足业主的需求，不是为拥有标准而制订标准。更为重要的是，标准制订出来后，是要被切实地贯彻实施的。否则，标准也就成了一纸空文。

6.7.4 实施服务质量检查

物业服务质量控制，实际上就是 PDCA 循环中"检查"这一环，它在物业服务质量管理过程中起着至关重要的作用。因为，物业服务质量检查能够帮助物业服务企业发现所提供的服务是否符合《物业服务合同》中所承诺的物业服务质量标准，也能够帮助物业服务企业主动发现问题，不断提升服务质量和市场竞争力。

实施服务质量检查的主要目的在于：一是对问题引导分析，认同问题存在；二是对问题指导，制订改正措施；三是对问题督促，跟踪落实；四是循序渐进。通过质检过程中发现的问题，找出解决方法，提升物业服务品质。

1. 服务质量检查制度

在实际工作中，物业服务企业通常会按照四级质检制度来开展服务质量检查工作，具体内容如表 6－9 所示。

表 6－9 物业服务质检四级制

序号	检查级别	具体做法
1	员工自检	员工依据岗位责任制和服务规范的要求工作，对本岗位的作业效果进行自查，发现问题及时解决

（续表）

序号	检查级别	具 体 做 法
2	班长检查	班长在指定的管理岗位和作业点，实施全过程的检查，发现问题及时解决
3	主管巡查	主管对管辖内的区域、岗位进行巡查和抽查，应结合巡查所发现的问题以及抽查纠正后的效果，把检查结果和未能解决的问题上报部门经理
4	管理处抽查	部门经理应有计划地对管辖区域的岗位和作业员进行抽查，并及时解决问题

2. 服务质量检查的要求

物业服务质量检查的要求如下。

（1）检查与教育、培训相结合。对检查过程中发现的问题，不仅要求及时纠正，还要帮助员工分析原因，对员工进行教育培训，以防类似问题再次发生。在对员工进行教育培训时，作业指导书就是很好的培训资料。

（2）检查与奖励相结合。在检查过程中，将检查记录作为对员工工作表现等的考核依据，并依据有关奖惩和人事政策，对员工进行奖励并妥善处理有关人事问题。

（3）检查与测定、考核相结合。通过检查、测定不同岗位的工作量、物料损耗情况，考核员工在不同时间的作业情况，更合理地利用人力、物力，从而达到提高效率、控制成本的目的。

（4）检查与改进、提高相结合。通过检查，对所发现的问题进行分析，找出原因、提出措施。从而提升服务素质，提高工作质量。

物业服务企业的一事一物皆品质，一举一动皆服务，服务品质是物业服务企业获取客户满意度和决胜于市场的关键。编制作业指导书，开展物业服务质量检查工作是提高物业服务品质的重要工作，也是物业服务企业实施标准化、规范化、精细化管理的必要措施。

查岗四要素

实训任务

任务内容：制订一份报修回访服务标准

具体要求：

（1）由 3～5 人组成学习小组，小组的各项工作由组长负责指挥协调，组员分工明确；

（2）学习小组选取一个住宅小区进行实地调研；

（3）拟定出调研方案，对物业客服人员和业主进行访谈，找出影响报修回访的关键因素；

（4）小组成员进行讨论，并制订出报修回访的服务标准；

（5）选派 1 名小组成员进行阐述；

（6）各学习小组间进行交流，并进行总结。

习题练习

一、判断题

1. 物业服务质量就是物业服务企业所提供的能够满足于业主或者物业使用人“明确的”

和“潜在的”需求的能力和程度的总和。（　　）

2. 物业服务企业制订服务标准的目的是更好地开展客户服务工作，最大限度地使业主满意，因此，物业服务企业制订出来的服务标准应该以书面的形式清晰地加以陈述。（　　）

3. 物业服务企业的服务标准确定之后，在公布时必须准确，执行时必须不折不扣，不允许出现任何偏差。（　　）

4. 制订物业客户服务标准的第一步就是要分解每一项业务的服务过程，也就是把业主所要经历的服务过程进行细化。（　　）

二、多项选择题

1. 物业服务质量的特征包括（　　）。

A. 物业服务生产与消费的同时性　　B. 物业服务质量检测的过程性

C. 物业服务质量要求的综合性　　D. 物业服务质量塑造的全员性

2. 制订物业客户服务标准的步骤包括（　　）。

A. 分解服务过程　　B. 找出每个细节的关键因素

C. 把关键因素转化为服务标准　　D. 根据客户的需求对标准重新评估和修改

3. 物业服务质量检查四级制包括（　　）。

A. 员工自检　　B. 班长检查

C. 主管巡查　　D. 管理处抽查

4. 物业服务质量检查的要求有（　　）。

A. 检查与教育、培训相结合

B. 检查与奖励相结合

C. 检查与测定、考核相结合

D. 检查与改进、提高相结合

三、简答题

1. 制订物业客户服务质量标准的原则有哪些？

2. 制订客户服务标准要注意避免的误区有哪些？

3. 实施服务质量检查的主要目的是什么？

任务 6.8 有效工作计划的制订

任务导入

物业工作计划及安排的制订，是保证物业管理与服务工作质量和效率的重要因素。通过科学合理的工作计划和安排，可以明确工作重点，在促进管理规范化、提升业主满意度、加强团队协作等方面发挥作用，为业主提供更加规范、专业的服务。因此，物业管理部门应该加强对工作计划和安排的制订与实施，不断提高自身的管理水平和工作效率，为业主提供更加优质的服务。

任务情境

东城花园物业客户服务中心拟在中秋节举办一次庆中秋的晚会活动，以联络物业服务企业与业主、业主与业主之间的感情为宗旨，丰富社区精神文明建设，营造欢乐祥和的中秋佳节社区氛围。

本次活动以歌舞、互动游戏的形式为主，节目之间穿插几个物管小常识有奖抢答，充分调动业主参与活动的积极性，为日后小区物业服务起到先导宣传作用。

物业经理将本次活动的策划与组织工作交由客服部负责，其他部门全力配合，活动准备期为1个月。然而，在活动前的彩排演练中却出现了会场设施设备准备不足、部门间配合混乱、很多工作相互推诿、节目流程不合理、会场座位不足等问题。

彩排之后，物业经理立即召开会议，要求客服部主管对活动方案进行细化，各部门分工要明确，各环节要衔接好，以免影响活动的正常举行。

问题：如果你是本次活动的负责人，你该如何避免上述问题的出现呢？

知识内容

物业管理与服务工作的开展，对保障业主的合法权益、提升物业价值、维护社区和谐稳定等方面起着至关重要的作用。因此，对于物业管理部门而言，制订一个合理、科学的工作计划及安排是十分必要的。

6.8.1 工作计划的含义

工作计划就是对即将开展的工作的设想和安排，如提出任务、指标、完成时间和步骤方法等。

凡事预则立，不预则废。有计划，就等于明确了工作的方向和方法，就有了工作的标准的流程。工作计划是提高工作效率的有效手段，它主要是由以下几个要素构成的。

(1) 工作内容，即做什么。计划应规定出在一定时间内所完成的目标、任务和应达到要求。任务和要求应该具体明确，有的还要定出数量、质量和时间要求。

(2) 工作方法，即怎么做。要明确何时实现目标和完成任务，就必须制订出相应的措施和办法，这是实现计划的保证。措施和方法主要指达到既定目标需要采取什么手段，动员哪些力量，创造什么条件，排除哪些困难等。

总之，要根据客观条件，统筹安排，将“怎么做”写得明确具体，切实可行。特别是针对工作总结中存在问题的分析，拟定解决问题的方法。

(3) 工作分工，即谁来做。这是指执行计划的工作程序和时间安排。每项任务，在完成过程中都有阶段性，而每个阶段又有许多环节，它们之间常常是互相交错的。因此，制订计划必须胸有全局，妥善安排，哪些先干，哪些后干，应合理安排。而在实施当中，又有轻重缓急之分，哪儿是重点，也应该明确。

(4) 工作进度，即什么时间做。在这部分中要明确规定各项工作任务的完成时限。在时间安排上，要有总的时限，又要有每个阶段的时间要求，以及人力和物力的安排。这样，使有关部门和人员知道在一定的时间内、一定的条件下，把工作做到什么程度，以便争取主动，有条不紊地进行。

6.8.2 工作计划的作用

物业服务管理工作具有管理范围广、服务内容多、工作事项琐碎的特点，为了更好地服务业主，完成物业服务企业的整体管理目标和质量要求，制订一份科学、合理的工作计划是很有必要的。

工作计划是完成工作任务的重要保障。制订工作计划不仅是为了更好地完成工作，而且可以更快地提高个人工作能力、管理水平、发现问题、分析问题与解决问题的能力。在一般情况下，制订合理的工作计划具有以下几个方面的作用。

1. 督促作用

人是有惰性的。如果没有一个量化的指标，靠人的自觉性来完成一项工作，很容易出现一些想象不到的偏差，比如：完成时间滞后了、质量水平降低了、留下小尾巴了、埋下隐患了……因此，如果制订好一个计划，按照计划的步骤、要求来完成一项工作，结果可能更令人满意，计划起到一种督促与监督的作用，预防和纠正执行过程中出现的偏差。

2. 提示作用

人脑不是电脑，很多时候人们忙起来的时候会忘记一些东西，如果简单策划一下，然后就开始执行，没有制订出具体的计划，很容易无意识或有意识地遗漏或忽略一些环节，然而，如果开始就制订出具体的计划，将这些环节写进计划书中，就可以提示到了某阶段要做哪些工作，于是，这时工作计划可以起到提示的作用。

3. 理清思路的作用

制订工作计划的过程是个思考的过程，制订好工作计划以后，在心中基本上对某个项目已经心里有谱了，“胸有成竹”了。制订的过程中，已经将工作思路理清了，下面做起来就自然“水到渠成”了。即使是出现一些意外，其最后结果一般也不会有太大的差异。

4. 总结与回顾的作用

在制订工作计划的过程中，可以回顾以前做的计划中存在的不足，总结出一些经验，在下一轮工作计划制订的过程中，将成功的经验进行延续和推广，对不足之处进行完善，每一次制订的工作计划都会比前一次的好，如此循环往复，工作质量和效果会不断提升。

6.8.3 工作计划的类型

物业客户服务管理工作所涉及的工作内容多，因此，在制订工作计划的时候，要对工作计划进行分类，这不仅可以让物业客服人员能够更好地管理任务，还可以让物业客户人员更清晰地了解全部的工作内容。具体来说，可以从以下几个方面对工作计划进行分类。

1. 按照工作类型分类

工作计划可以按照工作类型进行分类，比如业主回访、催缴物业费、业主满意度调查、社区文化活动策划与组织等。这样可以让物业客服人员更好地了解自己的工作职责，以及需要花费多少时间和精力来完成这些任务。

2. 按照工作优先级分类

工作计划也可以按照工作优先级进行分类，比如重要任务、紧急任务、日常任务等。这样可以让物业客户人员更清楚地了解哪些任务需要优先完成，哪些任务可以稍后处理。

3. 按照工作时限分类

工作计划可以根据工作时限进行分类，比如今天需要完成的任务、本周需要完成的任务、本月需要完成的任务等。这样可以使物业客户人员更好地掌握工作进度，以及需要花费多少时间来完成任务。

4. 按照工作涉及范围来划分

工作计划可以根据工作时限进行分类，比如个人工作计划、部门工作计划和物业服务项目工作计划和物业服务企业工作计划等。在制订这类工作计划时，要以企业的工作计划为基准，按照项目工作计划、部门工作计划和个人工作计划的顺序进行层层分解，上下保持一致，目标统一，协同共进，只有这样，才能保证企业的总体计划得以实施，达成企业的各项工作目标要求。

6.8.4　制订工作计划的常用方法

6.8.4.1　表格法

表格是制订工作计划的有效工具。通过表格，可以将工作计划指标或要完成的工作项目列明并汇总，表达出工作计划的基本内容。一个设计合理、美观大方的工作计划表格不仅便于使用者阅读并获取其所需的信息，而且也能从侧面体现出企业的整体形象和管理水平。在设计工作计划表格时，应尽量做到以下几点：

1. 符合一定的格式要求

表格一般要有名称、编制日期、编制部门、编制人、审核人、批准人等内容。有些企业对字体、线条、板式等都有特殊要求。

2. 设计要科学，内容要完整

由于工作计划一般要包括做什么、怎么做、做到什么程度等方面的内容。所以，一般情况下，工作计划表格要将这些内容完整地表达出来。另外，为使工作计划能得到顺利的实施，主体工作计划和派生工作计划之间的相互联系也要在表格中得到一定程度的体现。

物业费催缴计划安排示例

3. 简明扼要，用词概括、明了

为了保持工作计划的权威性和严肃性，一定要做到用词精准，避免用词太过随便，含糊不清、出现歧义或前后不一致的情况。以避免产生误解和增加工作量，降低工作效率。

6.8.4.2　目标管理法

目标是根据企业宗旨而提出的企业在一定时期要达到的预期效果。目标是计划的起点，也是计划的终点，实践证明，在制订工作计划的过程中，目标管理法是一个很实用的工具。

1. 目标的特征

(1) 层级性。企业目标可以划分为不同的等级，具体包括：企业级别、部门级和个人级。

(2) 相关性。一个企业目标的完成往往是另一个目标得以实施的前提，在这种情况下，企业内的各种目标应相互关联。当各目标之间存在矛盾时，应该按照局部服从整体、下级服从上级的原则去调整和解决。

(3) 多样性。企业的目标当然有很多，为了能够使得公众计划顺利实施，管理者一定要学会划分目标的优先级，并在工作中进行有效的授权和控制。

2. 目标设立原则

设立一个合理的目标，对工作计划的制订至关重要。设立目标要遵循以下几点。

(1) 目标要明确、具体；

(2) 目标要可以衡量；

(3) 目标要具有一定挑战性，但通过努力可以取得成功；

(4) 目标要符合实际情况；

(5) 目标要有时间限制。

3. 制订工作目标的过程

目标管理主要是由目标制订、目标实施和成果评价三个阶段构成一个循环，预定目标实现后，又要制订新的目标，进行新的一轮循环。工作目标的制订与展开是一项较为复杂的工作，它要求建立一个以组织目标为中心、一贯到底的工作目标体系。目标管理作为制订工作计划的一个常用方法，在这一个环节最具有应用价值。

在制订工作目标时，一般要遵循以下 6 个步骤：

(1) 设立企业目标；

(2) 制订完成企业目标的具体措施；

(3) 各部门根据企业目标和措施设立部门目标；

(4) 各部门制订完成目标的措施；

(5) 企业员工根据本部门目标和措施设立个人目标；

(6) 员工制订完成个人目标的措施。

分解完工作目标之后，我们给工作目标加上人员分工、时限要求和质量要求，就是一份工作计划。

6.8.4.3 滚动计划法

滚动计划法是一种定期修订未来计划的方法。在某些情况下，在制订工作计划时难以对未来多种影响因素做出准确的预测。因此，制订出来的计划往往不能完全契合未来企业的实际。在此情况下，为使计划能够起到指导作用，不得不在计划执行过程中予以调整。

运用滚动计划法制订工作计划时，需注意以下两点。

(1) 将工作计划划分为若干个执行期，如年、季度、月、周等。近期工作计划的内容制订得详细具体，远期工作计划的内容可以制订得粗略笼统些，但必须具有指导性。

(2) 计划制订到一个阶段，就要根据实际执行情况和环境变化对后期的工作计划进行适当修改和调整。

6.8.5 工作计划的制订过程

对工作进行科学、理性地安排和计划，以实现预定的目标和任务，这是制订工作计划的基本要求。制订一个有效的工作计划对于提高工作效率、合理分配资源、优化时间管理至关重要。制订工作计划可以按照以下步骤。

6.8.5.1 明确工作目标

在制订工作计划之前，首先要明确工作的目标。工作目标要具备可量化性，即可以用具体的指标来衡量。比如提升物业收费率 10%，完成 50 个业主的拜访等。明确工作目标是工作计划的基础，它将指导后续的计划制订过程。

6.8.5.2 分析任务和要求

在明确工作目标之后，需要对任务和要求进行详细的分析。这一步包括梳理工作内容、识别关键任务和关键路径，了解任务的要求和时间限制等。通过分析任务和要求，可以更好地把握工作的优先性和重要性，有针对性地制订计划。

6.8.5.3 制订计划时间表

制订计划时间表是工作计划制订的核心步骤之一。在制订时间表时，需要考虑任务的优先级、时间限制、资源分配等因素。可以利用时间管理工具，如甘特图、流程图等，来进行计划安排。时间表应当具备合理性、可操作性和可衡量性，确保能够按时高效地完成工作。

物业接管计划进度示例

6.8.5.4 分解任务并分配责任

将整个工作计划分解为具体的任务，并分配给相关的责任人。每个任务都应当明确责任人，明确任务的执行时限和工作量。分解任务并分配责任可以提高工作的协同性和执行力，确保任务得到有效的执行。

6.8.5.5 确定工作的关键节点

在制订工作计划时，关键节点的确定非常重要。关键节点是指会对整个工作计划产生重大影响的关键任务或关键事件。要对这些关键节点进行重点关注和管理，以确保工作计划能够按时高效地推进。

6.8.5.6 监控和调整

制订好工作计划之后，并不是一成不变的。在实际的工作过程中，往往会出现各种变化和不确定性。因此，需要及时进行监控和调整，确保工作计划能够按计划进行。在监控和调整过程中，可运用诸如进度报告、风险分析等各种工具和方法，确保工作计划的有效实施。

6.8.5.7 总结和反思

在完成一个阶段的工作计划后，应当及时进行总结和反思。总结工作计划的实施情况，评估目标的达成程度，发现问题和不足之处，并提出改进方案。总结和反思是提高工作计划制订能力和实施能力的重要环节，能够为下一阶段的工作计划提供宝贵的经验教训。

6.8.5.8 反复迭代

工作计划是一个动态的过程，需要不断地反复迭代。在实际工作中，随着目标的变化和环境的变化，工作计划可能需要进行调整和修改。通过不断的迭代，能够使工作计划更加符合实际情况，提高工作计划的有效性和可操作性。

总之，工作计划的制订是一个有条不紊的过程，涵盖了明确目标、分析任务、制订时间表、分解任务、监控调整、总结反思等一系列步骤。通过科学合理地进行工作计划制订，能够更好地提高工作效率、实现工作目标，为个人和组织的发展提供有力的支持。

PDCA 循环法

实训任务

任务内容：制订一份消防安全宣传教育工作计划

具体要求：

(1) 由 3～5 人组成学习小组，小组的各项工作由组长负责指挥协调，组员分工明确；

(2) 学习小组利用互联网收集消防安全宣传教育相关内容；

(3) 开展讨论，选择合适的方法，并制订出消防安全宣传教育工作计划；

(4) 学习小组指派代表进行汇报阐述；

(5) 各学习小组进行交流、评价和总结。

习题练习

一、判断题

1. 工作计划就是对即将开展的工作的设想和安排，如提出任务、指标、完成时间和步骤方法等。（ ）

2. 工作计划在时间安排上，要有总的时限，又要有每个阶段的时间要求，以及人力、物力的安排。（ ）

3. 工作计划可以按照工作类型进行分类，比如业主回访、催缴物业费、业主满意度调查、社区文化活动策划与组织等。（ ）

4. 由于工作计划一般要包括做什么、怎么做、做到什么程度等方面的内容。所以，一般情况下，工作计划表格要将这些内容完整地表达出来。（ ）

5. 使用目标管理法制订工作计划时，近期工作计划的内容制订得详细具体，远期工作计划的内容可以制订得粗略笼统些。（ ）

二、多项选择题

1. 工作计划的构成要素包括(　　)。

A. 工作内容　B. 工作方法　C. 工作分工　D. 工作进度

2. 目标的特征包括(　　)。

A. 层级性　B. 相关性　C. 多样性　D. 分散性

3. 工作计划的作用体现在(　　)。

A. 督促作用　B. 提示作用

C. 理清思路的作用　D. 总结与回顾的作用

4. 工作计划按照工作优先级可以分为(　　)。

A. 常规任务　B. 日常任务　C. 紧急任务　D. 重要任务

5. 制订工作计划的常用方法包括(　　)。

A. 表格法　B. 目标管理法

C. 滚动计划法　D. 收益法

三、简答题

1. 工作计划的类型包括哪些?

2. 使用表格法制订工作计划时有哪些要求?

3. 制订工作计划的步骤有哪些?

任务 6.9　物业突发事件应急处理

任务导入

“安全工作无小事”。物业服务企业作为构建和谐社会不可缺少的一环,在维护物业小区的安全上是责无旁贷的,物业服务企业必须建立和完善居住小区突发事件的应急机制和应急预案,规范突发事件的处理流程,提高对突发事件的应急处理能力,维护辖区内的业主的正常生活秩序,确保业主的生命财产安全。

任务情境

在 2020 年年初,当全国各地受到新冠病毒的侵袭后,很多物业服务企业主动出击,站在防疫第一线。某物业服务企业采取多种超常服务形式抗击疫情,被誉为心系居民共渡难关的“蓝衣天使”。该公司购置了消毒液,保洁人员按要求喷洒、擦拭各公共场所、设备设施,做到了不留死角;免费给小区居民车辆消毒;针对小区居民休假人员多、在院内聚集的情况,公司领导亲自出面,采取多种形式进行疏散,防止了交叉感染;对进入小区的外来人员、施工人员逐个测量体温,排查可疑对象。

问题:当突发事件来临时,物业服务企业应该如何应对?

知识内容

6.9.1 突发事件的含义与特征

6.9.1.1 突发事件的含义

关于突发事件比较有代表性的相关定义是欧洲人权法院对“公共紧急状态”的解释，即“一种特别的、迫在眉睫的危机或危险局势，影响全体公民，并对整个社会的正常生活构成威胁”。中华人民共和国国务院于2006年1月8日发布的《国家突发公共事件总体应急预案》对突发事件的定义为：突然发生，造成重大人员伤亡、财产损失、生态环境破坏和严重社会危害，危及公共安全的紧急事件。

6.9.1.2 突发事件的主要特征

在现实生活中，突发事件形态各异、变化多端，但纵观各种突发事件，大都具有爆发突然、起因复杂、蔓延迅速、危害严重、影响广泛的特点，而且相互交织，处置不好会产生连锁反应。具体而言突发事件有以下几个共同特征：

1. 突发性

按照事物发展规律，任何事件的形成通常都有一个由量变到质变的萌发、形成和发展的过程，应该说具有可知性的必然趋势。但突发事件由量变到质变的过程具有特殊性，集中体现在它的突发性。突发事件的突发性是指对于突发事件能否发生，于什么时间、在什么地点、以什么样的方式爆发以及爆发的程度等情况，人们都始料未及，难以准确地把握，如小区突然发生火灾，突发事件的起因、规模、事态的变化、发展趋势以及事件影响的深度和广度也不能事先描述和确定，是难以预测的。

2. 复杂性

(1) 造成突发事件的原因相当复杂。有纯自然因素造成的突发事件，如地震、台风、沙尘暴、暴风雪等；有人为因素造成的突发事件，如政治事件、经济事件、军事事件、重大交通事件、恶性疾病流行、恐怖事件等；还有自然因素和人为因素共同影响而造成的突发事件，如1998年我国的洪涝灾害，既与当时影响全球的厄尔尼诺气候有关，又与人们乱砍滥伐、没有保护好长江上游的植被和水土有关。

(2) 突发事件的后果是复杂的突发事件影响的地域比较广，涉及的人员比较多，还容易引起“多米诺骨牌”效应，因为此行业、此地区的突发事件可能影响到彼行业、彼地区；地方性的突发事件可能演变为区域性的突发事件，甚至演变为国际性的突发事件；非政治性的事件可能演变为政治性的事件；自然性的突发事件可能演变为社会性的突发事件，特别是在当今全球化和信息化的世界里尤其如此。这种连锁反应带来的一个直接后果就是使突发事件变得复杂化，已经超出纯粹的经济、纯粹的政治和纯粹的文化话题，变成了一种含有多项内容的综合性社会危机，突发事件的这种特点增加了应对处置的难度。

3. 破坏性

从某种意义上说,突发事件以人员伤亡、财产损失为标志。不论什么性质和规模的突发事件,都会不同程度地造成经济上的损失或精神上的伤害,都会危及正常的工作和生活秩序。突发事件造成的损害有直接损害和间接损害,这种损害性不仅体现在人员的伤亡、组织的消失、财产的损失和环境的破坏上,而且还体现在突发事件对社会心理和个人心理所造成的破坏性冲击,进而渗透到社会生活的各个层面。突发事件越是严重,其危害范围和破坏力就越大,所造成的损失也就越严重。

4. 不确定性和多变性

不确定性表现在原因、变化方向、影响因素、后果等各方面都无规则,事件瞬息万变,难以准确预测和把握。不确定性和人类理性思维的有限性往往使得人们在事件面前无所适从,更增强了恐慌感并扩大了不安全感。

5. 信息的有限性

由于突发性事件的随机性和不确定性,很多信息是随着事态的发展而演变的,而时间的紧迫性,使得决策者掌握的信息有可能不全面,得到的信息有可能不及时,并且在信息的反馈和处理过程中,信息的准确性和有效性也难以保证,这是对决策者最严峻的考验。

6. 持续性

任何突发事件都不会像它突然来临一样而突然消失,突发事件一旦爆发,总会经历一段过程,一般表现为潜伏期、爆发期、高潮期、缓解期、消退期五个阶段。这就像急刹车一样,从司机意识到要紧急停车再到汽车完全停住,就有一个过程,不是说停就能停,总会有一个惯性,这符合事物发展的规律,不以人们的主观意志和美好愿望为转移。

7. 可控性

随着现代科技的发展,人类对自然性突发事件的控制和利用能力及程度不断提高,同等规模和破坏性的自然灾害对人类造成的损失越来越小。社会性突发事件主要是人为因素引起的,作为突发事件的策划者、组织者、参与者而言,他们可以控制突发事件是否发生、发生规模的大小、持续时间的长短、危害和损失的程度及带来的负面影响程度等;作为突发事件的管理者、应对者、受害者而言,他们可以阻止突发事件的发生、缩短突发事件的进程,减轻突发事件的危害、降低或消除突发事件带来的负面影响。

6.9.2 突发事件的分类与危害

6.9.2.1 突发事件的分类

《国家突发公共事件总体应急预案》根据突发事件的发生过程、性质和机理将突发事件主要分为以下4类。

1. 自然灾害

自然灾害主要包括水旱灾害、气象灾害、地震灾害、地质灾害、海洋灾害、生物灾害和森林草原火灾等。

2. 事故灾难

事故灾难主要包括工、矿、商、贸等企业的各类安全事故、交通运输事故、公共设施和设备事故、环境污染和生态破坏事件等。

3. 公共卫生事件

公共卫生事件主要包括传染病疫情、群体性不明原因疾病、食品安全和职业病危害、动物疫情以及其他严重影响公众健康和生命安全的事件。

4. 社会安全事件

社会安全事件主要包括恐怖袭击事件、经济安全事件和涉外突发事件等。

6.9.2.2 突发事件的危害

1. 社会财富与生命的损失

突发事件会直接造成人们生命和财产的损失，破坏基础设施，扰乱破坏正常的生产和服务秩序，增加产品和服务的成本。间接的损失包括增加债务的负担、增加财政的支出、减少储蓄。

2. 破坏经济环境

短时间内不断出现的各种突发事件，以及持续时间较长的危机，都会对投资产生负面影响。投资者需要一个相对稳定且确定性程度较高的投资气候和环境来降低投资风险，而突发事件发生后所产生的危机，如引起失业、抑制消费需求、导致经济滞胀等，这些都增加了投资环境的不确定性。由此导致的结果是经济增长的速度降低和社会正常发展计划的延缓和打断，使发展的资源从所计划的领域转移到危机的回应和重建方面，从而使发展从长期规划转向近期需求。

3. 社会的不稳定

突发事件的出现无疑是对国家政治和政府治理的挑战，可能引发"多米诺骨牌效应"，导致一系列危机，譬如东南亚不少国家就是由1998年金融危机引发了全国经济大危机，最终导致了政治危机和社会危机。不恰当的政府政策、政府管理的失误、政府对危机缺乏有效的回应、政府和公众之间缺乏有效的沟通、政府责任的丧失等，皆会造成政府与社会大众之间的紧张关系，引发政府的信任危机，从而对政治的稳定产生负面的影响。

4. 对企业形象的危害

任何企业都有责任预防灾难性事故与事件的发生，但由于灾难性事故与事件发生的原因非常复杂，因此无论预防的措施如何完备，都不可能把事故的数量降到零。各企业只能通过各种措施和手段，将灾难性事故与事件的发生控制在公众能够普遍接受的范围之内，一旦超出此范围，企业将成为公众发泄不满的首选对象，从而降低公众对企业的信任度。

物业突发事件案例1

5. 对社会心理的危害

任何重大的自然灾害或人为灾害，凡影响正常生产、生活及人际交往等社会秩序的，都会给受害人群带来不同程度的社会心理影响，使之出现一定的心理异常，比如恐慌、狂躁、麻痹等，直接影响并危害到个人和家庭的正常生活，造成社会的不安定。

6.9.3 制订物业突发事件应急预案

6.9.3.1 物业突发事件应急预案的含义

物业突发事件的应急预案是针对物业区域内可能发生的突发事件，在收集相关信息、分析其后果以及应急能力的基础上，提前制订的计划。

6.9.3.2 物业突发事件应急预案的特点

规范的突发事件应急预案具备以下特点。

(1) 科学性：突发事件应急预案的制订必须建立在科学研究的基础之上。

(2) 全面性：应包括所有潜在的突发事件，即使是发生概率很低的突发事件，涉及突发公共卫生事件处理的所有利益关系者，应跨越突发事件管理的整个过程，包括事前、事中和事后。

(3) 简洁性：语言简洁，容易理解。

(4) 详尽性：突发事件应急预案内容应尽量具体，各项职责应具体到“谁来做、做什么、如何做”的程度。

(5) 权威性：实时更新，必要时还可对其进行较大改动。

(6) 适用性和可操作性：这是编制突发事件应急预案的关键。

(7) 预案与其他计划类文种的不同特点：具体任务明确，内容详细系统，措施行之有效。

6.9.3.3 制订物业突发事件应急预案的基本原则

1. 快速反应原则

突发事件演变迅速，无论是产生的原因、事态发展的结果，还是事件变化的影响因素都具有高度的不确定性，突发事件应急管理者往往要面对各种信息不完全、信息不准确或是信息不及时的情况。因此，在整个突发事件的发生过程中都充满了风险性、震撼性、爆炸性的特征，突发事件的独特性使得在紧急状态下物业服务企业无法照章办事，突发事件急需快速作出决策，突发事件的这些特点决定了突发事件若能够越早发现，越早反应，其处理会变得越简单，其造成的破坏也越小，而且能够有效防止“涟漪效应”的出现。所以，在处理突发事件时要强调一个“快”字，对延误处理危机最佳时间的人和行为要明确其应该承担的责任。这一点应在应急预案的制订中做出详细的说明。

2. 尽早恢复企业正常运作与业主生活秩序原则

突发事件从发生到启动应急程序，到成功地控制住突发事件的发展、保护了群众的生命及财产安全之后，就应该及时转入恢复阶段，缩短应急管理的周期，减少资源消耗，从而有利于安定民心，有助于恢复工作的展开。大的突发事件对物业区域业主的生存和稳定的破坏力大大超出了正常的水平，会造成某一局部的失衡和混乱，一定范围内的人失去了和谐安定的社会环境，生活在高度的不稳定之中。特别是一些由自然灾害造成的突发事件和因工业的技术性灾害而造成的突发事件，在造成人员伤亡和财产损失的同时，它们往往更容易造成社会重要基础设施的破坏，使得正常的社会生产、生活无法进行。因此，物业要尽快帮助业主进行自救，以便尽快推动物业区域恢复正常的生产和生活秩序。

3. 成本控制原则

突发事件对社会正常生产、生活秩序造成严重破坏，应急预案是针对突发事件而制订的应对计划，一份计划的执行必然需要大量人力、物力的投入，这些都要计入物业服务企业的管理成本。所以，在制订应急预案时要对其可行性和经济性进行科学的分析和评估。“花最少的钱，办最多的事情”，这是企业成本管理的核心。本着实事求是的态度，本着对业主或使用人生命财产安全负责的态度，制订符合本物业区域自身实际需要的应急预案，这是每一个预案制订者必须遵循的原则。

4. 信息公开原则

物业在突发事件的处理过程中，应本着实事求是的态度，公布事实的真相。应急管理专家帕金森认为：突发事件中传播失误所造成的真空，会很快被颠倒黑白、胡说八道的流言所占据，“无可奉告”之类的答案尤其会产生此类问题；过时的消息也会引起公众猜疑，并导致不正确的报道，使业主怀疑物业服务企业对某些信息采取了掩盖手段。因此，有效的传播管理是有效应急管理控制和处理的基础。信息公开，如实公布与突发事件相关信息既有助于建立企业信誉，又能消除业主的恐慌情绪和从众效应，尊重了业主的知情权，方便了突发事件的处理，维护了物业区域的稳定，这一点也应在应急预案中作出明确的规定。

6.9.3.4 物业突发应急预案的内容

一个完整的物业应急预案框架通常主要包括以下五个方面。

1. 总则

规定应急预案的指导思想、编制目的、工作原则、编制依据、适用范围。

2. 组织指挥体系及职责

组织指挥体系具体规定物业应急反应部门、参加部门、人员及其作用；应急反应总负责人，以及每一具体行动的负责人；本区域以外能提供援助的有关机构等。对组织指挥体系及其职责进行规定的基本原则，是要在统一的应急管理体系下，对分散的部门资源进行重新组合和优化。从组织层次来看，可以把应急管理的机构分为领导机构、执行机构、办事机构3类，它们共同构成一个科学的组织指挥体系。从组织网络来看，应急管理的组织指挥体系涉及纵向机构和横向机构的设置。

3. 管理流程

突发事件通常遵循一个特定的生命周期。每一个级别的突发事件，都有发生、发展和减缓的阶段，需要采取不同的应急措施。因此，需要按照危害的发生过程将每一个等级的突发事件进行阶段性分期，以此作为物业服务企业采取应急措施的重要依据（如果有必要，可再将每一个阶段期划分为若干等级）。应急管理流程设计正是基于突发事件的生命周期而对突发事件进行分级管理的，旨在建立一个全面整合的企业应急管理模式。

根据突发事件的社会危害可能造成危害和威胁、实际危害已经发生、危害逐步减弱和恢复三个阶段，可将突发事件总体上划分为预防预警、应急响应和后期处置三个阶段。

1）预防预警

预防预警的主要措施包括信息监测与报告、预警预防行动、预警支持系统、预警级别及发布等，旨在防范和阻止突发事件的发生，或把突发事件控制在特定类型或特定区域内。

2）应急响应

应急响应的主要措施包括分级响应程序、信息共享与处理、通信、指挥和协调、紧急处理、应急人员与安全防护、事件调查分析、检测与后果评估、新闻报道、应急结束等，旨在通过快速反应及时控制突发事件并防止其蔓延。

3）后期处置

后期处置的主要措施涵盖善后恢复、保险、事件调查报告与总结改进等，旨在尽快降低应急措施的强度，尽快恢复正常秩序并从事件中汲取经验教训。

4）保障措施

随着突发事件的综合性日趋明显，物业应急管理涉及交通、通信、消防、信息、救援等部门，这就要求相关部门协同运作，迅速且有序地采取措施，尽快控制事态发展，并从财力、物资、人员等方面提供保障。在各应急部门之间的职责分配方面，可以运用职能方法，对最可能需要的各类援助进行分组，每项职能由一个主要部门领导牵头负责，其他职能部门提供支持。通过职能细分，明确应急管理过程中各环节的主管部门与协作部门，明确各参与部门的职责，这就形成了有章可循的部门协同运作的整体制度框架。

4. 附录

附录主要包括各种规范化格式文本、相关机构和人员通信录等。以上 5 个方面共同构成了物业服务企业应急预案的要件，它们之间相互联系、互为支撑，共同构成了一个完整的应急预案框架。其中，组织指挥体系及职责、管理流程、保障措施是应急预案的重点内容，也是整个预案编制和管理的难点所在，各物业服务企业根据实际情况可以将内容进行合并或删减。

6.9.4 物业突发事件应急处理演练

物业突发事件应急预案编制发布后，无法保证个人、各部门有效地对实际发生的紧急事件作出响应。要使预案在应急行动中得到有效的运用，充分发挥其指导作用，还必须对组织内员工和所有相关人员进行宣传和培训，对应急预案进行演练，让他们掌握应急知识和技能。如果不进行培训和演练，就如同只给战士发枪，而不给他们弹药和教给他们使用方法，这样只有武器是无法作战的。

应急演练是指来自多个部门或群体的人员针对假设事件，执行实际紧急事件发生时各自职责和任务的排练活动，是检测重大事故应急管理工作的最好度量标准，是评价应急预案准确性的关键措施，演练的过程也是参演和参观人员的学习和提高的过程。

1. 应急演练的目的

(1) 验证应急救援预案的整体或关键性局部是否能有效地付诸实施。

(2) 验证预案在应对可能出现的各种紧急事件方面所具备的适应性。

(3) 找出预案可能需要进一步完善的地方。

(4) 确保建立和保持可靠的通信联络渠道。

(5) 检查所有有关部门是否已经熟悉并履行了他们的职责。

(6) 检查并提高应急救援的启动能力。

2. 应急演练的作用

(1) 评估组织应急准备状态，发现并及时修改应急预案、执行程序、行动核查表中的缺陷和不足。

(2) 评估组织重大事故应急能力，识别资源需求，澄清相关部门和人员的职责，改善不同部门和人员之间的协调问题。

(3) 检验应急响应人员对应急预案、执行程序的了解程度和实际操作技能，评估应急培训效果，分析培训需求；同时，作为一种培训手段，通过调整演练难度，进一步提高应急响应人员的业务素质和能力。

(4) 促进业主对应急预案的理解，争取他们对应急工作的支持。

3. 通过演练,可以具体检验如下项目

(1) 在紧急事件期间通信是否正常。

(2) 人员是否安全撤离。

(3) 应急服务部门能否及时参与事故救援。

(4) 配置的器材和人员数目是否与紧急事件规模相匹配。

(5) 救援装备能否满足要求。

(6) 一旦发生了意外情况,是否具有灵活性;现实情况是否与预案制订时相符。

物业突发事件案例 2

实训任务

任务内容:制订电梯困人突发事件应急预案

具体要求:

(1) 由 3～5 人组成学习小组,小组的各项工作由组长负责指挥协调,组员分工明确;

(2) 学习小组利用互联网收集和学习电梯困人的应急处理程序;

(3) 开展讨论,并制订出电梯困人突发事件应急预案;

(4) 学习小组指派代表进行汇报阐述;

(5) 各学习小组进行交流、评价和总结。

习题练习

一、多项选择题

1. 物业突发事件的主要特征有(　　)。

A. 突发性　B. 破坏性　C. 普遍性　D. 不确定性

2. 根据突发事件的发生过程、性质和机理将突发事件划分为(　　)。

A. 自然灾害　B. 事故灾难

C. 公共卫生事件　D. 社会安全事件

3. 突发事件的危害主要体现在(　　)。

A. 会造成社会财富与生命的损失　B. 会引发社会的不稳定

C. 会造成各种资源的浪费　D. 会危害社会心理

4. 物业突发事件应急预案的特点有(　　)。

A. 全面性　B. 预见性　C. 适用性　D. 可操作性

5. 物业突发事件应急预案制订时,应遵循的原则有(　　)。

A. 快速反应原则　B. 成本控制原则

C. 信息公开原则　D. 全员参与原则

二、简答题

1. 物业服务企业如何做好突发事件的防范工作?

2. 物业突发事件应急预案的编制内容有哪些?

任务 6.10 与业委会的沟通与合作

任务导入

随着城市的不断发展，物业管理服务对于保障人民的生活发挥着越来越重要的作用。物业服务企业承担着维护业主利益、保障小区安全和提升生活品质的重要职责。而业主委员会作为代表业主权益的组织，也扮演着相当重要的角色。

物业服务企业与业主委员会的合作是保证业主生活质量的关键。通过加强沟通、明确职责、建立信任、参与决策和提升管理水平等方面的合作，实现互利共赢。只有共同努力，物业服务企业与业主委员会的合作才能得到更好的发展，为业主提供更优质的服务。

任务情境

2020 年 12 月初，万科物业主动给星雨华府业主发出通知，拟于 2021 年 3 月 2 日终止物业服务合同，主要原因是小区新的业委会一直没有成立，导致很多重大决策难以推进。

从公告中，了解到万科物业撤出星雨华府主要因为两点。

(1) 前期遗留的现场消防瘫痪、外墙渗漏、电梯大修等重大风险的推进解决上，就所需资金来源使用的优先顺序问题(人防车位收入、小区公共收益、公共维修资金)，小区长期无法达成共识，致使上述风险持续存在。

(2) 第一届业委会在合同期内因任期届满解散后，街道、社区、小区热心业主多次组织推进或成立业委会或管委会，由于种种原因均未能实现，导致小区内的各类重大公共事务无法得以及时决策。

问题：你觉得业委会在物业管理与服务中能发挥哪些作用呢?

知识内容

物业服务企业如果与业主委员会之间的沟通与合作不畅，会阻碍物业服务企业的管理与服务工作，甚至阻碍和谐社区的建设。所以，物业公司处理好与业主委员会的关系十分必要。业主委员会与物业服务企业关系良好，对社区的整体物业管理服务工作会有强有力的推进作用。反之，则会给物业管理服务工作造成较大阻力。因此，物业服务企业要与业主委员会形成良好的沟通机制，提高工作配合的默契程度。

6.10.1 业主委员会的作用

业主委员会是业主团体的内部常设执行机构，它由业主团体内部各个成员按一定选举程序产生，具体负责处理业主团体的日常性事务，如参与涉及全体业主共同利益的民事诉讼或和物业服务公司签订物业服务合同及规范业主行为等。

1. 业主委员会是维护广大业主合法权益的有效组织形式

业主既是物业所有者，也是物业管理和服务的消费者，业主有权自主选聘物业公司。但每个业主的选择不可能完全一致，而一个物业又只能由一家物业公司进行统一管理。因此，业主委员会就应运而生了，它代表着广大业主的合法权益。

在物业管理服务消费过程中，单个业主与物业服务企业相比往往处于弱势地位，仅凭个人力量难以与之抗衡，业主对物业服务企业的监督权难以得到保障，而业主委员会则可以在享有对物业服务企业的选择权的基础上有效行使监督权。因此，通过业主委员会代表全体业主集中行使物业管理服务的选择权、监督权，是维护广大业主合法权益的有效形式。

2. 业主委员会是连接业主与物业服务企业的桥梁

物业服务企业作为以经营为主体的企业，上有行业主管部门、工商行政管理部门、行业协会制约，下有广大业主的监督，若违规，将寸步难行。而作为房屋所有权人的业主，则为小区聚居的个体居民，其职业各不相同，文化程度、道德修养等千差万别，他们对物业管理法律法规及其相关知识或知之甚少或全无所知。现代居住小区的特点是房屋毗连，房屋毗连导致共用部位、共用设施设备增多，"不相往来"使得业主只关注个人居室空间舒适温馨，而较少注重外部环境。业主委员会就要对社区的硬件、住户构成以及物业服务企业的各方面情况有充分的了解，并对建设和谐社区作出应有的贡献。比如，组织社区居民开展植树活动，一方面美化环境，另一方面又可增强业主对社区的眷恋，引导一种健康文明的生活方式，从而引导全体业主提高自身的素质。

物业管理项目各异，业主委员会的成员背景各不相同。因此，建立一个大家共同的愿景目标是十分必要的。只有这样，才能避免让物业服务企业在面对业主委员会的不同目标时无所适从，也可以最大限度地避免内部成员的分歧。一旦有了广大业主共同认可的发展方向和服务要求，业主委员会与物业服务企业都能够加以遵守。明确愿景，形成共同的目标和使命感，才是构建和谐社区的基石。

要想建设好一个小区，业主委员会和物业服务企业必须持理性、理解、合作、包容的态度，要以负责任的精神对待对方，以理服人，以诚相待。物业服务企业应定期与业主委员会沟通，谁的问题谁负责，不能推诿，并将讨论结果向业主报告，保障大家的知情权。

3. 业主委员会是明确业主与物业服务企业责、权、利关系的有效形式

业主与物业服务企业之间的关系是物业管理服务的消费者与提供者之间的关系，除了受到有关法律法规的规范外，应通过物业服务合同明确双方的权利和义务。在现实生活中，由于业主是一个分散的群体，业主的意志具有多元化的特点，任何一家物业服务企业都难以做到与每一个业主分别签订物业服务合同。没有物业服务合同，业主与物业服务企业之间的责、权、利关系就无法具体明确，物业管理服务质量、费用等问题就无法量化、细化，一旦发生纠纷，就会缺乏有效的依据。因此，通过业主委员会与物业服务企业签订物业服务合同，是明确业主与物业服务企业责、权、利关系的唯一有效形式。

6.10.2 业委会与物业服务企业的关系

物业管理公司和业主委员会都属于物业管理机构，二者实行专业化管理与业主自治相结合的管理体制，它们共同管理一定范围内的物业。所不同的是，物业管理公司受业主委员会的委托来管理一定范围内的物业，而业主委员会则代表业主的利益来管理物业。

业主委员会与物业服务企业的关系表现在以下几个方面。

(1) 经济合同的平等双方。业主委员会与物业服务企业是一种委托与受委托的关系，签订物业服务合同前后，双方地位都是平等的。签订合同前，双方可以双向选择；合同签订时，对于管理目标、要求和费用，双方都要协商，协商一致之后才能签约。其间双方没有隶属关系，在法律上，业主委员会有委托或不委托某个物业服务企业的自由，物业服务企业也有接受或不接受委托的自由。

(2) 目标一致的利益双方。管理服务目标一经确定并签约，业主委员会与物业服务企业双方就都是该目标的追求者。这个目标就是保持物业完好，保障物业使用方便安全，维护环境优美整洁，保证公共秩序良好。在这个目标下，物业服务企业要为物业使用者提供优质的管理服务，而这种管理服务本质上是为了维护业主或非业主使用人的利益。双方聘用与被聘用的关系，融合在一致目标之中，各方的行为不能影响和损害这个目标的实现。

(3) 劳务和经济交换的双方。劳务和经济交换关系是在经济合作关系下产生的，体现的是有偿的等价交换原则。一方要求对方提供质优价廉的服务，另一方则要求对方支付相应的费用。当出现矛盾时，双方可以协商解决，也可以对合同进行修改与补充。当矛盾不能通过协商解决时，双方可以依法申诉，直至提起诉讼。

(4) 职权范围各不相同的双方。物业服务企业是具体的作业单位，是实施日常管理的作业组织，在合同范围内，业主委员会要与之合作并给予其帮助，必要时建立协调工作会议制度，定期召开联席会议，以解决管理中存在的一些问题。同时，业主委员会对物业服务企业进行的专业管理进行监督。业主委员会要及时向业主代表大会报告物业管理工作。

6.10.3 物业服务企业与业委会的沟通事项

根据《物业管理条例》，业主委员会执行业主大会的决定事项。因此，物业服务企业需要与业主委员会进行沟通的事项主要有：①签订物业服务合同；②确定物业服务费标准；③专项维修基金的续筹、归集与使用；④召开业主大会；⑤管理用房的用途；⑥共同催缴物业服务费用；⑦物业共用部位的经营；⑧物业管理维修基金的使用；⑨预算外的管理支出；⑩其他必须进行沟通的事项。

物业服务企业与业主委员会进行有效沟通应遵循的原则包括：①真诚。一切良好的沟通都应以真诚为前提，都应是为预防问题和解决问题作出的努力。物业服务企业和业主委员会成员只有真诚沟通，双方才能良性互动并获得有用信息，进而帮助自己解决问题。②及时。在问题出现之前，通过及时的沟通能将问题消灭于无形之中；在问题出现时，通过及时的沟通能够迅速解决问题。③具体。沟通应该具有针对性，具体事情具体对待，不能泛泛而谈，必须关注于具体问题的探讨和解决。④保持连续性。物业服务企业要和业主委员会成员约定好沟通的时间和周期，保持沟通的连续性。例如，每月月底召开双方共同参加的例会。

物业与业委会的沟通案例

6.10.4 物业服务企业与业委会的沟通机制

为了建立良好的合作与沟通机制，物业服务企业和业主委员会可以采取以下措施。

（1）定期会议：定期召开物业服务企业和业主委员会的会议，以讨论社区管理的问题和需求。会议应该充分听取业主的声音，并以此为基础制订管理策略和方案。

（2）信息共享：通过建立统一的信息共享平台，物业服务企业和业主委员会可以及时交流信息，包括物业维修、社区活动、费用清算等方面的信息。

（3）反馈机制：物业服务企业应设立业主投诉反馈渠道，以便及时解决业主提出的问题和意见。同时，业主委员会也可以设立建议反馈机制，向物业管理公司提出改进建议和意见。

（4）透明度：物业服务企业应向业主委员会公开相关管理信息，包括费用使用情况、维修工作进展、保安措施落实等方面的信息。透明度能够增加业主的信任和满意度。

某物业公司与业主委员会沟通协调管理规定

实训任务

任务内容：制订专题工作的方案

具体要求：

（1）由 3～5 人组成学习小组，小组的各项工作由组长负责指挥协调，组员分工明确；

（2）学习小组针对需要使用专项维修资金进行楼顶防水维修的事项，进行专题工作会议的策划；

（3）开展讨论，并确定会议流程和会议议题；

（4）学习小组指派代表进行汇报阐述；

（5）各学习小组进行交流、评价和总结。

习题练习

一、多项选择题

1. 业主委员会与物业服务企业的关系表现（　　）。

A. 经济合同的平等双方　　B. 目标一致的利益双方

C. 劳务和经济交换的双方　　D. 职权范围各不相同的双方

2. 物业服务企业与业主委员会进行有效沟通应遵循的原则包括（　　）。

A. 真诚　　B. 及时　　C. 具体　　D. 保持连续性

3. 为了建立良好的合作与沟通机制，物业服务企业和业主委员会可以采取（　　）措施。

A. 定期会议　　B. 信息共享　　C. 反馈机制　　D. 透明度

二、简答题

1. 业主委员会的作用体现在哪里？

2. 物业服务企业与业委会的沟通事项包括哪些？

项目7 物业客服心理服务技能

项目介绍

物业客户服务工作是一项与人打交道的工作，人的行为受其内在心理影响。因此，要顺利地完成工作，不能只是单纯依靠工作流程行事，还要揣摩客户的心理，采取对方能够接受的方式。所以，物业客服人员要掌握针对客户心理活动的服务技巧。本项目不仅介绍了客户心理活动与服务技巧，还介绍了物业服务人员减压技巧，使学习者掌握物业客户的心理特征和服务技巧，以及减轻压力的方法。

1. 知识目标

(1) 了解物业客户的心理活动过程。

(2) 熟知物业客户的认识过程、情感过程。

(3) 熟知物业客户的个性心理倾向和个性心理特征，以及不同群体的客户消费心理服务。

(4) 了解物业服务压力的来源，掌握减轻压力的方法。

2. 技能目标

(1) 能够熟练掌握客户心理活动及不同心理的服务技巧。

(2) 能够熟练运用减轻压力的技巧。

任务 7.1 客户心理活动与服务技巧

任务导入

随着经济社会的发展，物业管理行业逐渐步入“以人为本，业主至上”的时代。物业服务人员必须懂得一定的心理学知识，熟练掌握心理学技巧在物业管理中的应用，有效处理好物业管理服务企业与业主之间的关系。一方面，物业服务人员必须懂得业主的心理需求，与业主的交往中能细致全面地了解业主情绪上的微妙变化并做出恰当的行为反应。另一方面，物业服务人员必须以亲切的态度去对待业主，尊重业主的自尊心，增加业主的自豪感。

任务情境

难得晚上有空，冒着倾盆大雨来盛林华苑看房。在别墅样板房内，销售人员跟我说，保安员发现我的越野车前轮已泄气，怕行车有危险，询问是否立即处理？我连声答应。

赶到现场，我焦急地打电话联系维修人员，由于雨大，无人愿意前来维修。这时候旁边的保安员看出了我内心的烦躁，说他可以帮忙联系一下物业的工程维修人员，看是否有人能处理。

不久，物业的工程维修人员赶到现场，拿起工具冲进雨中为我更换上备用轮胎。看着浑身湿透的工程维修人员，我对盛林华苑物业的保安员和工程维修人员的服务感动不已。

问题：能够读出客户内心的需求，是否是物业客服人员应该具备的能力？

知识内容

人的心理现象是自然界最复杂、最奇妙的一种现象。人眼可以看到五彩缤纷的世界，人耳可以聆听旋律优美的音乐，人脑可以储存异常丰富的知识。人能运用自己的思维去探索自然和社会的各种奥秘；人还有七情六欲，能够体验各种情感。人会为实现自己的目的，组织和调节自己的行为，克服各种各样的困难。这些都属于人的心理活动范畴。在物业客户服务过程中，物业客户所表现出来的行为往往也千差万别，这些行为同样受其心理活动影响。

客户的心理活动过程是客户在消费行为中，从感知商品或服务到最终购买商品或服务一系列心理活动发展的过程。客户在消费的过程中，心理活动的发生、发展、变化都有一定的规律，可以揭示出不同客户心理现象的共性及其外部行为的共同心理基础。了解客户的心理活动规律，掌握相应的客户心理服务技巧，可以帮助我们更好地为不同心理类型的客户提供优质的客户服务。

心理学上把人复杂的心理现象分为两大类——心理过程和个性心理，见表 7-1。

表 7-1　心理现象分类

心理现象	心理过程	认识过程	感觉、知觉、记忆、想象、思维等
		情绪情感过程	
		意志过程	
	个性心理	个性心理特征	能力、气质、性格
		个性倾向性	需要、动机、理想、信念、世界观等

7.1.1 心理过程

心理现象在个体身上发生时，在时间上有一个发生、发展的过程，叫作心理过程。心理过程可具体分为认识过程、情绪情感过程、意志过程三个阶段。它们之间具有密切的内在联系，既相互依赖，又相互制约，从而构成客户完整的心理过程。在这里，重点介绍认识过程和情绪情感过程。

7.1.1.1 认识过程

人的认识过程是接受、存储、加工和理解各类信息的过程，是人脑对客观事物的现象与本质的反映，也是人们获得知识或应用知识的过程。人的认识过程具体包括感觉、知觉、记忆、想象、思维等，通过这些心理活动，人就实现了对外界事物的认知。客户心理活动的认识过程是客户心理活动的初始阶段，也是客户购买某一具体商品或服务的基础，离开了对商品和服务的认知，就不会产生消费行为。

人对客观世界的认识始于感觉和知觉，感觉和知觉既是人心理活动的基础，也是客户服务的基础。感觉是对事物个别属性和特征的反映和认识，是最简单的认识过程。例如，一个红苹果的个别属性有鲜红的颜色、清新的香气、酸甜的滋味、光滑的表皮等，红苹果的这些个别属性，作用于人们的眼、鼻、舌等感觉器官时，人们就会产生各种感觉。感觉是一切复杂心理活动的基础。人们只有在感觉的基础上，才能对事物的整体和事物之间的关系有更复杂的反映，进而获得更深入的认识。

1. 感觉与客户服务

感觉对客户的行为起到了很大的影响作用。客户通过感觉可以接受大量的服务信息，经过大脑，产生对这些服务个别的、表面的反应，形成初步印象。所以，在物业客户服务中心的布置上，我们要努力营造一个温馨、整洁、和谐的客户服务空间，使业主对物业服务企业留下好的印象。除此之外，业主还会通过视觉观察到物业客户服务人员的衣着举止、面部表情，通过听觉分辨物业客服人员的声音，进而对物业客服人员的服务做出分析和判断。

具体来说，感觉一般可分为外部感觉和内部感觉。外部感觉是指接受外部世界的刺激并反映其属性的感觉，这一类感觉包括视觉、听觉、嗅觉、味觉和皮肤感觉等。而内部感觉是指接受机体内部的刺激并反映机体自身运动与状态的感觉，这一类感觉包括运动觉、平衡觉和内脏感觉。

在人的各种感觉中，视觉是最重要的，原因在于人所获得的大部分信息是由视觉收集的。因此，大量的广告都注意给顾客以强有力的视觉冲击，商品一般都注重精美的包装。房地产开发商注重住宅外观的设计等。物业服务企业应注重物业区域环境的规划，种植树木、花草，给人以赏心悦目的感觉，提升物业区域的品质。同时，注重清理推销人员在住宅区墙面、电线杆上随意喷涂、张贴的各种宣传广告，从视觉上给业主一个健康、整洁的物业环境印象。

听觉是仅次于视觉的第二大感觉器官。人际言语交流主要靠听觉作为沟通渠道，因此，听觉是人们第二位的信息来源。有的住宅小区在环境的规划中，也将听觉作用考虑在内，对噪声进行严格控制。

研究嗅觉也具有重要的实践意义。物业服务企业应重视物业区域绿化对净化空气的作用，有效控制外来车辆进出，减少尾气污染等，这都是十分必要的。

在日常生活中，并不是任何刺激都能引起客户的感觉。要产生感觉，刺激物就必须达到一定的量。在刺激物引起感觉之后，如果刺激物的数量发生变化，但变化极其微小，则不易被客户察觉。只有刺激物量增加到一定程度时，才能引起人们新的感觉，心理学上把刚刚能够为人所觉察的刺激物的最小差异量称为差别感觉阈限。例如，居民区的绿化面积增加，每10米增种一棵树，往往不被居民所注意；而每10米一盏路灯不亮，业主对此却十分敏感。物业客户服务中，我们可以有效地应用感觉心理规律。

为了强化正面改变，应使相应的改变达到差别感觉阈限之上，例如，物业服务企业要提升绿化水平，增强绿化效果，上面提到每10米增种一棵树是不会引起业主的注意的，这就需要采用与原树种有较大差别的树木，比如，在中国北方地区可以种植桃树，桃花一开，视觉冲击力强，效果显著。

为了使负面改变更容易被接受，如服务水平下降或物业服务价格提高这些令业主反感的负面改变不易被察觉，物业服务企业可以将变化的水平控制在差别感觉阈限之下，这样就会降低这种负面影响。例如，随着物价的上涨，物业服务企业为了正常运营，同样需要相应提高物业服务费收费标准，这时，即使物业服务企业提高物业服务费是合理的，业主也会因为物业服务费上涨而不满，可能会拒绝交纳物业费，进而降低物业服务费的收费率。这时，如果能将价格的涨幅控制在业主的差别感觉阈限之下，使业主对价格的上涨感觉不明显，就会相应地减少业主的不满情绪。

2. 知觉与客户服务

知觉是人脑直接作用于感觉器官对客观事物各部分属性的整体反映。感觉和知觉都是当前事物在人脑中的反映，感觉和知觉往往紧密地联系在一起，不能分开，但两者也有区别，即感觉是对对象和现象个别属性（如颜色、气味、形状）的反映，而知觉是对对象和现象整体形象的反映，是人将感觉信息组成有意义的对象的过程，知觉以感觉为基础，但并不是感觉的简单相加，它还受过去经验的制约。人们只有凭借过去的经验，才能根据对当前对象的知觉确定事物，即把感觉到的许多个别因素整合为整体形象。人们对客观事物知觉的深浅、正确与否、清晰程度，以及知觉的内容是否全面，不仅受事物本身和人们已有知识和经验的影响，还受到人的需要、兴趣、情绪和个性倾向等因素的影响。

人的知觉过程是一个有组织、有规律的心理活动过程。这些规律主要表现为知觉的选择性、整体性、理解性和恒常性，它们保证了人们对客观事物的认识。

（1）知觉的选择性。人不可能对所有客观事物都有清楚感知，也不可能对一切事物都做出反应，而总是有选择地将少数事物作为知觉的对象，周围较模糊的事物则成为背景。这就是知觉的选择性。知觉的选择性表现为客户能在众多的商品中把自己所需要的商品区分出来，或者在同一种商品的众多特性中优先地注意到某种特性。它在客户选择商品时发挥过滤作用，使客户的注意力集中于其感兴趣的或需要的商品及其某些特性。

客户自身的需要、欲望、态度、偏好、价值观念、情绪、个性等，对知觉选择也有直接影响。凡是符合客户需要、欲望的刺激物，往往会成为客户首先选择的知觉对象；而与客户需要无关的事物则经常被客户忽略。从情绪状态来看，一般在快乐的心境下，人们对消费刺激的反应灵敏，感知深刻；心情苦闷时，人们则可能对周围的事物"听而不闻，视而不见"。

物业服务企业为了使业主及时得知近期公司推出的服务项目、设施维修保养通知等信息，就要利用知觉选择性的特点。如可以在每个楼口设置简易的宣传栏，颜色宜鲜明，传达信息的字体宜大，最好和宣传栏的背景色形成较大差异，同时要注意及时更新，及时撤销过期的信息。

（2）知觉的整体性。知觉对象是由刺激物的部分特征或属性组成的，但人们不把它感知为个别的孤立的部分，而总是把它感知为一个统一的刺激情景，甚至当刺激物的个别属性或个别部分直接作用于人时，人们仍会产生对该刺激物的整体印象。

知觉之所以具有整体性，一方面是因为刺激物的各个部分和它的各种属性总是作为一个整体对人发生作用，另一方面是因为在把刺激物的几个部分综合为一个整体的知觉过程中，过去的知识、经验总是能提供补充信息。例如，远处走来的熟人，虽然看不清面孔，但可以凭借其身体外形、走路姿势和其他线索将其辨认出来。因此，商家应注重产品和服务的每个细节，避免因某一方面的不足而引起客户对商品整体印象的不佳。例如，某些物业公司不注重对外来车辆的管理，这样会给业主带来强烈的不安全感，继而让业主认为物业公司在各方面都疏于管理，不负责任。

(3) 知觉的理解性。知觉的理解性是指已有的知识、经验和语言对知觉的影响。人在知觉过程中，总是以已有的知识、经验为根据，对知觉对象做出某种解释，使它具有一定的意义，并用词来标记它，即从不同方面对它加以理解。

理解在知觉中具有重要作用，它是正确知觉的必要条件。在感知一个事物的时候，与这个事物有关的知识、经验越丰富，对该事物的认识就越深刻、越准确、越快速。比如，一个搞室内装潢的客户，在选购房屋时，通过参观就能了解房屋的结构、各部分的性能、特点，并对房屋设计和之后的装修工作如何进行做出评价。

在现实生活中，可以利用知觉的理解性来提高广告宣传效果。根据知觉的理解性这一特点，企业在广告中向客户提供信息时，其方式、方法、内容、数量都必须与信息接受人的文化水准和理解能力相适应，以保证信息被迅速、准确地理解。

(4) 知觉的恒常性。当知觉的客观条件在一定范围内发生变化时，人对知觉对象的印象仍会在相当程度上保持它的稳定性，这就是知觉的恒常性。

在视知觉中，知觉的恒常性表现得特别明显。在亮度和颜色知觉中，物体固有亮度和颜色倾向于保持不变。比如，无论是在强光下还是在黑暗处，我们总是把煤看成黑色，把雪看成白色。知觉的恒常性有助于人们全面、真实、稳定地反映客观世界，使人们能够更好地适应所在的环境。

通过以上对知觉概念和特性的描述，我们认识到知觉不是被动地感知事物，而是积极、能动地反映人们认识事物的过程。知觉是各种心理活动的基础，它能刺激人们产生需求和为满足需求进行实践。对客户服务而言，它是客户在感觉的基础上对所接收服务的总体反映。客户往往根据这些反映来判断客户服务人员的服务质量，并根据以往经验，对服务产生相应的联想或认识。例如，客户对优质的服务往往会觉得比较全面、细致和深入，而对不能满足其心理需要的服务，往往觉得比较简单和肤浅。

几种常见的心理效应

7.1.1.2 情绪情感过程

人在认识事物时，不仅能认识到事物的属性和特征，还会产生对事物的态度，并引发对事物的满意或不满意、喜欢或厌恶、愉快或痛苦的体验，这就是情绪和情感，在心理学上统称为情绪情感过程。

情绪与情感是人对客观事物是否符合自己需要所产生的内心体验，是人的心理活动的一个重要方面，反映客观事物与人的主观需要之间的关系。在客户服务过程中，当客户的需求被满足、被肯定时，客户就会产生满意、愉快等积极的情感体验；而当需要不能被满足或被否定时，客户则会产生憎恨、痛苦、不满、厌恶等消极体验。

1. 情绪

情绪一般指与生理需要和较低级的心理过程(感觉、知觉)相联系的内心体验。情绪一般由当时的特定条件所引起，并随着条件的变化而发生改变。因此，情绪是比较短暂和不稳定的，具有较大的情景性和冲动性。某种情景一旦消失，一般来说，与之有关的情绪就会立即消失。

情绪状态的划分

2. 情感

情感是与人的社会性需要是否得到满足相联系的一种体验，它是人们在长期的社会实践中受到客观事物的反复刺激而形成的。因而与情绪相比，情感具有较强的稳定性和深刻性，是较高级的、深层的心理现象。情感是和人的社会观念及评价系统分不开的。人的社会性情感组成了人类所特有的高级情感系统，它反映着个体与社会的一定关系，体现出人的精神面貌。

情感的社会性内容分类

情绪与情感之间有密切的内在联系。情绪的变化一般受到已经形成的情感的制约；而离开具体的情绪过程，情感及其特点则无从表现和存在。因此，从某种意义上说，情绪是情感的外在表现，情感是情绪的本质内容。

物业客户服务人员应该关注业主的情绪与情感，通过观察业主的表情来揣摩业主当时的情绪。在某些情况下，表情比语言还重要。因为有些心理状态无法用语言来表达，有时人们口是心非，这时察言观色便可以发现其真实的心理状态。语言可以把心理状态掩盖起来，表情却不容易掩盖。比如，服务人员嘴上说全心全意为客户服务，但在日常工作中如果流露出不耐烦或不屑的表情，那么，客户肯定能够察觉出来。因此，作为物业客户服务人员，一方面应该提高自身的服务意识，并将其内化到自己的行为中，以给客户留下良好的印象；另一方面也要了解一些有关情绪情感外部表现的知识，在工作中察言观色，及时发现客户的情绪状态的变化，尽快做好调整，顺利完成工作。

影响情绪情感变化的主要因素

7.1.2 个性心理

在获取和应用知识的过程中，不同的人对同一件事往往会产生不同的感受和反应，种种心理表现的差异致使人与人各不相同，每个人的心理活动皆具有自身的特点。心理学把个人稳定的、经常表现出来的独特心理特征称为个性心理特性，它包括个性心理特征和个性倾向性两方面。

7.1.2.1 个性心理特征

个性心理特征是在个人身上所表现出来的比较稳定的心理特征。它能够体现客户个体独特的风格、心理活动及行为表现。客户的心理特征是客户个体在先天素质基础上，在一定的社会历史条件下，通过社会实践形成和发展起来的，具有稳定性、独特性、倾向性和可塑性的特点。这些特点具体在一个人身上，就表现在他的气质、性格和能力等方面。

1. 客户的气质与服务策略

气质常常用来描述人们兴奋、激动、喜怒无常等情绪特性。在现代心理学中，气质是指不以活动目的和内容为转移的典型的、稳定的心理活动的动力特征。所谓"动力特征"，是指心理活动和行为在强度、速度、灵活性、稳定性和指向性等方面表现出来的特征。一般把知觉的速度、思维的灵活性、动作反应的快慢归结为速度方面的特征；把情绪的强弱、意志的紧张度归结为强度方面的特征；把注意力集中时间的长短、情绪的起伏变化归结为稳定性特征；把心理活动倾向于外部事物或自身内部归结为指向性方面的特征。这些方面的特征组合不同，人就会表现出不同的气质特征，如有的人活泼，有的人沉着；有的人急躁，有的人慢条斯理；有的人低俗，有的人高雅；有的人敏捷，有的人迟钝等。

气质是人的天性，并无好坏之分，它不能决定一个人的社会价值，与人的道德品质也无必然联系。但气质的确会给人的活动涂上一层个人色彩，使人们完成活动的动力特征有所不同。而且，一个人的气质往往表现出相对稳定的特征，并对人的心理和行为产生持久影响，每个客户都会以特有的气质风格参与各种消费活动。在购买同一商品时，不同气质类型的客户会采取完全不同的行为方式，而气质类型相同或相近的客户往往具有近似的行为特征。

四种主要气质类型

2. **客户的性格与服务策略**

性格是指个人对现实的态度和在社会性行为中表现出来的人格特征，是人对现实的一种稳定的态度体系和行为方式。例如，有的人勤奋进取，有的人懒惰退缩，有的人热情豪迈，有的人多愁善感。性格是做出带有道德判断色彩的人际关系评价的主要标准之一，是个性的核心。

性格是人的态度和行为方面较稳定的心理特征，如果断、耐心等。性格包含诸多具体内容，是多侧面的复合体。具体来说：

(1) 性格表现出稳定的、习惯化的态度特征，即表现一个人对现实的一种稳固的态度及与之相适应的习惯行为方式。如在遭遇危险时，有的人常表现得勇敢、无畏，而有的人则可能经常表现为怯懦或退缩，这就是他们性格特征的表现。

(2) 性格还表现出一定的意志特征，即表现一个人自觉控制自己的行为及行为努力程度方面的特征。如有的人在行动中表现得独立，而有的人表现得依赖；有的人表现得主动，而有的人表现得被动；有的人表现得顽强，而有的人表现得脆弱。

(3) 性格会表现出一定的情绪特征，即表现出一个人受情绪影响或控制情绪程度的状态特点。如有的人受情绪感染和支配的程度较弱，不易冲动；而有的人受情绪感染和支配的程度较强，较为冲动、不够理智。当然，凡属于一时的、情景的、偶然的表现，都不能代表一个人的性格特征，只有稳定的、经常的、能从本质方面表明一个人的个性的，才具有性格意义。

(4) 性格的理智特征。这主要表现为主观性与客观性、粗略性与精细性、严谨性与轻率性等。

在客户的个性心理中，客户的气质和性格是相互作用、相互促进、密不可分的两个方面。气质会影响性格的发展水平和方向；性格的发展又是制约气质倾向性形成的重要条件。

根据客户在消费活动中的表现，可以把客户划分为以下几种类型。

(1) D 型客户(要求型客户)。D 型客户是那种畅言无忌的类型。当他们遇到他们想要的东西时，便会马上买下来。但某种服务如果在他看来不到位的话，或者是如果他遇到什么问题的话，他会马上同你争吵。这种客户是比较好战、容易惹麻烦的客户。

D 型客户喜欢驱使他人，他们注重事情的结果，不注意细节，而且非常容易烦躁。D 型客户的爱好溢于言表。他们对自己的身份很敏感。购买商品或服务时他们要最好的。他们常富有竞争力，而且希望赢得胜利。

与D型客户交往时，要注意身体语言的使用，如握手时一定要用力，眼睛要正视着他们，身体应稍微靠前(但要保持应有的距离)。因为他们不愿意与软弱的人打交道，他们愿意与了解他们的坚强、自信的人打交道。因此，在与他们接触时，一定要把这点表现出来。与D型客户讲话时，要直截了当，声音要洪亮、清楚、自信、直接。

(2) I型客户(影响型客户)。I型客户非常健谈，他们有一种与人交往并得到人们肯定的强烈愿望，他们非常乐观，语言有说服力、鼓舞性，他们对人非常信任。他们讲话时充满热情，脸上总是带着微笑，且注重外表。同样，他们也希望与他们交往的人也这样。

与I型客户交往时，要注意身体语言的以下方面：他们喜欢有感染力的手势；他们讲话时，你要面带微笑，离他们近些，使他们感到你对他的接受；与他们讲话时，要富有表情，这样他们才会注意听你讲话；语调应该显示出你的友好、热情、精力充沛、说服力，语调要有高低变化，语言要富有色彩，节奏要快，尽量多用手势。

(3) S型客户(稳定型客户)。S型客户包容心极强，即使是商品或服务存在问题，并使他们感到很不方便，他们也不愿以投诉的方式来解决。S型客户有耐心、随和、逻辑性和条理性较强。S型客户讨厌变化，因为他们不想有什么事打乱他们的最初生活秩序。因此，在为S型客户服务时，一定要让他们有稳定感。

与S型客户交往时，要注意身体语言的使用：因为他们随和，不喜欢变化，所以站在他们面前时应该身体靠后，身体放松，手势幅度要小，要创造出一种安静的气氛；与他们交谈时，讲话的语调应该温和、镇定、安静，语调要低，语速要慢，行动要有节奏感。

(4) C型客户(恭顺型客户)。C型客户是完美主义者，他们希望一切都是精确的、有条理的。他们天性认真，做事讲究谋略、一丝不苟。要想使C型客户满意，你必须掌握所有的事实、数据。C型客户严格遵守规定，如果你在政策或做法上稍有偏误，他们就会马上让你知道。C型客户的脸上总是面无表情，你不知道他们在想什么。他们性格保守，做事喜欢自己动手。站着时，他们喜欢把双臂抱在胸前，一只手放在下巴下好像在思考。事实上，他们也总是在思考问题。

与C型客户交往时，要注意身体语言的使用：不要有任何身体接触，也不要离得太近，站在对面、让他能看见你即可。站立时，身体重心要放在脚后跟，眼睛要与其对视，要少用或不用手势。与他们交谈时，一定要控制好语调，不要起伏太大，他们会对过分的反应起疑心。讲话时要直接而简洁，语速要慢，行动也要慢，并且显示出是经过深思熟虑后采取的行动。

以上客户性格的分类是从应用角度划分的性格类型，在实际应用中，需灵活运用。因为大多数客户并不是单一类型的，他们往往具有某一种类型的典型特征，但同时又具有其他类型的一些特点。所以，在实际工作中，还需要不断积累实践经验。

3. 客户的能力与服务策略

能力是直接影响活动效率、使活动得以顺利进行的个性心理特征。人与人之间的能力存在差别，例如有的人擅长体育，有的人喜欢歌舞等。能力是直接影响活动效率的心理特征，也是顺利完成某种活动的必备的心理条件，但人在各种活动中表现出来的个性心理特征并不都是能力。能力与活动是密切联系在一起的，只有具备相应的能力，才能从事相应的活动。能力又是在活动中形成和发展的。只有从事某种活动，才能形成相应的能力。在其他因素相同的条件下，能力强的人比能力弱的人可以取得更好的活动效果。

一般能力是指在许多活动中都必须具备的基本能力，通常指智力，如感知力、记忆力、注意力、思维力、想象力等。在实际购买活动中，客户对商品的感知、记忆、辨别能力，对信息的综合分析、比较评价能力，选择、决策能力等，都属于一般能力。一般能力的强弱会直接导致消费行为方式和效果的差异。

不同的能力会使客户表现出不同的需求和行为特点。根据客户能力的强弱及其在物业服务企业服务范围中的表现，可以把客户区分为成熟型、普通型和缺乏型 3 种类型。

(1) 成熟型客户。这类客户具有较全面的能力。其对于所需要的服务不但非常了解，而且具有较丰富的经验，其对于物业服务相关法规及物业公司的服务范围、责任义务等非常了解和熟悉，同时对物业公司的运作机制、现有物业公司的市场情况等都较为熟悉，其内行程度甚至超过部分物业公司人员。他们往往表现得比较自信、坚定，自主性较强，能够按照自己的意志独立做出决策，而无须得到他人的帮助，并较少受到外界环境和其他人的影响。此类客户热衷于社区活动，往往是业主委员会的中坚力量。

(2) 普通型客户。这类客户的能力结构和水平属于中等，他们通常具有一定的物业服务知识，但是缺乏相应的经验，主要通过媒体宣传、与他人交流等途径来了解和认识物业服务这一行业，因此这类客户对物业服务了解的程度远不及成熟型客户。普通型客户一般只有一个笼统的目标，缺乏具体、全面的要求，因此他们很难对物业公司的内在质量、小区设施、服务范围等提出明确的意见，也难以就同类或同种物业公司之间的差异进行准确比较。由于知识不足，他们会表现出一定的缺乏自信、缺乏独立见解的特点，因此他们比较容易受到外界环境的影响。

(3) 缺乏型客户。这类客户的能力结构和水平处于缺乏状态，他们既没有必需的物业服务常识，也没有相关经验，除非涉及他们的切身利益，如房屋漏水、车位被占等，否则，他们不会关心小区的物业服务整体情况，不会注意小区的绿化、健身、娱乐等公共设施。在询问这类业主对物业公司的意见或看法时，他们往往没有明确的评价，仅有些朦胧的意识和想法；在接受服务过程中，他们对服务的了解仅建立在直觉和表面的观察之上，缺乏对服务本质及服务与个人需求之间内在联系的把握能力，因而难以作出正确的选择。他们极易受环境的影响和他人意见的左右，其行为常常带有很强的随意性和盲目性。

上述客户类型的划分是相对的，随着客户的不断学习和生活经验的积累，客户的能力是会不断发展和提高的。

7.1.2.2　个性倾向性

个性倾向性是指个人在社会生活过程中逐渐形成的思想倾向或意识倾向，它决定着一个人对事物的态度和积极性，也是决定一个人行为方向并起推动作用的重要因素。个性倾向性体现为个人的意识倾向，即人对现实的稳定态度，具体涵盖需求、动机、兴趣、信念以及价值取向、世界观等构成要素。

毋庸置疑，客户行为是以消费行为为中心的，而客户的消费行为通常始于需求的激发。可以说需求是客户行为的最初动力，也可以说人类的一切行为都是从需求开始的。

需求是由于缺乏某种生理或心理因素而产生的内心紧张，是个体内部的一种不平衡状态，需求是个体和社会生活中必需的事物在人脑中的反映，需求在主观上通常被体验为一种不满足感，并成为个体活动的积极性源泉。例如，人们由于饥饿，会对食物产生需求；由于谋求自身发展，会对教育产生需求。物业客户正是由于对安全、舒适有需求，才会对物业服务这一商品产生一系列需求。客户的需求具有以下特点：

1. **客户需求具有差异性与多样性**

在现实生活中客户之间存在着各种个体差异，这些差异导致客户需求也千差万别。同时，客户需求也因各种条件的影响表现出多样性。按起源分，需求可分为自然需求和社会需求；按指向的对象划分，需求可分为物质需求和精神需求。自然需求也称生物需求，指个体对那些为维护自己的生命及延续其后代所必需的条件的要求，包括饮食、运动、休息、睡眠、排泄、亲密关系、性等需求。社会需求是人类特有的需求，如劳动、交往、成就、求知的需求等。这些需求反映了人类社会的要求，对维系人类社会生活、推动社会进步有重要作用。物质需求指向社会的物质产品，并因占有某些产品而获得满足，如对工作和劳动条件的需求、对日常生活必需品的需求等。精神需求则指向社会的各种精神产品，并因占有某些精神产品而得到满足，如对美的需求、对道德的需求、对艺术的需求等。精神需求在人的社会生活中具有重要作用。

2. **客户需求具有周期性**

客户的某种需求获得满足之后，这种需求还会随时间和空间等客观条件的推移而重复出现。因此，需求具有明显的周期性特点。

3. **客户需求具有层次性与伸缩性**

客户需求虽然是多方面的，但不可能同时产生，也不可能同时满足，它往往会按照轻重缓急呈现出层次性，并由低级向高级发展。内外因素对客户需求会产生促进和抑制作用，这使客户需求具有伸缩性。

4. **客户需求具有发展性**

需求是由人的社会环境和生活条件决定的，因而会随社会的发展而发展。这就要求客户服务要不断完善服务设施和项目，提高服务质量，以适应客户需求的发展。

5. **客户需求具有可诱导性**

客户需求在受到外界因素的刺激和影响时，是能够发生变化的。例如，客户可能受推荐和宣传的影响而使自己的需求发生改变，这也是广告的作用。

美国著名心理学家马斯洛提出了需求层次理论，他将人类的需求归纳为5种，并对这5种需求由低到高进行了排列(见图7-1)。低层次需求基本满足以后，较高层次的需求才有可能出现。

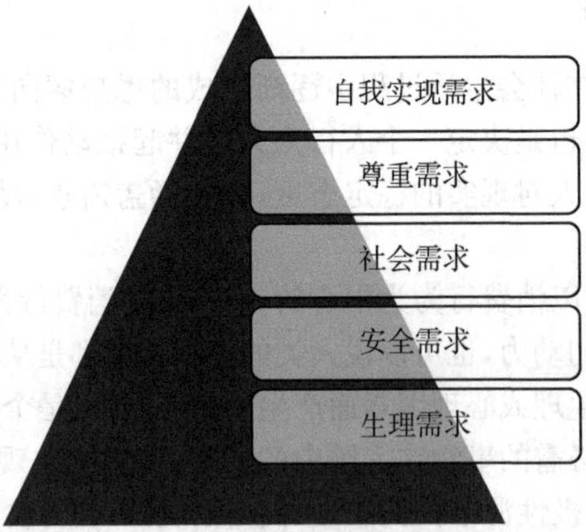

图7-1 马斯洛需求层次

结合马斯洛的需求层次理论，分析业主在消费物业服务时的心理需求很重要。业主对物业客户服务的心理需求具体有受欢迎的需求、及时服务的需求、感觉舒适的需求、有序服务的需求、被理解的需求、被帮助的需求、受重视的需求、被称赞的需求、被识别或记住的需求、受尊重的需求、被信任的需求、安全及隐私的需求等。

人的需求的5个层次

业主对物业客户服务的心理需求包括对有形设施的需求和对无形服务的需求两方面。物业客户服务应根据业主的这些需求为业主提供以下服务。

(1) 清洁卫生的服务。清洁卫生是业主最为重视的生理和心理需要。清洁卫生的环境、设施、设备和用具，客户服务人员良好的清洁卫生习惯，都会让业主在生理和心理上产生安全感和舒适感。

(2) 安静舒适的服务。安静舒适的环境是衡量服务质量的重要标准之一。安静舒适的环境不但可以满足业主休息、生活等活动需要，而且能使其产生愉快、满意的情绪，形成一种美的综合享受。

(3) 热情亲切的服务。热情是一种强有力的、稳定而深厚的情感体验。热情亲切地接待业主，能够缩短与其交往中的心理距离，减少业主疑虑，促进情感融洽，便于交往。

(4) 主动周到的服务。物业服务永远不应有被动状态，它要求物业服务部门及时、主动地向业主提供服务，为业主提供方便，满足业主特殊需要，从而使业主觉得方便、愉快。

(5) 灵活机智的服务。在物业客户服务中，经常会遇到一些突发事件，在这种情况下，业主需要得到物业客户服务人员的及时帮助，以保证其安全需求。客服人员反应灵活，处理问题当机立断，是业主对物业服务人员的基本要求。

(6) 尊重得体的服务。对业主尊重是物业服务人员起码的职业观念和职业行为，但尊重必须得体、恰当。它表现在两个方面：一是在为业主提供服务过程中要保持业务性交往的心态，不掺杂任何个人情感；二是在服务交往中要注意自己的职业身份，如服饰、妆容应得体等。这不仅尊重了业主，也尊重了物业服务人员自己，还树立了所在物业服务企业的良好形象。

7.1.2.3　不同群体客户消费心理服务

作为物业服务人员，为了更好地满足客户需求，就必须对客户的心理有足够的了解，通过分析客户心理，提高物业服务质量。

1. 老年客户的消费心理

目前，中国老年人消费市场正在日益扩大。老年人的消费心理和消费能力与年轻人相比，更加理性和开放。随着人口老龄化的加快，老年人的消费资源会比较充裕，尤其是在现代都市里，知识型老人已基本脱离了要子女代劳的传统，他们希望社会生活安稳、便捷，消费谨慎、小心，不过分奢侈。

物业服务部门针对这部分客户，要持谨慎态度，如楼梯扶手旁不放东西(包括花卉类)以保持道路通畅；雨天在大门口应摆放防滑地毯；报栏处可提供老花镜和放大镜；物业服务人员可以主动上门收取物业费，并耐心地听取他们对物业部门的建议，使他们感到居住在这样的小区温馨、安全、便捷、放心。

2. 投资客户的消费心理

拥有了新房后，一部分客户是自己居住，希望享受高档舒适的环境和完美的物业服务，但也有一部分客户把房子用于出租，追求租金收益，这些客户对物业服务的要求不高，他们只求安全，服务费用越低越好。

3. 私营企业家和个体工商户客户的消费心理

这一客户群体文化差异较大，有文化层次较高的，也有文化层次较低的，由于拥有大量财富，他们会有超出一般市民的消费心理，选择物业服务时，他们也希望体现其"高档"身份，以示自己与常人不一样的"差异性"。

他们在购买物业时，包装得越多、价格越高、广告做得越多的楼盘，他们越有可能花费重金来购买，而这也将成为他们炫耀的资本。我们可以充分利用他们好面子的心理给予其高档的有偿服务，用"文化"包装物业的公用部位，也可以向他们提供一些有文化品位的装饰品，满足他们的炫耀心理和"面子"心理。

4. 工薪族客户的消费心理

目前在大都市的工薪族，有置业能力的多数是白领及少数的高级蓝领，该群体大多具有较高的文化素质、专业知识，他们跟随潮流的心理较重，追求生活质量，文化品位高雅精致。

面对这类客户，物业公司可以为其提供比较前卫的服务，以满足他们跟随潮流的心理，使其尽情享受品位生活和高雅文化，协助他们提高生活质量。

5. 知识分子客户的消费心理

这些客户具有较高的学历，从事着专业性较强的工作，多数人已具有事业基础或专业成果，职业比较稳定。他们的消费要求明明白白、物有所值。

对于这类客户，物业人员在为他们服务时要尽量体现出对他们的尊重，经常听取他们的意见；凡收费的项目一定要讲清原因，以提高服务效率。

总之，在物业服务中，物业服务企业应根据客户的消费心理，针对不同客户的心理及服务需求，有效开展物业服务工作，这样有利于化解矛盾，得到较好的效果。

实训任务

任务内容：倾听技巧的运用

具体要求：

(1) 由 3～5 人组成学习小组，小组的各项工作由组长负责指挥协调，组员分工明确；

(2) 小组成员进行讨论，结合物业客户服务工作设计出一个工作场景，并运用倾听的技巧去解决工作中的问题；

(3) 小组成员进行角色扮演，来展示倾听技巧的运用；

(4) 各学习小组互相交流和点评。

习题练习

一、判断题

1. 心理过程可具体分为认识过程、情绪情感过程、意志过程三个阶段。 (　)

2. 外部感觉指接受外部世界的刺激并反映其属性的感觉，这一类感觉包括视觉、听觉、嗅觉、味觉和皮肤感觉等。 (　)

3. 客户自身的需要、欲望、态度、偏好、价值观念、情绪、个性等，对知觉选择也有直接影响。（　　）

4. 近因效应指最初接触到的信息所形成的印象会影响人们以后的行为活动和评价。（　　）

5. 多血质的人脾气倔强、直率热情、精力旺盛，情绪兴奋性高，抑制能力差，反应速度快，但不灵活。这种气质类型的人容易冲动，对自己的情感和行为难以控制，容易急躁，容易与人发生矛盾。（　　）

二、简答题

1. 在提供物业服务时，对于不同性格的业主有哪些注意事项？

2. 针对不同群体客户的消费心理，在提供服务时应有哪些不同？

任务 7.2　物业服务人员减压技巧

任务导入

随着住宅小区向高档化、多功能化方向演进，业主对物业服务企业的要求也越来越高。由此就给物业服务人员带来一些新的挑战。物业服务人员除了必备娴熟的物业服务技能和管理技能以外，还要有一定的沟通、协调、组织能力。尤其是在快节奏的生活方式下，几乎人人都在顶着巨大的压力生活，导致很少有时间倾听他人的话语。因此，物业服务人员除须具备自我调节能力外，还要储备一定的心理学知识，解决工作中的实际问题。

任务情境

疫情期间，某物业企业的心理顾问接到一位物业经理的电话。这位物业经理平日里工作雷厉风行，颇有巾帼不让须眉的英雄气概。但这个电话里流露出来的情绪是不安、焦虑和恐慌。她说她所在的小区有 20 多户疫区业主，有 5 人同时出现了发烧症状，而她作为项目负责人多次上门摸查情况。言语中没有了往日的淡定，一直在问怎么办，说自己的情绪要崩溃了。

心理顾问在让她说完之后，问了她几个问题，包括是否有戴口罩，有没有保持合理距离，以及有没有向社区汇报。她的回答都是肯定的，并且表示市疾控中心人员已经介入处理。在沟通的过程中，她的情绪也得到了缓解。

问题：你认为这位物业经理该如何来缓解这种“崩溃”感呢？

知识内容

物业服务工作是一项十分繁琐的工作，给物业服务人员带来了不小的压力。要想成为一名优秀的物业服务人员，就应该能够正确看待自己所面临的压力，并分析压力的形成原因，从而找出正确的应对方法，掌握减轻自身压力的技巧，力争把压力带来的负面影响降到最低。

压力的症状有生理方面的，如心悸和胸部疼痛、头痛、手心冰冷或出汗、消化系统问题（如胃部不适、腹泻等）、恶心或呕吐、免疫力降低等；有情绪方面的，如易怒、急躁、忧虑、紧张、冷漠、焦虑不安、崩溃等；有行为方面的，如失眠、过度吸烟喝酒、拖延事情、迟到缺勤、停止娱乐、嗜吃或厌食、吃镇静药等；有精神方面的，如注意力难以集中，表达能力、记忆力、判断力下降，持续性地对自己及周围环境持消极态度，优柔寡断等；有心理方面的，如消极、厌倦、不满、生气、冷淡、认命、健忘、幻想、心不在焉等。

7.2.1 造成压力的因素

造成压力的因素是多方面的。自身因素方面，如生活中发生了重大变故、自身的服务技能不足、与周围人的人际关系不和谐、自身身体状况不佳、自身财务问题、疲劳过度等。公司因素方面，如公司制订的工作目标不合理、工作量超负荷、工作缺乏安全感、工作结构不合理、缺少发展机会等。环境因素方面，如工作环境有噪声、气味不好、灯光过明或过暗、天气过冷或过热等都会带来压力。除此之外，也有客户因素，具体包括以下几点。

1. 客户期望值的提升

随着物业行业服务意识的不断增强，物业服务企业的服务水平已经较以前有了很大提高，业主得到的服务越来越多，但业主的满意度却没有得到提升。这是因为业主对于物业服务的期望值越来越高了，随着物业相关法律法规的不断完善，更多物业小区纷纷成立了业主委员会，业主们的自我保护意识不断加强。

2. 服务失误导致的投诉

在处理业主投诉时，可以通过一些技巧很好地化解投诉者的抱怨。但是，有些投诉是非常难解决的，服务失误导致的投诉就属于这一类。在物业服务中，此类服务失误时有发生，所以，如何有效处理因为服务失误而引发的投诉，给物业客服人员带来了巨大的压力。

3. 客户不合理的要求

有时业主提出的不合理要求，也会给物业客服人员造成很大的压力。有的业主会提出与公司规定相悖的要求，所以，如何在遵守公司规定的前提下让业主接受自身的合理解释，就成了物业客服人员面临的难题。

7.2.2 应对压力的基本原则

国际上比较流行的减压原则是“3R 原则”，即放松（relaxation）、缩减（reduction）、重整（reorientation）。换句话来说，即将放松自己、减少遭遇压力源的机会、重新调整要求或期望值三者结合起来，在已有的正面压力、自发压力与过度的压力之间寻求一个平衡点。而对物业客服人员来说，除运用“3R 原则”减压外，还可以从以下几个方面减压。

1. 多从积极正面的角度考虑问题

悲观的人对着桌子上的半杯水，会难过地说“还剩半杯水”。而快乐的人看到它，会乐观地说“还有半杯水”。过度的压力有很大部分是自己造成的，这与自我期望、价值观等有关。也就是说，我们应当做自己情绪的主人，而不能被负面的想法左右。

2. 养成规律的作息习惯

人必须养成规律的作息习惯：该睡的时候不要熬夜，除此之外，也要自我控制饮食和体重。由于平时生活和工作多在狭隘的室内，因此一有空闲，应多参加户外活动，以达到放松身心的目的。

3. 及时与他人沟通

每个人都应寻求适合自己的情绪沟通渠道，不论喜怒哀乐，都有人与你分享，你就不会觉得心灵上孤独无助了。

4. 培养自己的放松技巧

人可以经由训练而掌握放松的技巧，如通过自我催眠、瑜伽、腹式呼吸法、肌肉放松训练等来学习放松技巧，有些人练书法、浇花、养鱼，也可以达到放松的目的。无论其放松技巧如何，重点都在于经过一段时间的“沉静”，让自己有机会反思。

减轻压力的技巧

实训任务

任务内容：制订物业员工团建活动方案

具体要求：

(1) 由 3～5 人组成学习小组，小组的各项工作由组长负责指挥协调，组员分工明确；

(2) 小组成员进行讨论，并策划和编制一次员工团建活动方案；

(3) 各学习小组指派 1 名代表进行阐述；

(4) 各学习小组互相交流和点评。

习题练习

一、多项选择题

1. 造成压力的因素包括(　　)。

A. 自身因素　　B. 公司因素　　C. 环境因素　　D. 客户因素

2. 对物业客服人员来说，除运用“3R 原则”减压外，还可以从以下(　　)方面减压。

A. 多从积极正面的角度考虑问题　　B. 养成规律的作息习惯

C. 及时与他人沟通　　D. 培养自己的放松技巧

3. 减轻压力的技巧包括(　　)。

A. 自我心态的调整　　B. 不断提高自我能力

C. 适时休息　　D. 积极的自我对话

二、简答题

1. 压力的症状有哪些？

2. 工作压力对物业客服人员的影响有哪些？

项目8 物业客服岗位技能实训

项目介绍

随着物业管理行业的不断发展，物业客服岗位成为连接物业公司与业主的关键角色。一个优秀的物业客服不仅需要具备扎实的专业知识，还需要掌握多种软技能。因此，物业客服岗位技能实训的重要性不言而喻。通过实训，可以系统地提升学生物业客服的专业技能和综合素质，使其更好地服务于业主，提高客户满意度，同时也为物业公司培养了一批高素质的人才。

1. 知识目标

(1) 物业管理基础知识：掌握物业管理的基本概念、原则、流程和方法，了解物业管理的相关制度和规范。

(2) 客户服务理论与技巧：熟悉客户服务的基本理念、原则和技巧，了解客户的需求和期望，提升客户满意度。

(3) 相关法律法规：学习并掌握物业管理相关的法律法规，如《物业管理条例》等，确保工作合法合规。

(4) 沟通技巧与礼仪：学习并掌握有效的沟通技巧和礼仪，包括口头表达、倾听、非言语沟通等，以建立和谐的客户关系。

2. 技能目标

(1) 处理客户投诉与纠纷：能够妥善处理客户投诉和纠纷，化解矛盾，维护良好的客户关系。

(2) 高效沟通与协调能力：具备高效的沟通与协调能力，能够与业主、同事、上级等进行有效沟通，协调各方资源解决问题。

(3) 物业费收缴与管理：熟悉物业费收缴的程序和标准，能够准确、及时地完成物业费的收缴和管理工作。

(4) 应急事件处理能力：具备应对突发事件的能力，如停电、停水、火灾等，能够及时采取有效措施，保障业主的生命财产安全。

任务 8.1　服务礼仪实训

8.1.1　实训目标

通过学生分组，进行案例分析以及情景模拟，加强学生对物业客户服务礼仪相关知识的掌握以及应用能力。在实训过程中，提高学生的案例分析能力、批判性思维能力、团队协作能力等。确保所有参与实训的学生都明确了解实训的目标，以便他们能够有针对性地进行学习和实践。

8.1.2　分组与角色分配

将学生分成若干小组，每个小组的成员数量可以根据实际情况进行调整。小组成员之间应具备一定的差异性和互补性，以使其能够互相学习、互相帮助。然后，每个小组选出一个组长，负责组织协调小组的实训全程。

在每个小组内可进行角色分配，根据创设的情景的特点和要求，设定不同的角色，例如物业经理、物业客服人员、业主等。每个学生在小组内担任不同的角色，让他们从不同的角度理解情景和相关案例，并培养其团队协作能力。

8.1.3　案例分析与讨论

在角色分配完成后，各小组开始进行案例分析和讨论。学生应该先对案例进行深入阅读和理解，然后根据各自的角色进行独立思考和分析。在小组内部进行充分的讨论和交流，鼓励学生提出自己的见解和看法，并对其他同学的意见进行评估和比较。指导老师可以在这个过程中提供必要的指导和帮助。

1. 案例一

某物业服务企业的接待员小张正在小区入口处执勤，一位刚搬进来的业主要到小区里的家，需要登记。小张微笑着说："您好，请问您是本小区居民吗？需要登记一下您的信息。"业主递上身份证，小张仔细核验无误后，收下身份证，递上登记表请业主签字，同时指引业主进入小区。

点评：小张的行为展现了良好的接待礼仪。他微笑着问候，语气和蔼，表现出了尊重和友好。在接待业主时，他主动询问，核实身份信息，严格遵循了物业管理的规定，同时也充分考虑到了业主的感受。

2. 案例二

某物业服务企业维修师傅小李接到业主报修，反映家里的下水道堵塞。小李赶到业主家，发现现场情况很是糟糕。他没有立即开始修理，而是先向业主道歉，并解释了可能需要一些时间来处理这个问题。他详细询问了堵塞的情况，并询问了是否有什么特殊情况可能导致这种情况发生。在与业主沟通的过程中，他始终保持耐心和友善的态度，并在完成修理后，向业主表示感谢。

点评：小李在沟通中表现出良好的沟通礼仪。他在面对问题时首先向业主道歉，表达出对业主的关心和尊重。同时，他详细询问情况，表现出专业和负责任的态度。在处理问题后，他表示感谢，体现了良好的服务态度。

3. 案例三

某物业服务企业保安员小王正在巡逻时，发现一位老人在小区里迷路了。他立即上前询问，但老人言语不清。小王没有犹豫，将老人带到物业办公室，给老人倒水，安抚老人的情绪。同时，他联系了老人的家属，并将老人安全地交给家属。整个过程中，小王始终保持着耐心和关心，体现了良好的服务态度。

点评：小王的服务态度值得称赞。他在工作中遇到问题时能够迅速反应，并以关心和耐心的态度处理问题。他不仅关注老人的安全，还考虑到老人的情绪，给业主提供了人性化的服务。在整个过程中，小王始终以业主要求为出发点，以专业和负责的态度处理问题。

8.1.4 情景创设与模拟

某物业服务企业目前正在为新入住的业主办理入住手续，请以小组为单位，按照入住手续的相关流程，安排每位组员扮演适当的角色，在办理入住的全过程中，思考讨论都要运用哪些服务礼仪知识点，总结并完成情景模拟剧本的写作与排练工作。

8.1.5 总结与汇报

在完成小组讨论后，各小组需要对情景进行分角色模拟作为实训总结。必要时可以形成报告，报告应该涵盖对案例的概述、分析过程、结论和建议等方面的内容。通过总结和报告撰写，可以帮助学生梳理思路、加深对案例的理解和记忆，并提高他们的书面表达能力。

8.1.6 评估与反馈

最后，对实训过程进行评估和反馈。评估可以采用多种方式进行，例如小组报告、口头答辩、自我评价等。通过评估，可以了解学生的学习情况和对实训目标的实现程度。根据评估结果，可以对实训过程进行调整和改进，以提高实训效果和质量。同时，应当及时向学生提供反馈意见，使他们能够明晰自身的不足之处并加以改进。

服务礼仪实训
综合评价表

任务 8.2　服务会话实训

8.2.1　实训目标

通过学生分组进行案例分析及情景模拟，加强学生对服务会话礼仪相关知识的掌握以及应用能力。在实训过程中提高学生的案例分析能力、批判性思维能力、团队协作能力等。确保所有参与实训的学生都明确了解实训的目标，以便他们能够有针对性地进行学习和实践。

8.2.2　分组与角色分配

将学生分成若干小组，每个小组的成员数量可以根据实际情况进行调整。小组成员之间应该有一定的差异性和互补性，以便他们能够互相学习、互相帮助。然后，每个小组选出一个组长，负责组织协调小组的实训全过程。

在每个小组内部，进行角色分配。根据创设的情景的特点和要求，设定不同的角色，例如物业经理、物业客服人员、业主等。每个学生在小组内担任不同的角色，让他们从不同的角度理解情景和相关案例，培养他们的团队协作能力。

8.2.3　案例分析与讨论

在角色分配完成后，各小组开始进行案例分析和讨论。学生应该先对案例进行深入阅读和理解，然后根据各自的角色进行独立思考和分析。在小组内部进行充分的讨论和交流，鼓励学生提出自己的见解和看法，并对其他同学的意见进行评估和比较。指导老师可以在这一过程中提供必要的指导和帮助。

常见物业客服答客问

8.2.3.1　案例一

某业主到物业服务中心反映家中对讲机按钮损坏要求帮忙修理，服务中心技术人员甲某立刻上门对业主家中对讲机按钮进行更换处理，在维修完成后，甲某因没有携带《居家服务情况记录表》(部门家政人员较多，周末家政人员一直没有保证家政收费本人手一本)，所以未向业主说明本次维修需收取材料费和人工费。

后甲委托另外一名技术员乙某到业主家收取本次维修费用时遭到业主拒绝，并以事先没有说明需要收费且费用收取标准不明确、产品质量不好等缘由不支付费用。乙某表示会将业主的意见及时上报，随后再与顾客沟通收费问题。

次日，该业主家中的对讲机再次出现故障并报修，技术员丙某上门维修，丙某到业主家中维修时，语气生硬地询问业主有什么问题，业主表示昨天才换零件现又坏了，肯定是零件或维修质量的问题，对于收取维修费用，该业主的怨气极大。

丙某在没有具体了解事件经过的情况下，质疑业主为什么不支付维修费用？业主感到非常气愤，大致将昨天事情经过叙述一遍。此时，丙某再次将对讲机拆开重新调试检查，经查为按钮接触不良而导致对讲机无法正常使用，事后，丙某在离开时对业主说：“麻烦你下次投诉我们的维修质量时，有足够的证据再说。”业主之前对丙某的言行已经大为不满，听到此话情绪更加激动，表示要继续投诉，丙某还是很大声地重复坚持自己的观点，从而导致业主在网上进行投诉。

1. 案例分析

(1) 物业服务人员甲在提供服务之前没有明确地告知客户维修项目的收费标准，维修完毕后，因未携带收费记录本，而未进行现场签单确认，也未向业主说明原因；

(2) 该案例反映出部门一线服务人员缺乏以客为尊、主动服务的意识，未能站在客户的角度看待维修服务过程的瑕疵给业主造成的影响，也没有及时安抚客户的情绪，在服务人员的重复上门进行维修的过程中，工作人员的生硬语言、不礼貌态度，导致业主对于维修质量的不满彻底爆发，从而在网上投诉；

(3) 对客户完成维修服务之后，没有跟进维修质量的情况，而是客户在维修产品再次出现问题时，才派人去检修，这样被动的服务势必会降低给客户的品质感。

2. 经验及预防措施

(1) 物业服务人员在接到维修服务需求时要事先准备维修备件、工具等。如果维修属于收费范围，应同时携带收费记录本上门。在提供维修服务前，及时向业主说明是否收费及费用收取的标准；

(2) 部门应引导服务人员树立以客为尊的意识，站在帮助、理解客户的角度，积极主动地为客户提供优质服务。在工作过程中关注服务品质，为客户解决实际困难。注重服务意识及沟通技巧的培训，全面提高工作人员的素养和服务品质；

(3) 针对“麻烦你下次投诉我们的维修质量时，有足够的证据再说。”这句话，分析员工心态，带有对立心态的服务是让客户无法接受的；

(4) 加强维修情况跟进，在提供维修后的保修阶段，如维修项目或产品出现质量问题，应及时予以更换与维修，并及时与客户沟通，以缓解因维修或产品质量问题而引发的顾客的不满。

8.2.3.2 案例二

某业主反映家里在进行浴缸维修时，发现户内总水阀不能完全关闭，无法实施维修。致电给物业服务中心，要求更换。服务中心技术员检查后告知业主没有该类水阀配件无法实施维修，业主随即请求帮忙代购材料，技术员回复说公司规定不能代为购买材料，希望业主自行购买，该业主表示工作非常繁忙，希望物业服务中心能够理解业主的难处，灵活处理此事以帮助业主解决实际问题，可该技术员仍旧解释遵守公司规章制度的必要性。

万般无奈，该业主只好同装修人员到大型商场购买，但还是没有购得同型号材料，返回小区后在附近五金商店买回一只水阀，安装时发现不配套。这时物业服务中心安排上门维修的技术员又告知业主此类水阀返修办可能还有存货，可以询问一下返修组，该业主闻听此言非常气愤。感觉服务中心的工作人员为何不早说，这样可以避免浪费她半天的时间。

业主随即致电给返修办，工作人员立刻拿了一只水阀给技术员并进行了更换。事后业主对服务中心在此事的处理上表示非常不满，对物业服务中心不能代客购物感到不理解，觉得服务中心办事效率低，没能及时帮她解决问题，还浪费了她半天时间。

1. 案例分析

(1) 从案例中看出，业主需要的是尽快帮助她解决更换损坏的水阀，而首次上门维修的技术人员发现无水阀配件时，在没有核实的情况下，只是简单地回复客户无法进行维修，主动服务意识欠缺。业主提出希望代为采购配件，技术人员的回复是公司有规定不能够为客户代购物品，导致客户产生不满情绪。

(2) 技术人员缺乏变通解决实际问题的能力。业主提出违背公司制度的要求时，不考虑实际情况，只是一味死板地执行公司的制度；

(3) 站在业主的角度，希望得到的是更为便捷的服务。我们的员工不能从业主角度出发思考解决问题的办法，是缺少服务意识的表现；

(4) 在我们对员工对制度理解的引导方面，并不是简单告诉他们要严格遵守公司制度。而是要引导工作人员，尤其是一线工作人员对制度的正确理解，要培养他们在现行制度下，换位思考的能力和提供高质量服务的方法。

2. 经验教训

(1) 对于客户的服务需求，部门人员应从帮助、理解客户的角度思考，积极主动地为住户提供意见和建议，协助客户解决实际困难，而不应该只是简单地执行制度。

(2) 维修人员在接到服务中心发出的维修指令后应及时到客户家中提供维修服务，严格按照五步一法居家维修“1234”的要求，为客户提供便捷的服务，对于服务中遇到的困难，比如：维修配件的短缺、维修贵重物品或客户提出与公司、部门制度相违背的服务需求时，均应换位思考理解客户的难处，以积极的态度协助进行处理或提供解决的途径，对于难以把握的，应及时请示直属上级确定解决方案或及时回复客户，尽快为客户解决实际问题。

(3) 服务中心内部，应加强职员服务意识的灌输，通过交流会的形式就服务过程中的经验与教训进行交流。指导职员在处理类似问题的过程中，采取正确的方式，快捷地为客户提供“满意＋惊喜”的服务。

8.2.3.3 案例三

东海岸某业主来信反映东海岸服务中心成为无框玻璃的推销单位，成为商品的服务单位。业主安装无框玻璃要选择服务中心指定的单位方能进行安装。同时，该业主发现该私有单位存在一些问题，譬如：价格高，比市场价高 150 元/平方米；质量差；无税务发票。

事后调查，服务中心只是提供无框玻璃的安装款式要求，并没有强制性地指定购买某家单位产品。误会是因为在向客户提供款式展示的时候，样板上残留有供货商的电话，造成业主误会。

1. 案例分析

(1) 案例反映了这样一个问题：我们在提供服务时，仅从服务提供者的主观角度来思考解决问题。我们向住户提供玻璃生产商的联系电话，目的是方便住户。但是，我们没有考虑到所提供的信息是不是真的能给业主带来帮助，可用价值有多少？从业主的角度出发，他们所希望得到的是物廉价美的商品信息，是有参考价值的建议。如果事先核实过玻璃生产商的价格和质量，确实能替业主节约费用，再进行推荐，这项服务才能达到最初的目的。换位思考，不仅仅要主动提供服务，而是站在业主角度提供高品质的服务，这样才能被认可；

（2）其次，在现场展示的商品没有明确的标识说明此项展示仅为推荐并非指定，所以造成业主误会；

（3）提供展板时，没有去除样板上的供货商电话或明显广告标识；

（4）此事表现出物业服务中心工作中的服务意识不强、考虑不周全，在向业主提供增值服务和提供现场展板时，没有考虑到可能会使客户产生误会，反而达不到服务的目的。

2. 经验教训

（1）对相关业务单位提供现场展示样板，应事先约定禁止业务单位打着服务中心旗号进行推销（可采用收取一定押金的形式进行约束），并禁止其在小区内打广告或散发传单。安全员需加大巡查力度，特约商户管理员也需随时保持与业务单位的沟通，监督业务单位的行为；

（2）事先在宣传栏和实物展示现场向业主公告，提供样板仅为方便业主，非服务中心指定供应商，业主可参照统一款式自行选择供应商；

（3）服务中心装修办理人员在审核业主装修申请时，可再次向需要装防盗门及隐形窗户的业主说明服务中心仅提供款式要求，无指定供方，业主需要自行了解供方价格并与之签订相关协议；

（4）客服人员及时与业主沟通说明采取的改善措施，取得业主的谅解。

8.2.4 情景创设与模拟

某物业服务企业即将开始收缴新一年的物业费，鉴于目前接到众多关于物业费用组成及其他相关问题的询问，为更顺利地收取物业费，及时为业主答疑解惑，营造良好的沟通氛围，物业服务企业打算为业主们举办一场关于新一年物业费收取的说明会，会上将为业主们详细解释物业费用的具体构成，并回应业主们主要关切的实际问题。请以小组为单位，按照所学内容，安排每位组员扮演适宜的角色，在说明会的整个过程中，思考并探讨需运用哪些沟通交流方式及物业管理知识点，总结并完成情景模拟剧本的写作与排练工作。

8.2.5 总结与汇报

小组讨论完成后，各小组需针对情景进行分角色模拟，以此作为实训总结。必要时可形成报告，报告应涵盖对案例的概述、分析过程、结论和建议等方面的内容。通过总结和报告撰写，可以帮助学生梳理思路、加深对案例的理解和记忆，并提高他们的书面表达能力。

8.2.6 评估与反馈

最后，对实训过程进行评估和反馈。评估可通过多种方式进行，例如小组报告、口头答辩、自我评价等。通过评估，可以知悉学生的学习情况和对实训目标的实现程度。根据评估结果，可以对实训过程进行调整和改进，以提高实训效果和质量。同时，应该及时向学生提供反馈意见，以便他们能够明确自己的不足之处并加以改进。

服务会话实训综合评价表

任务 8.3 投诉处理实训

8.3.1 实训目标

通过让学生分组进行案例分析以及情景模拟，强化学生对物业客户服务礼仪相关知识的掌握及应用能力。在实训过程中，提高学生的案例分析能力、批判性思维能力、团队协作能力等。确保所有参与实训的学生都明确了解实训的目标，以便他们能够有针对性地进行学习和实践。

8.3.2 分组与角色分配

将学生分成若干小组，每个小组的成员数量可以根据实际情况进行调整。小组成员之间应该有一定的差异性和互补性，以便他们能够互相学习、互相帮助。然后，每个小组选出一个组长，负责组织协调小组的实训全过程。

在每个小组内部，可以进行角色分配。根据创设的情景的特点和要求，设定不同的角色，例如物业经理、物业客服人员、业主等。每个学生在小组内担任不同的角色，让他们从不同的角度理解情景和相关案例，并培养学生的团队协作能力。

8.3.3 案例分析与讨论

在角色分配完成后，各小组开始进行案例分析和讨论。学生应该先对案例进行深入阅读和理解，然后根据各自的角色进行独立思考和分析。在小组内部进行充分的讨论和交流，鼓励学生提出自己的见解和看法，并对其他同学的意见进行评估和比较。指导老师可以在这个过程中提供必要的指导和帮助。

8.3.3.1 案例一

某小区米兰苑 B101 在进行装修的同时，将私家花园外的公共绿化草皮擅自铲除，铺设水泥地板，现场安全员发现后，立即通知装修办公室人员到现场给予制止。可是，业主态度恶劣，以 102(米兰 B102 曾经占用绿地，将草皮去掉而改为水泥卵石地板，至今将近两年)为参照，强行按自己的意愿施为。现场人员由于怕业主大吵大闹影响不好，只能暂姑息之。使其占用绿地得逞，遭到其他业主的投诉。

1. 案例分析

(1)《住宅区物业管理条例》中明确规定，对于业主私自占用公共绿地，侵犯他人权益等行为，以及违反业主公约(我方与业主制订公约时，不得占用公共绿地项目已纳入公约之中)的行为，物业管理公司有权对其行为进行制止；

(2) 前期 102 住户违章装修，物业服务中心就应当及时制止，不应当害怕影响不好而任其保留。对 102 住户违规行为的姑息、执行管理的不坚决，在其余业主的印象中形成了一种“可以这么做的”潜规则，增大了后期管理的难度。导致 101 业主效仿其违规装修行为；

(3) 物业管理公司虽没有执法权，但是，在业主做出违反物业管理条例等行为且不配合物业公司整改时，物业管理公司应及时将情况上报市、区住宅主管部门。

2. 经验教训

(1) 明确自身权利与义务，合理地利用权力对业主在小区的不当行为进行管理。培养自身运用法律进行管理的能力，遇到管理权力以外的违规事情，要及时向相关执法部门上报，请执法单位协助管理。

(2) 加强岗位执行力度。同时对于标准性问题、侵犯公共利益的行为(如占用公共绿地、楼道放杂物等行为)，应当坚守原则，不能有丝毫的退让和妥协。不要等其他业主投诉才给予重视、处理；

(3) 业主装修之前，确保与业主签订相关协议，避免在业主发生违规装修时，能拿出凭证对其约束并强制整改；

(4) 可否分析业主违章占用公共绿地的原因，是否是由于所存在的部分绿地给业主造成困扰，在今后的规划中尽量避免。

8.3.3.2 案例二

2005 年 6 月 27 日，某小区业主反映 5 月份购买一台电动单车后没过多久就被偷，6 月份又购买一台普通单车又被偷，已向服务中心反映过，但没有任何处理结果。业主对 2 个月内被偷 2 辆单车之事感到非常气愤，情绪比较激动，业主怀疑物业的保安没有尽到应有的责任，并认为物业服务中心对此应做出赔偿，如果处理结果不满意，业主表示将通过多种投诉渠道解决问题，并报警曝光。

1. 案例分析

(1) 物业管理公司只向业主提供停放车辆的场所，并不负责保管车辆，这并不意味着可以被动消极地提供服务。5 月车子被偷已向服务中心反映，但没有任何处理结果，在此期间，物业服务中心的信息传递不到位。对于业主反映情况未及时跟进处理结果，并未向业主反馈，导致业主认为服务中心未处理；

(2) 在处理此事的方法上存在不妥，业主反映情况后，应先安抚业主情绪。引导业主到当地派出所报案，服务中心应积极协助派出所并及时将相关信息反馈给业主。

2. 经验教训

(1) 对于业主个人财产，应由业主本人妥善保管，物业服务中心如无过失则不承担赔偿责任，但需及时引导和协助业主向派出所报案。

(2) 及时安排客户服务人员上门向业主了解情况，并对业主进行沟通并安慰；

(3) 向业主说明服务中心的权利和义务及就安全管理方面所采取的改善措施，和全开放式的社区，在外来人员的控制方面的困惑，争取业主的谅解；

(4) 及时协助业主向派出所报案并跟进结果，及时向业主反馈最新进展；

(5) 通过长期张贴《治安防范的温馨提示》、定期在公共场所举行治安防范演习和宣传等方式，扩大业主参与面，提高业主安全防范意识，同时对犯罪分子起到威慑作用；

(6) 发动业主资源组建义工队等，加强小区治安防范，形成群防群治；加强服务中心人员综合业务技能的提升，加强现场的各项管理。

8.3.3.3 案例三

李先生是万科在 A 城市的一位业主，工作单位在深圳，现在 B 城市购买了城市花园住宅一套。李先生反映其通过 B 城市的朋友了解到 B 城市城市花园将于 6 月 8 日办理入住手续，但其却没有收到入住通知书。

6 月 5 日 14 时，李先生打电话联系 B 城市物业服务中心，物业客服人员回复其入住资料地址不详细，只有 A 城市的内容，无具体门牌号码，且联系资料中登记的该业主电话也错了一个号码，物业人员解释说从地产接收的资料就这个样子的。

为此，李先生通过 114 查号台向上级主管部门投诉：认为物业的工作人员非常不负责任，同时，对 B 城市物业人员的服务非常不满，并叙述当时现场客户人员在语气沟通的时候没有引起足够的重视，态度松散，认为万科物业不应该有这样的客户态度，基于老客户的要求（A 城市 1 处物业，B 城市 2 处物业，深圳 1 处物业），希望 B 城市万科物业能够加强对员工的培训以保持万科物业一贯的品质，并对其能够在正常时间内入住非常关注。

后来通过调查，了解到入住通知已于 6 月 1 日寄出，邮件于 6 月 3 日到达 A 城市，由于手机没有打通，邮件滞留在 A 城市已经两天。客服人员事后将李先生入住时间调整，并将李先生的电话给快递公司，与快递公司确认已经联系上李先生。

1. 案例分析

引发业主李先生强烈不满导致投诉，究其原因：

(1) 在邮寄资料的时候，碰到地址不详且该业主电话号码错误的情况，没有积极主动地解决业主李先生的问题，而是以从地产接受的资料就是这个样子为借口。既没有反馈到相关的管理人员，也未寻找其他渠道联系业主（事件中业主本身是 A 城市万科的业主，完全可以与 A 城市公司沟通联系），而是简单按照记录的信息将快递发送出去，是一种应付工作的心态；

(2) 由于地址不详及电话号码错误等原因联系不上业主，是发送入住资料时存在的常见问题。对于这种问题，管理人员是否知情，是否在事前与销售部沟通确认业主信息的有效性，是否告诉员工在碰到这种情况时如何处理，并保持对工作的有效跟进。从此投诉来看，这些环节显然管理人员是疏忽了；

(3) 在业主打电话询问时，接待人员首先找借口，推诿是营销交过来就是这个样子；

(4) 在业主情绪激烈抱怨的情况下，现场客户接待人员没有设法化解，反而态度十分恶劣且带有抵触情绪，进一步激化了与业主之间的矛盾。

2. 经验教训

(1) “认真做事，只能把事情做对；用心做事，才能把事情做好”，很多时候，物业工作人员只是把工作当成一项任务随意应付，结果是工作做完了，但是品质感及客户的体验都很差；

(2) 面对业主的抱怨及投诉，应首先了解业主的抱怨和诉求所在，避免简单地找理由推卸责任；

(3) 在业主眼里，每一位职员都代表万科，他关注的是受到尊重，解决问题，以地产的原因来解释推诿往往只会引发业主更激烈的情绪；

(4) 客户信息需要定期更新和确认，以确保有效性；

（5）从客户信息的接收、邮寄资料的马虎、到客户投诉的随意应付反映出团队系统性的品质意识和客户意识缺失问题，需要进行反思。

8.3.4 情景创设与模拟

某物业服务企业目前正在为新入住的业主办理入住手续，请以小组为单位，按照入住手续的相关流程，安排每位组员扮演适当的角色，在办理入住的过程中，思考并探讨需要运用哪些服务礼仪知识点，加以总结并完成情景模拟剧本的写作与排练工作。

8.3.5 总结与汇报

在完成小组讨论后，各小组需针对情景进行分角色模拟，以此作为实训总结。必要时可形成报告，报告应涵盖对案例的概述、分析过程、结论和建议等方面的内容。通过总结和报告撰写，可以帮助学生梳理思路、加深对案例的理解和记忆，并提高他们的书面表达能力。

8.3.6 评估与反馈

最后，对实训过程进行评估和反馈。评估可以采用多种方式进行，例如小组报告、口头答辩、自我评价等。通过评估，可以了解学生的学习情况和对实训目标的实现程度。根据评估结果，可以对实训过程予以调整和优化，以提高实训效果和质量。同时，应该及时向学生提供反馈意见，以便他们能够明晰自身的不足之处并加以改进。

投诉处理实训综合评价表

任务 8.4 业主满意度调查实训

8.4.1 实训目标

通过学生分组进行案例分析以及情景模拟，加强学生对物业业主满意度调查相关知识的掌握以及应用能力。在实训过程中提高学生的案例分析能力、批判性思维能力、团队协作能力等。确保所有参与实训的学生都明确了解实训的目标，以便他们能够有针对性地进行学习和实践。

8.4.2 分组与角色分配

将学生分成若干小组，每个小组的成员数量可以根据实际情况进行调整。小组成员之间应该有一定的差异性和互补性，以便他们能够互相学习、互相帮助。然后，每个小组选出一个组长,负责组织协调小组的实训全过程。

在每个小组内部,可以进行角色分配。根据创设的情景的特点和要求,设定不同的角色,例如物业经理、物业客服人员、业主等。每个学生在小组内担任不同的角色,让他们从不同的角度理解情景和相关案例,并培养他们的团队协作能力。

8.4.3　案例分析与讨论

在角色分配完成后,各小组开始进行案例分析和讨论。学生应该先对案例进行深入阅读和理解,然后根据各自的角色进行独立思考和分析。在小组内部进行充分的讨论和交流,鼓励学生提出自己的见解和看法,并对其他同学的意见进行评估和比较。指导老师可以在这个过程中提供必要的指导和帮助。

8.4.3.1　案例一　物业客户满意度调查方案

1. 调查目的

本调查的主要目的是了解物业客户对物业服务的满意度,衡量物业服务水平。以此为基础,进一步改进物业服务,提高客户的满意度,提升物业公司的品牌形象。

2. 调查对象

本次调查的对象为住宅、商业、办公区域的物业客户。

3. 调查范围

调查内容包括物业服务的各个方面,如物业管理、保安服务、环境卫生、设施维修、投诉处理等。

4. 调查方式

本次调查采用问卷调查的方式进行,分别针对住宅、商业、办公区域的物业客户编制不同的问卷。问卷包括客户基本信息、物业服务各方面评价等内容。

5. 调查过程

1) 调查前的准备工作

(1) 确定调查的目的和对象。

(2) 编制不同类型物业客户的问卷。

(3) 确定问卷调查的时间和地点。

(4) 确定问卷填写方式,可选择手写或网络填写。

(5) 招募调查员,训练调查员。

2) 调查过程

(1) 调查员向物业客户发放问卷。

(2) 告知客户调查的目的和意义,保证客户的真实填写。

(3) 调查员现场解答客户的问题。

(4) 收集客户填写好的问卷。

3) 调查后的数据处理和分析

(1) 对收集到的问卷进行归类、整理。

(2) 采用统计学的方法对数据进行分析。

(3) 汇总数据,制作调查报告。
(4) 根据调查结果制订物业服务提升计划。

6. 问卷内容

1) 客户基本信息
(1) 性别。
(2) 年龄。
(3) 职业。
(4) 年收入。
2) 物业管理
(1) 物业资料管理。
(2) 客户档案管理。
(3) 公共场所管理。
(4) 配套设施维护管理。
(5) 物业专项维护发起及监督管理。
(6) 社区治理。
3) 保安服务
(1) 巡逻情况。
(2) 安全防范措施。
(3) 服务态度。
4) 环境卫生
(1) 小区卫生。
(2) 垃圾处理。
(3) 绿化及保洁。
5) 设施维修
(1) 维修工作及时性。
(2) 维修工作质量。
(3) 维修工作态度。
6) 投诉处理
(1) 投诉处理及时性。
(2) 解决问题的能力。
(3) 解决问题的态度。

7. 问卷发放方式

根据客户的需求选择手写或网络填写方式。

8. 问卷返回方式

(1) 手写问卷由调查员回收。
(2) 网络问卷通过网站或电子信箱返回。

8.4.3.2 案例二 ××物业××年客户满意度(率)调查方案

根据公司年度计划,定于××年10月中旬开展客户满意度(率)测评活动。通过测评检验本年度公司所辖物业提供的服务是否满足客户需求，采取统计、分析和持续改进的工作措施，不断提高服务水平以满足客户的当前和未来需求或期望。本年度客户满意度(率)测评工作计划具体安排如下：

1. 组织与监督

(1) 公司总经理和副总经理负责监督本次客户满意测评工作的开展。

(2) 品质管理部负责客户满意度测评的组织实施。

(3) 各相关的职能部门、分公司、管理处抽调人员配合客户满意度(率)调查相关工作。

2. 客户满意度(率)测评范围

本次客户满意率(度)测评范围为公司所辖物业项目包括××，共计 4 个项目。客户满意度测评调查量统计如表 8-1 所示。

表 8-1　客户满意度测评调查量统计

项目	总入住户数	发放率/量	回收率/量	抽样比例	抽样量	备注
1	1600	40%/640	70%/448	30%	480	
2	2160	20%/432	70%/302	15%	300	
3	204	80%/163	70%/115	50%	115	
4	456	70%/320	70%/224	50%	230	
合计	4420	/	/	/	1125	

3. 测评方式

本次满意度(率)测评采用发放问卷调查的方式进行，住宅物业(含商铺)调查一户一份。为充分体现本次测评的客观性，所安排的调查人需统一安排、统一指挥开展满意度测评工作。

4. 满意度测评时间安排

(1) 准备阶段：××年 09 月 20 日—××年 09 月 30 日。

(2) 现场调查阶段：××年 10 月 8 日—××年 10 月 24 日。

(3) 统计分析阶段：××年 10 月 24 日—××年 11 月 8 日。

(4) 公示阶段：××年 12 月 20 日—××年 1 月 20 日。

(5) 纠正预防措施阶段：各被调查管理处项目经理于 12 月 30 日前提交《**项目客户满意度提升计划》，报经公司领导评审通过后依据计划落实整改工作。

5. 满意度测评人员安排

(1)品质管理部负责客户满意度测评准备阶段全部工作，各分公司负责前期宣传及物资准备工作。

(2)现场调查阶段人员安排如表 8-2 所示。

表 8-2　现场调查阶段人员安排

日期		调查项目	组长	成员	现场配合
××年 10 月 9 日—13 日					
××年 10 月 14 日—18 日					
××年 10 月 18 日—23 日					
	周一至周五	统计数据工作：			

备注：
活动总指挥
各调查人员不得利用工作日上班时间调查，不得影响正常工作；
节假日期间尽可能在 14:00 后派发问卷以及回收问卷；
各调查人员必须在规定时间内完成问卷的发放和回收工作，不得低于相应比例要求。
管理处于 9 月 30 日前将调查人员发至××处。

(3) 组长职责。

① 组织、协调本组调查工作；

② 了解组员调查进度；

③ 检查回收箱封闭情况及开箱回收调查表；

④ 按量完成调查任务；

⑤ 有关调查的其他事项。

(4) 组员职责。

① 按量、按质完成调查任务；

② 与组长、调查项目人员进行调查沟通工作；

③ 按规向客户发放回收表格。

6. 具体的步骤

本年度客户满意度(率)调查，包括准备阶段、现场调查、统计分析、公示并接受质询阶段、纠正预防措施阶段。具体安排如下：

1) 第一阶段：客户满意度测评准备阶段(××年 09 月 20 日—××年 09 月 30 日)

(1) 成立调查小组。

调查小组由公司领导、各职能部门以及各管理处相关人员组成，调查人员的分工详见人员安排表。

(2) 编制客户满意度调查问卷。

品质管理部根据公司所管物业的类型和特点，设计合理、客观的调查表，提交讨论，经审核和批准后定稿。各管理处收到本年度满意度(率)调查计划及通知后，拟定通知并告示所辖区域的业主/住户本次调查的实施日期以及制作宣传条幅，此项工作于 10 月 1 日前完成。

(3) 确定调查表的份数和设立回收箱。

品质管理部提前两天按各项目情况准备相应调查表份数及协调各分公司、管理处采买调查表回收箱(含锁)，为方便调查表回收，各项目主要进出口、主要通道设立回收箱，回收箱应上锁并贴上封条，此项工作于 10 月 8 日前完成。

(4) 召开满意度(率)调查动员会。

由品质管理部组织召开调查动员会，安排本次客户满意度调查具体工作，此项工作于 9 月 30 日前完成。

2) 第二阶段：客户满意度现场调查（××年 10 月 8 日—××年 10 月 24 日）

(1) 发放、回收调查表。

调查人员逐户发放调查表，住宅调查时间一般为工作日 17:30—22:00，非工作日为 10:00—22:00 进行。调查表的发放及回收要求如客户满意度测评调查量统计表所示。

注：调查人员应尽可能将发放出的调查表全部回收，可采取现场回收、预约收取、客户自行投递、催收等方式，保证回收率必须达到发放的 70%。各分公司、管理处工作人员按要求完成调查后于 10 月 30 日下班前将调查表交品质管理部，异地分公司在第三季度品质督导工作期间完成的调查由品质督导组统一回收，在调查结束后直接交品质管理部。

(2) 内部控制要求。

每位调查人员将在调查前领取以下物资：工作证、笔、调查问卷、任务表、内控表。

① 调查问卷：每份调查问卷有唯一 6 位数编号，调查人员在领取编号区间内的所有问卷后签名确认。

② 任务表：品质管理部提前将调查范围内的总调查户数根据调查人员人数进行任务分配，以免重复调查。调查人员在领取任务表后，按照任务表内所示的抽样比例完成问卷的发放与回收，同时任务表可用于记录单户调查对象问卷发放、回收情况，在完成任务后调查人员必须将任务表交回品质管理部。

③ 内控表：调查人员在问卷发放时，应对每一份问卷的发放对象予以记录，确保问卷发放状态并注明发放时间，以调查对象签字确认为准，填写回收时间。完成任务后，调查人员必须将任务表交回品质管理部。

3) 第三阶段：客户满意度统计分析（××年 10 月 24 日—××年 11 月 8 日）

(1) 满意度计算。

客户满意度数据统计工作由品质管理部组织开展，管理处或职能部门抽调相应人员协助统计（视具体情况定）。

客户满意度的计算采用 5 级计算方法，针对调查内容按“很满意”“满意”“一般”“不满意”“很不满意”分为五个测量等级。其中“很满意”评价系数为 1；“满意”评价系数为，“一般”评价系数为；“不满意”评价系数为；“很不满意”评价系数为。

满意度计算公式：

$$\frac{1\times 很满意总数+\times 满意总数+\times 一般总数+\times 不满意总数+\times 很不满意总数}{各级评价数之和}\times 100\%$$

(2) 满意度计算。

满意度计算公式：

$$\frac{很满意总数+满意总数+一般总数}{评价总数}\times 100\%$$

(3) 编写调查报告。

（此项工作于××年 11 月 1 日—××年 11 月 8 日前完成）

品质管理部负责根据调查、统计和分析的情况，编制公司年度客户满意度（率）调查的报告，经审核后下发各分公司、管理处。公司根据客户满意度（率）测评的总体情况，提出纠正和预防措施要求，并落实到下年度的工作计划中，作为提高满意度的具体行动。

4）第四阶段：各部门客户满意度（率）公示阶段（××年12月20日—××年1月20日）

各管理处自收到公司下发的年度客户满意度调查分析报告后10天内，编制本项目客户满意度（率）调查报告向公司品质管理部备案，并向业主公示1个月，公示期接受业主的质询。

本部门客户满意度（率）测评报告内容至少包括测评年度、起止时间、测评方式、调查表发放回收情况、各调查项目结果、业主反馈的主要问题、采取纠正措施等。

5）第五阶段：采取纠正预防措施（××年12月30日后持续改进）

各分公司、管理处根据本次客户满意度调查结果，必须有针对性地采取纠正和预防措施，不断提高客户的满意程度。对提出的意见/建议或对提供服务总体表示“不满意”或“很不满意”的客户，应有针对性计划整改和回访，公司以抽查的形式进行验证和回访。

各部门将本次客户满意度（率）测评所采取纠正预防措施的结果，于××年1月15日前向所辖区域内进行公示并接受客户质询。

7. 调查流程

（1）动员会结束后，由品质管理部根据调查人员分工发放调查物资，异地分公司的调查物资由第三季度督导组携带。

（2）调查人员领取调查物资后，在规定时限内完成调查任务，在不影响正常工作情况下自行安排调查时间，各小组组长每日需了解组员调查进度，如有异常须及时汇报。

（3）调查人员每发放一份调查问卷须在内控表中，填写相应信息：所调查房号、调查表编号、发放时间、与客户约定的回收方式、回收时间以及客户签收签字确认。

（4）所有调查问卷的发放必须发放到人，原则上尽可能让客户现场填写、现场回收，如采取预约回收方式的应按时上门收取。采取客户自行投递的每日由组长开箱收取后在内控表内标明回收时间，客户未能及时投递的应适时提示。

（5）各分公司提前准备相应份数的小礼品，数量可参照调查户数的110%，原则上建议赠送××物业的杯子，如数量不足情况下管理处可自行购买，金额不得超过10元/份。

8. 活动经费及准备工作安排

（1）各分公司自行制作或采买带锁的回收箱（数量参考第2条条幅要求）或封条，钥匙统一由项目经理持有，开展期间交调查组长，费用由分公司支出。箱子应采买带锁的并自行制作封条。

（2）各分公司根据项目动线走向，制作宣传横幅并悬挂在显眼区域，原则上行人主出入口、机动车主出入口各一条，内容是“热烈庆祝××物业开展客户满意度调查活动”，制作“满意度调查现场填写区”条幅（可自做）根据实际情况确定分区数量，费用由分公司支出。

（3）各分公司及时统计奖品（××物业杯子）数量，如发放量不足，应及时补充其他类型奖品，原则上价格不高于10元/份，分公司视情况决定采买类型，费用由分公司支出。

（4）公司根据方案既定的调查人员，按完成调查工作效率情况，统一标准发放调查工作补贴，费用由公司支出，品质管理部负责费用申请及发放事宜。另调查组工作人员如在周六或周日参与调查工作的，予以计1∶1补休。

备注：为保证数据的真实有效，品质管理部在回收调查表后，对各工作人员调查表发放总数按3%～5%的比例进行回访（根据实际情况调整），经核实属

物业服务满意度调查表

违规操作的，不发放奖励。

8.4.4　情景创设与模拟

某物业服务企业拟在下个月进行物业业主满意度调查，请以小组为单位，按照满意度调查的相关流程，安排每位组员扮演适当的角色，在满意度调查的全过程中，思考讨论都要运用哪些相关知识点，总结并完成情景模拟剧本的写作与排练工作。同时，完成业主满意度调查计划、流程以及分析报告的编写工作，具体示例如案例中所示。

8.4.5　总结与汇报

在完成小组讨论后，各小组需针对情景进行分角色模拟，以此作为实训总结。必要时可形成报告，报告应涵盖对案例的概述、分析过程、结论和建议等方面的内容。通过总结和报告的撰写，能够助力学生梳理思路、加深对案例的理解与记忆，并提高学生的书面表达能力。

8.4.6　评估与反馈

最后，对实训过程进行评估和反馈。评估可以采用多种方式进行，例如小组报告、口头答辩、自我评价等。通过评估，可以了解学生的学习情况和对实训目标的实现程度。根据评估结果，可以对实训过程进行调整和改进，以提高实训效果和质量。同时，应该及时向学生提供反馈意见，以便他们能够明确自己的不足之处并加以改进。

业主满意度调查实训综合评价表

任务 8.5　服务质量诊断实训

8.5.1　实训目标

通过学生分组进行案例分析及情景模拟，增强学生对物业服务质量诊断相关知识的掌握及应用能力。在实训过程中，提高学生的案例分析能力、批判性思维能力、团队协作能力等。确保所有参与实训的学生都明确了解实训的目标，以使其能够有针对性地进行学习与实践。

8.5.2　分组与角色分配

将学生分成若干小组，每个小组的成员数量可依据实际情况进行调整。小组成员之间应当存在一定的差异性和互补性，以便他们能够互相学习、互相帮助。然后，每个小组选出一个组长，负责组织协调小组的实训全过程。

在每个小组内部，可以进行角色分配。根据创设的情景的特点和要求，设定不同的角色，例如物业经理、物业客服人员、业主等。每个学生在小组内担任不同的角色，让他们从不同的角度理解情景和相关案例，并培养他们的团队协作能力。

8.5.3 案例分析与讨论

在角色分配完毕后，各小组开始进行案例分析和讨论。学生应该先对案例进行深入阅读和理解，然后根据各自的角色进行独立思考和分析。在小组内部进行充分的讨论和交流，鼓励学生提出自己的见解和看法，并对其他同学的意见进行评估和比较。指导老师可以在这个过程中提供必要的指导和帮助。

金优物业服务质量检查细则及评分标准

8.5.4 情景创设与模拟

某物业服务企业将对负责园区开展物业服务质量诊断，请以小组为单位，按照物业服务质量诊断的相关流程，安排每位组员扮演适当的角色，在进行物业服务质量诊断的全过程中，思考并探讨需运用哪些物业服务知识点，加以总结并完成情景模拟剧本的写作与排练工作。

8.5.5 总结与汇报

在完成小组讨论后，各小组需要针对情景进行分角色模拟，以此作为实训总结。必要时可形成报告，报告应涵盖对案例的概述、分析过程、结论和建议等方面的内容。通过总结和报告撰写，可以帮助学生梳理思路、加深对案例的理解和记忆，并提高他们的书面表达能力。

8.5.6 评估与反馈

最后，需对实训过程予以评估和反馈。评估可以采用多种方式进行，例如小组报告、口头答辩、自我评价等。通过评估，能够知悉学生的学习情况及实训目标的达成程度。根据评估结果，可以对实训过程进行调整和改进，以提高实训效果和质量。同时，应该及时向学生提供反馈意见，使他们能够明晰自己的不足之处并加以改进。

服务质量诊断实训综合评价表

参考文献

[1] 王晓宇.物业客户服务管理[M].北京:中国财富出版社,2012.
[2] 时代华商物业管理策划中心.物业客服人员工作手册:岗位·沟通·技能·晋阶[M].北京:化学工业出版社,2022.
[3] 鲁捷,于军峰.物业管理实务[M].2版.北京:机械工业出版社,2021.
[4] 杨光瑶.物业客户服务管理实战[M].北京:中国铁道出版社,2023.
[5] 邵小云.物业客服培训[M].北京:化学工业出版社,2014.
[6] 王靖.物业客户服务[M].济南:山东科学技术出版社,2016.
[7] 王怡红.物业服务质量管理[M].北京:中国建筑工业出版社,2017.